内蒙古大学"百村社会调查行动计划"系列丛书

内蒙古农村牧区
社会经济发展调研报告

（生态卷.2024） Research Report on Socio-economic
Development of Rural and Pastoral Areas in
Inner Mongolia

阿拉坦宝力格 杨常宝 赵艳丽 编 著

经济管理出版社
ECONOMY & MANAGEMENT PUBLISHING HOUSE

图书在版编目（CIP）数据

内蒙古农村牧区社会经济发展调研报告. 生态卷.
2024/阿拉坦宝力格，杨常宝，赵艳丽编著. -- 北京：
经济管理出版社，2024. -- ISBN 978-7-5096-9754-2

Ⅰ. F326.372.6

中国国家版本馆 CIP 数据核字第 2024ML0853 号

组稿编辑：任爱清
责任编辑：任爱清
责任印制：张莉琼
责任校对：蔡晓臻

出版发行：经济管理出版社
　　　　　（北京市海淀区北蜂窝 8 号中雅大厦 A 座 11 层　100038）
网　　　址：www. E-mp. com. cn
电　　　话：（010）51915602
印　　　刷：北京晨旭印刷厂
经　　　销：新华书店
开　　　本：710mm×1000mm /16
印　　　张：17.75
字　　　数：348 千字
版　　　次：2024 年 8 月第 1 版　　2024 年 8 月第 1 次印刷
书　　　号：ISBN 978-7-5096-9754-2
定　　　价：98.00 元

本书获得内蒙古大学"部省合建"科研专项高端成果培育项目资助

本书为国家社会科学基金专项重大项目"铸牢中华民族共同体意识视域下北部边疆安全建设机制研究"（22VMZ013）；内蒙古自治区基本科研业务费项目"'有形有感有效'开展铸牢中华民族共同体意识研究"（负责人为阿拉坦宝力格）；内蒙古自治区基本科研业务费项目"中国式现代化视域下内蒙古文化建设现状及成效研究"（负责人为杨常宝）的阶段性成果

　　2020 年 2 月，内蒙古大学民族学与社会学学院收到国家民委通知，学校成功获批中央统战部、中央宣传部、教育部和国家民委共建的"铸牢中华民族共同体意识研究培育基地"项目，基地依托学校二级科研机构——中华民族共同体研究中心建设。2023 年 1 月接受中央四部委的三年建设期考核，考核合格并申请新一轮建设资格，成功入选中央四部委第二批建设单位（共 28 家单位）。入选 28 家基地是一件很光荣的事情，光荣在于可以为国家重大战略需求，为各民族共同繁荣发展，为中国式现代化建设做出内蒙古大学的贡献，更具体说就是能够让内蒙古大学民族学学科为祖国北部边疆地区的经济、文化、社会、生态建设做出应有的贡献。但我们必须面对的挑战是如何为共同繁荣发展做出更具体的贡献，哪怕是一点点具体事情，这是我们团队自始至终一直思考的事情。当年写申请书时我们一直在思考如何发挥好民族学学科优势，为了解区情、了解国情做出我们学科和我们团队的贡献。为此，我们规划在建设期内完成一项"百村社会调查"项目。我还很清楚地记得这个项目的提法引起了中央四部委基地面试答辩现场专家的极大兴趣与共鸣。

　　民族学学科是内蒙古大学的传统优势学科，具有深厚的历史积淀。自 1957 年建校时起，老一辈学者立足北方民族地区，以马克思主义民族理论为指导，在北方民族史、民族语言文字、民族文化等领域开展深入研究，取得了丰硕成果，为学科发展奠定了坚实根基。2007 年，整合全校民族学相关资源，组建民族学与社会学学院，开启了系统性建设民族学学科新阶段。2017 年，民族学学科入选内蒙古自治区一流学科。2023 年，入选内蒙古自治区"一流拔尖培育学科"。经过 60 多年的建设，民族学学科已发展成为北部边疆地区民族学人才培养、科学研究、社会服务和文化传承创新重要基地，为促进民族团结、边疆稳固和繁荣发展做出了重要贡献。截至目前，内蒙古大学民族学学科已进行了 20 多年实体化建设，在社会调查方面积累了丰富的经验。自 2002 年建设民族学专业以来，该学科在教学科研工作中一直重点强调民族学研究的基本方法，即以田野工作为主的社会调研方法。我是这个学科人才培养中第一个承担"田野调查与民族志写作"课程教学的老师，同时多年从事北部边疆地区社会文化调研工作，也经常带学生完成田野实习工作。我于 2014 年出版的《游牧生态与市场经济》一书也是在承担国家社会科学基金项目时带领学生做田野工作基础上完成的学术著作。

自 2017 年起，学院每年在"双一流"建设经费中专项安排资金用于资助学科团队的田野工作。一方面进行广泛资助与支持指导工作，另一方面也一直想如何把边疆地区经济、生态、社会、文化调研工作中的思考和成果资料比较系统的呈现给社会各界，为大家在深入研究边疆地区社会文化现状时有一个比较可靠的一线调研报告，做有力的支撑材料。今天，终于有了一点呈现。

一、民族学研究方法

习近平总书记多次强调调查研究的重要性。"希望广大专家学者深入实际、深入群众、深入基层，倾听群众声音，掌握真实情况，广泛调研，潜心研究，不断拿出具有真知灼见的成果，为党中央科学决策建言献策，为推进决策科学化、民主化多做贡献"[1]。习近平总书记强调："要'身入'基层，更要'心到'基层，听真话、察真情、真研究问题、研究真问题，不能搞作秀式调研、盆景式调研、蜻蜓点水式调研"[2]。

其实，基层调查是民族学学科的一项基本研究方法。研究人员可通过观察、访谈、查阅资料等方式深入了解基层社会整体面貌。这种基层调查方法会推动研究人员与研究对象互动，为更深入了解基层社会、了解各地区的具体情况、了

---

①② 中共中央党史和文献研究院，中央学习贯彻习近平新时代中国特色社会主义思想主题教育领导小组办公室. 习近平关于调查研究论述摘编［M］. 北京：党建读物出版社，中央文献出版社，2023.

解中国的基本国情，甚至对世界的理解提供最基本的第一手资料。此方法对"两个共同体"建设，即中华民族共同体建设与人类命运共同体建设都会起到积极作用。主要体现在以下三个方面：

第一，民族学人类学学科是以人群为研究对象，了解社会、认识社会、分析社会，通过教授学生掌握社会调查基本方法并进行专业训练。培养具有民族学专业素养的人才，深入了解国情、分析现代化建设中面临的问题以及为推动共同繁荣发展道路方面提供有力支持。

第二，民族志学者既是研究者，也是实践者，在研究者与被研究对象之"他我"互动中培养民族志学者。民族志学者是在"他我"互动中成长，对任何问题的研究思路都会包括观察与反思，在此过程中不断发现问题、分析问题、解决问题。通过田野工作，研究有规模社会文化，以小见大，从地方社会微观分析方面，思考国家发展战略实施路径，思考人类社会发展普遍规律，为中华民族共同体建设与人类命运共同体建设献计献策。

第三，田野调查本身也是交往交流交融实践。无论是学者还是学生，他们一旦进入一个有规模社会中进行实习或研究，就要面对和对方交往交流，在交往交流中交换信息，获得信任，达到一个更深层次的心理互动。为此，学者和学生通过田野工作为各民族社会文化交往交流交融提供可参考的案例，同时通过亲身体会，讲授亲身经历，为文化之间的翻译与交往交流交融做桥梁。这本身也是广大学者和学生通过社会实践等实际行动传递信息，增进共同性，为铸牢中华民族共同体意识做出贡献。因此，民族学研究方法是将研究与实践融为一体，在积累第一手科研资料的同时也承担了为社会服务的任务。

二、中国特色民族学研究方法

习近平总书记在中共中央第九次集体学习会上强调，"要优化学科设置，加强学科建设，把准研究方向，深化中华民族共同体重大基础性问题研究，加快形成中国自主的中华民族共同体史料体系、话语体系、理论体系"①。新中国成立以

---

① 习近平在中共中央政治局第九次集体学习时强调铸牢中华民族共同体意识推进新时代党的民族工作高质量发展［N］.人民日报，2023-10-29（001）.

来，我国老一辈学者立足祖国大地，以马克思主义民族理论为指导，深入开展了民族学调查研究，尤其在边疆民族地区开展了深入的田野工作，为各民族共同走向社会主义道路提供了重要理论支撑。在以往的研究中，郝时远①、杨圣敏②、何明③、麻国庆④、张继焦和吴玥⑤等都深入探讨过中国特色民族学学科建设与方法论等问题。

党的二十大报告提出各民族共同繁荣发展，全面建成社会主义现代化强国，一个民族也不能少。如何实现各民族共同繁荣发展，此时我们必须考虑要通过实地调研，了解各地区、各民族生活现状、现代化现状，中国特色民族学学科为此做出了巨大贡献。相较于西方人类学田野工作，中国的民族学田野工作有自己的学术特色。首先，从方法论角度来看，我国民族学学科建设以马克思主义为方法论，在此基础上立足中华优秀传统文化，从马克思主义与中国实际相结合的视角看问题、分析问题、解决问题。其次，从研究领域和研究目的来看，相较于早期国外人类学研究热衷于亚非拉等国家地区，我国老一辈学者的民族学研究更多是集中于中国国内各民族地区，其研究目的是为边疆民族地区各族人民共同繁荣发展，共同走向社会主义道路提供理论与实践探索。今天我们的田野工作也不是为了开发落后地区、开拓第三世界资源与市场，而是为实现中国式现代化建设建言献策。最后，从成果应用角度来看，中国的民族学学者一直坚持以人民为中心的田野工作。在和访谈对象的互动中学者更多是思考如何提高当地居民的生活水平，而不是为特定的开发机构服务。大多数的中国学者利用国家社会科学基金或地方政府的社会科学基金等项目资助，为国家的发展、地区的发展、中国特色社会主义现代化建设建言献策。从以上三点来看，中国的民族学学科在理论和实践探索中不断构建具有中国特色的民族学学科建设与研究方法。

① 郝时远.中国民族学学科设置叙史与学科建设的思考——兼谈人类学的学科地位[J].西北民族研究，2017（1）：5-17.

② 杨圣敏.方法论与民族学研究方向［J］.思想战线，2023（1）：115-124.

③ 何明.从单一走向多元：民族研究方法创新的构想［J］.西北民族研究，2019（4）：102-110.

④ 麻国庆.破土而出——流动社会的田野呈现［M］.北京：北京师范大学出版社，2020.

⑤ 张继焦，吴玥.中国人类学民族学：世界人类学民族学的第五种学术传统［J］.青海民族研究，2022（4）：134-144.

三、民族学研究与边疆地区现代化建设

民族学作为一门综合性学科，在边疆地区现代化建设中，可以发挥重要作用。主要体现在以下四个方面：

第一，民族学研究为科学决策提供了深刻的文化理解。通过深入研究不同地区社会结构、文化传统和生活方式，能够考虑到边疆地区的特有情况，更好地探索共同繁荣发展的方法路径，节约投入成本，保障各级各类发展策略精准有效。

第二，民族学田野调查方法使研究者能够亲临当地，深入了解边疆地区人民和他们的文化。这种深入参与和观察的方法使研究者能够客观把握民情民意，客观反映当地居民生活现状与内心世界，有助于抓住问题的本质，为决策者提供更具体、实际的信息，从而更好地推动现代化建设进程。

第三，通过民族学研究，可以更好地理解当地自然环境特点与社会环境结构，为有效防范并应对在现代化建设中北部边疆地区可能面临的空心化等问题，确保资源和人口稳定，促使现代化进程更加平稳并保持可持续性。

第四，民族学田野调查研究为现代化建设实践提供理论和现实指导。调查分析当地产业和资源禀赋，了解地区经济的优势和劣势，为制定科学合理的现代化发展战略提供重要依据。同时，促使地区产业升级，着力发展特色优势产业，促进经济繁荣和就业增长，实现富边固边目标。

因此，民族学在边疆地区现代化建设中，在深刻理解当地社会文化、提供实地调查数据、防范空心化趋势以及促进可持续发展方面发挥着不可替代的作用。

四、"百村社会调查"的内容结构

此次"百村社会调查"的调研工作主要在内蒙古地区进行，内蒙古地处祖国北疆，在国家发展战略中处于重要地理位置。2021年3月5日，习近平总书记参加十三届全国人大四次会议内蒙古代表团的审议时指出，内蒙古要"立足新发展阶段、贯彻新发展理念、构建新发展格局，按照把内蒙古建设成为我国北方重

要生态安全屏障、祖国北疆安全稳定屏障，建设国家重要能源和战略资源基地、农畜产品生产基地，打造我国向北开放重要桥头堡的战略定位"，在全面建设社会主义现代化国家的新征程上书写内蒙古发展新篇章。2022 年，党的二十大报告中也明确提出，"支持革命老区、民族地区加快发展，加强边疆地区建设，推进兴边富民、稳边固边"。

我们必须加快内蒙古边疆地区农村牧区的现代化建设，要解决发展不平衡不充分问题，缩小城乡发展差距，实现人的全面发展。我们也必须按照中国式现代化建设需求，进行结构调整，发展优势特色产业，提高农牧民的收入。首先，现代化建设是一个整体性工程，现代化建设要解决的根本任务是人的现代化。边疆地区的农牧民要在教育、科学、法律、文化、社会各个层面实现现代化。其次，现代化的目的是要着眼解决发展不平衡、不充分的问题，通过"兴边富民、稳边固边"，实现共同繁荣发展，加强各族人民对伟大祖国、中华民族、中华文化、中国共产党、中国特色社会主义的认同，铸牢中华民族共同体意识。最后，从现代化建设的结果上来看，我们加快内蒙古边疆地区现代化建设，为全方位建设"模范自治区"和把内蒙古建设成为我国北方生态安全屏障、祖国北疆安全稳定屏障，建设国家重要能源和战略资源基地、农畜产品基地，打造我国向北开放重要桥头堡等"五大任务"的完成做贡献。

我们此次"百村社会调查"调研报告主要聚焦内蒙古地区的经济、文化、社会、生态四个领域。在此简单介绍。

经济卷由十一章组成。第一章是农牧交错区农牧民借贷行为现状调研报告。通过分析农牧民的借贷行为揭示农牧交错区当前的农村金融服务对农牧民收入产生的影响。第二章是内蒙古牧区合作社经济发展调研报告。以牧民合作社为研究对象，通过田野调研，分析制约合作社发展的主要因素，描绘未来合作社发展的模式，为牧民合作社发展提供重要组织保障。第三章是内蒙古半农半牧区肉羊养殖经济效益调研报告。通过观察影响各主体肉羊养殖经济效益因素，发现不同养殖模式对养殖户经济效益产生的影响。第四章是活畜交易市场的牧区经济效益调研报告。通过对东乌珠穆沁旗重点打造的标准化、规模化活畜交易市场和政府重点扶持发展重大基层集体经济项目的调研，发现基层党支部对市场健康发展提供了有力保障，发挥了重要作用。第五章是黄牛养殖户低碳生产行为及其影响因素调研报告。研究了影响黄牛养殖户在养殖过程中采取低碳行为和影响行为要素。第六章是内蒙古牧区农业经营模式演变历程调研报告。经过调研了解农业的经营演变历程，呈现半农半牧的农业经营模式的变化，呈现相关政策以及项目对牧户的影响。第七章是"家庭牧场"经营模式现状调研报告。在畜牧业现代化背景下结合人类学视角，对集体经营经济——集体家庭牧场进行实地调查，发现家庭牧场在养殖卫生、草畜平衡、反贫困方面的优越性。第八章是农企利益联结机制与农民生计调研报告。研究发现助力农村振兴、农户提质增收以及企业自身发展都需要推动利益联结机制的形成与发展，并且政府、农民和企业在利益联结机制的实践中也发挥各自的作用。第九章是牧区畜牧结构变迁调研报告。通过分析牧区不同时期的畜牧结构变迁，探寻社会发展和地方社会畜牧结构变迁的共性，发现自身调整适应，思考新的认识。第十章是乡村特色产业发展现状调研报告。分析乡村特色产业发展优势和困境，结果表明由于地理、自然和文化禀赋的不同，选择种植农作物、旅游开发等不同的产业发展方向，发挥各自的优势。第十一章是牧民合作视角下的牧区治理路径调研报告。分析草原牧区开展集体行动对牧区治理过程产生的积极作用，探索符合牧区整体发展实践的治理路径，为实现北部边疆牧区的有效治理提供依据。

文化卷由十一章组成。第一章是乡村文化传播现状调研报告。通过探究乡村振兴背景下"三农"短视频对乡村文化的传播，旨在为乡村文化传承与发展提供理论指导和实践支撑。第二章是内蒙古民俗文化传承现状调研报告。基于庙屯民俗村的历史发展脉络，分析庙屯民俗村的自然人文氛围和特色，包括村落的特点、人口经济状况以及独特的民俗文化传统，探索传承民俗文化的路径。第三章是阿拉善马鬃绕线堆绣唐卡传承调研报告。从非物质文化遗产保护的视角关注马鬃绕线堆绣唐卡制作技艺的传承现状，并思考创新发展路径。第四章是内蒙古非遗活态传承调研报告。对内蒙古乌拉特中旗蒙古族铜银器制作工艺的历史、传承、发展现状进行深描，探索可持续传承的可能性。第五章是农业文化遗产发展机遇与挑战调研报告。对敖汉旗农业遗产保护村落进行调研，引入三重结构分析模式，探讨全面推进乡村振兴中农业文化遗产发展的新机遇与挑战。第六章是内蒙古亲属制度变迁调研报告。通过对农村居民家庭结构的观察与分析，解释亲属关系在文化传承、经济发展以及社会网络中的演变。第七章是内蒙古牧区女性生活史民族志调研报告。认为女性在生活和家庭行为中展现出复杂的模式，反映了地方经济、民俗文化和地方历史，通过对女性民族志研究探讨其时代特征、价值观、意义、局限性以及可能性。第八章是巴尔虎蒙古族印记文化调研报告。从象征意义方面，包括对印记图形，印记继承性，印记的过渡性等内容展开讨论，认为牲畜印记不仅有标记功能，还具有社交、礼仪、互助、娱乐等社会功能，进一步探讨印记对产业和市场的意义等。第九章是蒙古族茶文化调研报告。从饮食人类学视角，探寻茶文化的变迁现状和变迁过程中民族交往交流交融过程。第十章是乡村振兴战略背景下的牧区收入多元化调研报告。在回顾调研地第一产业畜牧业的发展历程和基础上，分析了基层社会在农牧业发展过程中向多元经营转变的实践。第十一章是"浩特阿寅勒"机制与共用草场实践调研报告。通过调研发现传统村落社会组织单位"浩特阿寅勒"机制在共用草场制度中发挥的重要作用，以及在促进基层社会的团结互助、提高草场资源利用率等方面的重要作用。

社会卷由十一章组成。第一章是基层党建引领乡村振兴调研报告。主要对一个基层村落的"党支部领办合作"的实践进行调研，并总结其经验，肯定其对农村现代化建设和乡村振兴起到的积极作用。第二章是北部边疆地区城郊村民生存逻辑及其策略调研报告。基于北部边疆地区城郊村落的可持续发展战略，从家庭养殖、代际互助、进城谋生方面观察并分析县城社会推动城乡融合发展的重要性。第三章是从制酒文化探讨民族地区经济生活中的交往交流交融现状调研报告。以科右中旗高力板镇为田野调查对象，梳理高力板镇民族交往的历史脉络和现实状态，探索考察以高力板酒为线索的多民族交往交流交融发展现状。第四章是内蒙古民族团结示范区建设现状调研报告。以城市社区为研究对象，观察在社区形成的党建引领聚民心、志愿服务绘同心、基层治理用心的工作格局，并探讨其对铸牢中华民族共同体意识的重要意义与实际作用。第五章是内蒙古牧区家庭养老模式调研报告。探讨了当前牧民家庭养老模式的转变及其背后的经济社会变迁问题，并提出改进意见。第六章是内蒙古西部公路口岸发展现状调研报告。经过观察提出应加大口岸相关建设的投入力度，提升基础设施、服务水平和人才储备水平，提升口岸宜居性，助力口岸可持续发展。第七章是民族地区社会治理经验调研报告。以法理学、法社会学、社会治理理论为基础，根据实际调研案例，阐释法治思维和法治方式化解纠纷的积极意义。第八章是智能手机对民族地区农民生活的影响调研报告。分析农村居民使用智能手机的年限、时长、功能、目的，了解智能手机带给农村居民的影响及效应。第九章是民族地区乡村振兴成效调研报告。以实际调研案例为例，分析当下乡村振兴取得的重大意义和成效。第十章是民族地区农村快递业发展现状调研报告。从降低交易成本、满足农民的物流需求、提高他们的生活水平等视角分析，为促进农村物流发展提出建议。第十一章是数字化时代乡村治理路径调研报告。提出数字化治理是全面推进乡村振兴战略的关键之举。

生态卷由十章组成。第一章是牧民参与生态治理机制调研报告。从政府推动下的各方互动共建和协同治理理念出发，探索如何在实现生态恢复与乡村振兴双重目标前提下，村民全方位参与生态治理长效机制的建立。第二章是乡镇红色旅游建设路径调研报告。在乡村振兴大背景下围绕红色资源发展红色旅游，带动其他产业，使乡镇地区经济增长成为众多乡镇发展的目标。第三章是"生活者"参与农村水环境治理路径调研报告。分析农村居民对环境治理的意识、行为和参与程度，探究他们参与水生态环境治理的现状。第四章是辽南沿海村落生态景观调研报告。从农业景观切入，论述农业转型中的村落变迁和农业景观构建的民族志，分析村落生活、生计模式和景观感知，展望村落发展远景。第五章是新巴尔虎右旗莫能塔拉嘎查异地转场调研报告。通过对新巴尔虎右旗莫能塔拉嘎查牧民的现代转场放牧现状调研，反映出在现代化的影响下牧区的经济、生态、社会环境都在变化，并探讨本土知识在应对一系列变化中起到的作用。第六章是内蒙古多样化养畜方式之民族志调研报告。以草场退化背景下的耕地、舍饲等多样化经营模式为研究对象，探讨集约化养殖模式等对高质量发展的作用。第七章是人类学视域下的民族地区旅游景观调研报告。报告探讨了内蒙古农村牧区旅游开发以及当地居民对景观管理的参与现状。第八章是民族文化产业园可持续发展调研报告。调研了文化产业园可持续发展策略及其对地方经济发展的重要意义。第九章是文旅结合促进乡村振兴的机制与进路调研报告。调研了非物质文化遗产对文化产业助力现状以及对乡村振兴的作用。第十章是生态人类学视野下阿鲁科尔沁草原游牧系统遗产调研报告。调研了游牧作为农业遗产的认定与保护以及对生态环境保护的积极影响。

从四卷本的调研报告整体上来看，这次的调研工作以在继承优良传统的基础上进一步凝练方向，重新整合团队力量，创新观点，推出高质量的调研报告为宗旨，加强调研的质量，扩大调研的范围，开展了一次系统的调研工作。本《报告》基本覆盖了从东到西横跨 2400 公里的内蒙古自治区边疆地区农村、牧区、城镇等，观察了边疆地区的人们生活，具体分析其经济、文化、社会、生态四大领域的现实状况，将其以调研报告的形式呈现给大家。这里仅希望我们这次的调研工作能够为边疆地区实现中国式现代化建设研究提供可参考的一手资料。我们从总体策划、资金规划到组织调研，再到成果编辑投入了大量的人力物力，但还是会有疏漏、错误与不足之处，敬请广大读者给予批评指正！

此次"百村社会调查"项目调研活动得到内蒙古大学"双一流"建设项目以及"部区合建"项目的支持，编写整理工作得到了内蒙古自治区直属高校基本科研业务费项目"'有形有感有效'开展铸牢中华民族共同体意识研究"的支持，这里我代表调研组表示感谢！本《报告》的整体出版得到了经济管理出版社任爱清编辑的大力支持，衷心感谢各位编校人员付出的辛勤劳动！

阿拉坦宝力格

2024 年 6 月 21 日

C O N T E N T S

目 录

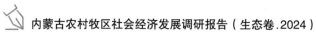

第一章

牧民参与生态治理机制调研报告

白云飞 *

【内容摘要】本章基于科尔沁沙地西北、西辽河流域沙地——湿地生态治理实践，站在生活者立场，运用生活环境主义范式，从政府推动下的各方利益相关者的互动共建和协同治理理念出发，探索如何在实现生态恢复与乡村振兴双重目标的前提下，通过激活和重塑，稳步构建现代共治共享本土知识体系，由此促进政府主导、村民主体的全方位参与式生态治理长效机制的建立。

【关键词】生态补偿；生活者；主体性；村民参与治理；本土生态知识

一、引言

　　草原是我国最大的陆地生态系统，约占国土总面积的 42%。近年来，北方、西北地区草原退化令人堪忧，90% 的天然草地都存在着不同程度的退化（杨旭东等，2016），草原生态系统的生态维护和植被恢复成为政府与学界关注的重要议题。生态补偿政策作为保护草原生态系统、恢复草原生态服务功能的重要机制，自"十一五"规划明确提出建立生态补偿制度机制后，政府大力开展生态补偿理论探索与实践尝试[①]，党的二十大继续提出推行草原、森林、河流、湖泊、湿地休养生息，建立生态产品价值实现机制，完善生态保护补偿制度。[②]

　　生态补偿政策作为保护草原生态系统、恢复草原生态服务功能的重要机制，学界对此展开了相关研究。从研究领域来看，主要集中于流域与森林生态补偿层面，对于草原生态补偿尚未做出充分解释。对生态补偿研究的重点主要聚焦于：

　　* 白云飞，内蒙古大学 2021 级民族社会学专业硕士研究生。

　　① 中国政府网.中华人民共和国国民经济和社会发展第十一个五年规划纲要［EB/OL］. http://www. gov. cn/gongbao/content/2006/content_268766.htm.

　　② 中国政府网. 习近平：高举中国特色社会主义伟大旗帜 为全面建设社会主义现代化国家而团结奋斗——在中国共产党第二十次全国代表大会上的报告［EB/OL］. http://www.gov.cn/xinwen/2022–10/25/content_5721685.htm.

生态补偿概念与机制、生态补偿产生的效果、综合效益评估与生态补偿标准等层面（洪尚群等，2001），但对于生态补偿过程中，受政策影响的居民主体性与能动性关注不足。

围绕生态补偿和生态治理议题，相关研究一直在展开，也有一定的进展。笔者从关于政府结构性制约的讨论、关于行动主体参与受限的讨论以及关于本土生态知识彰显不足的讨论三个方面进行梳理和审视的同时，与生活环境主义理论范式相结合聚焦和说明研究视角及研究重点。

首先，关于政府结构性制约的讨论。关于草原生态破坏，超载放牧一直是主流解释框架，依据这一框架，要实现草原的生态维护，减少牧区草原载畜量是重中之重。在国家主导的生态维护体系中，草畜平衡、禁牧休牧、围封转移和生态移民等自上而下的环境与社会政策在草原地区实施。相关研究指出，生态补偿政策延续了中国长期形成的政府动员型环境政策"危机应对"和"政府直控"的特点，地方政府集"代理型政权经营者"与"谋利型政权经营者"于一身的"双重角色"，使环境保护目标的实现充满了不确定性（荀丽丽和包智明，2007）。草原生态环境保护逐渐从依靠农牧民理性转向依赖国家权威（王晓毅，2009）。Ran Yang等（2018）认为，目前草原生态补偿标准低、效果差，根本原因是政府不当的行政管理模式，缺少社会公众、第三方评估机构和仲裁机构的参与，政府作为生态治理中唯一合法主体不利于政策的展开与实施。在以政府为主导的草原生态补偿实施过程中，政府的角色定位不清，排除其他主体的介入，导致政府环境公共权力出现合法化危机，其公共权力的强制性容易产生出权力的不对等性，过于强力的管制，导致政府环境公共权力行使的异化（乔世明和林森，2013）。地方政府模糊的定位、集中的权力，且没有放权于市场与社会，发挥"无形之手"与"自治之手"的作用，导致村民参与不到政策中，其主体性与能动性逐渐丧失，本土生态知识难以发挥其作用。

其次，关于行动主体参与受限的讨论。有学者注意到我国自上而下的生态补偿政策存在的主体缺位问题。现有的政策方案缺乏整体和预见性，具体表现为措施的缺位和错位，由于未取得农牧民的支持与参与，从而导致决策不合理，且缺乏针对性（曹叶军等，2010）。尽管草原生态治理取得了一定的成效，但仍存在许多亟待解决的问题，尤其表现在政策是否符合当地实际情况，农牧民能否在环境治理中发挥作用。还有观点认为，这种单向性的政策实施不仅难以规避政府角色自身的局限，同时以政府作为单一能动主体的"命令—动员式"行动方式（荀丽丽和包智明，2007）。在此政策模式下，公众很难完全参与到政策的制定、实施与监管过程中，有限的参与空间和不够畅通的表达渠道，使公众只能被动地接受政策的实施。在此背景下,学术界开始意识到公众参与对于生态补偿政策的积极促进作用。Nia Q 等(2021)强调,长期的政府主导型环境治理模式会导致公众对政府产生依赖心理,如何从目前政府主导的经济激励模式转变为公众有效参与的规范引导,从而将保护生态系统的行为内化为真正激发公众自愿参与的长期社会行为,对生态补偿机制的完善具有重要意义。实施生态补偿需要全民共同参与,一方面可以维护公众的合法权益,另一方面有助于对政府的监督与监管(解品磊等,2017)。换句话说,公众参与的引入能够最大限度地平衡生态补偿制度中复杂的利益关系,激发公众参与的积极性并提升政府工作效率,达致一定实施效果(杜阳,2020)。当然,国家同样越发重视生态治理中公众参与的重要性。生态环境部强调生态环境保护是全社会共同参与、共同建设、共同享有的事业,需要充分动员社会力量开展生态环境保护工作,把建设美丽中国转化为全体人民自觉行动。[1]

最后,关于本土生态知识彰显不足的讨论。有学者强调,具体的生态问题需要依靠特定的文化去解决。如果忽视或无意中丢失任何一种本土生态知识,都意味着损失了生态维护中不可替代的生态知识与技能(罗康隆,2010)。但在政府主导的环境治理政策中,村民往往处于"失语"状态,被动地接受政府与专家对家乡的治理。研究发现,部分村民认为禁牧不利于草原植被的恢复与生长,且相关牧业部门也表示在部分地区长期禁牧的政策会影响新草生长,但面对相关政策不符合当地实际环境的状况,农牧民只能被动接受(王天雁和马晓青,2022)。另外,尽管草原生态系统存在不稳定性,但本土生态知识可以在一定程度上适应并规避此类问题,而禁牧与定居放牧政策却使这种本土知识失去用武之地(张倩,2011)。在以政府为主导,自上而下的草原生态治理路径下,作为草原生活者的农牧民往往被标签化为"草原破坏者"并处于边缘化状态。在我国当前的草原生态环境治理体系中,本土生态知识所发挥功能有限,且常常被忽视。而Brook R K(2008)认为,本土生态知识为生态治理过程提供了深远的见解,地方性知识可以为科学家和他们工作的社区之间建立对话提供重要的途径,确保本土知识持有者参与以保护为目的的生态研究是十分必要的。综上所述,笔者认为,草原生态保护与农牧民参与度密切相关,当村民主体性能够得到更好的发挥时,草原生态补偿政策方能在多重意义上达到预期效果。

与其他生态系统相比,草原生态系统有其自身特殊性,它为当地农牧民提供

---

① 中国政府网.生态环境部答网民关于"建议推行环保行为积分奖励制,激励公众参与生态环境保护"的留言[EB/OL]. http://www.gov.cn/hudong/2020-12/16/content_5569581.htm.

了丰富的自然资源和良好的生产生活环境，是地方与民族优秀文化传承发扬的重要载体。因此草原生态补偿政策的实施不仅要考虑草原生态环境的恢复，也要考虑作为政策接受者和参与者的农牧民及其所持有的地方性历史文化因素。就草原生态补偿机制而言，学界主要聚焦理论蕴含、补偿标准、机制完善层面（叶晗等，2020），而对于草原生态补偿中作为农牧业事项当事人的村民这一角色关注较少，且仅仅集中在农牧民满意度研究与意愿分析上（杨莉和乔光华，2021）。然而，农牧民是草原地区生产—生活环境的主要践行者，在政策实施过程中，如果一味忽视其主体性和既有地方生态知识，那么村民就会成为政策的被动接受者和缺乏合作意愿者。有学者曾指出，在政府主导的环境治理政策中，如果村民处于"失语"状态，被动的接受政府与专家对于自己家乡的治理，可能会带来一系列政策外的意外后果（荀丽丽，2011）。

公众参与一直是国家基层社会治理与环境治理的重要内容，党的十九大报告明确指出"构建政府为主导、企业为主体、社会组织和公众共同参与的环境治理体系"。[①] 党的二十大进一步提出必须"拓宽基层各类群体有序参与基层治理渠道，保障人民依法管理基层公共事务和公益事业"。[②] Chen 等（2018）认为，公众参与可以协调不同利益集团之间的矛盾冲突，监督企业的环境行为，并克服政府单边决策的弊端。由此可见，公众参与对于环境治理具有促进作用，持续、有效推动公众积极参与生态环境保护和治理，形成社会协同效应，是化解环境问题的关键所在。

有鉴于此，本章以 B 嘎查作为田野调查点，尝试通过实地调查研究，分析地方政府实施生态补偿政策后，村民生计与生活方式转型背景下，其主体性所面临的挑战及参与机制构建。通过深描环境政策实施对当地日常生产生活造成的影响，讨论和探索如何以实现生态恢复与环境保护为目标导向，立足本土资源和知识体系，因地制宜地构建村民参与式生态治理的长效机制。

二、理论视角

草原生态保护与农牧民参与度密切相关，当村民主体性能够得到更好的发挥

---

① 中国政府网.习近平：决胜全面建成小康社会夺取新时代中国特色社会主义伟大胜利——在中国共产党第十九次全国代表大会上的报告［EB/OL］. http://www.gov.cn/xinwen/2022-10/27/content_5722233.htm.

② 中国政府网.习近平：高举中国特色社会主义伟大旗帜 为全面建设社会主义现代化国家而团结奋斗——在中国共产党第二十次全国代表大会上的报告［EB/OL］. http://www.gov.cn/xinwen/2022-10/25/content_5721685.htm.

时，草原生态补偿政策方能在多重意义上达到预期效果。因此笔者借鉴日本社会学家鸟越皓之（Torigoe Hiroyuki）的生活环境主义理论观点，试图引入"主体性确立"概念，尝试建构以村民群体共同行动为核心动力机制的分析框架，并针对本土生态知识如何实现与政府普适性知识对话互构而进行探讨。

（一）主体性的确立：重视历史文化与生活取向

环境社会学对于环境问题的研究可以简单分为两类：环境实证主义范式与环境建构主义范式，这两大范式都聚焦于环境问题发生的机制，但对于环境问题该如何解决鲜有提及（赵素燕，2014）。为解决环境治理困境，鸟越皓之提出了一种全新的生活环境主义理论框架，强调要根据每个地区的实际情况和当地人民的生活现状，不断探索新的可能性，并将其提炼出来，使之更具整合性。认为"生活系统承载着历史与文化，由于人们在生活系统中过着每一天，因此受到类似系统的约束。这些历史与文化要素是当地人共同认可的，如同某游戏规则，此乃相关社会活动的重要约束力"（鸟越皓之，2004）。再好的环境问题应对策略如不考虑此因素则是纸上谈兵而已。历史与文化个性的重要性要高于整体社会的共通性（鸟越皓之，2011）。因此在环境治理中以自然界一般秩序为准则制定的环境政策，其合理性值得商榷。而相对更加了解地方历史与文化的当地居民更应发挥主体性和参与性作用，以此弥补环境政策的不足。

站在生活者视角，从本土实际生存境况出发，注重发挥居民从实践活动中获得的经验智慧，尊重生活者的主体性，从其历史脉络和现实生活取向中寻求解决之策是现代生态治理与可持续发展的必由之路。这里"主体性确立"指"从当地居民感性与价值观出发，关注生活舒适度及环境决定权和参与权，立足共同管理和资源共用，基于意义决定，形成村民群体性意见，进而拥有当地环境决定权和参与权的实践过程"（鸟越皓之，1997）。

（二）"三种行为基准"：注重本土社区的共鸣逻辑

生活环境主义范式基于"历史与文化的个性"，进一步引用、演绎和完善其内涵外延。日本社会学家作田启一（Sakutakeiichi）曾指出，现代社会的人在行事时一般按照三个基准，包括强调效率的有用基准、重视价值观的原则基准和注重与其他生命体的同感共鸣的共感基准（作田启一，1993）。鸟越皓之引用和拓展作田启一的有关概念并强调政府在治理环境时由于遵循前两条，很少能顾及共鸣基准，其目标是单一的，因此治理结果并不理想。而当地居民则更能利用在具体情境中积累的经验，通过发挥自己在环境情境中的主体角色，实现"共感基准"。政府以单一目标采取的行动会影响当地居民的生活与文化。对于半农半牧区的农牧民来说，原则基准与共感基准是其生产生活的基础，敬畏自然、顺应自然的价值观以及天人合一、万物一体的生命观将农牧民与自然融为一体（陈烨，2001）。正因为如此，代表"技术专家视角"的地方政府与"生活者视角"的当地村民常常处于协同共鸣关系，鸟越皓之认为，"生活者视角"在处理环境问题时更有深度，要重视当地人的智慧，发挥当地人的作用（王书明等，2014）。

（三）"生活知"和"科学知"的对话：提升本土知识的现代适应能力

鸟越皓之（2004）提出"生活知"（せいかつち）的概念，用以与"科学知"相区分，此概念来自于鸟越皓之与蒙古国政府有关工作人员的访谈交流之中。"生活知"与强调"经验和推论"的"科学知"不同，在现实环境课题中能发挥有效性。因此将"生活知"视为当地居民在日常生活中传承与积累的生活智慧与本土经验。正确认识"生活知"，促进"生活知"与"科学知"的有机结合。通过交流对话实现传统生态知识与现代环保技术管理的互补、本土经验与现代科学知识的结合，使行动主体在面临更为复杂的现代社会环境时，仍能运用自身认知学习经验，达到本土经验与现代意志的合一。

笔者立足以上理论逻辑认为，首先，必须审视政府主导型草原生态补偿政策背景及相关问题的来龙去脉。其次，以"生活者视角"来考察草原生态补偿政策，视本土居民智慧为解决该地区环境问题的关键，肯定村民在此政策中的角色意义和具体作用。另外，关注主体性确立议题，提出重构村民主体性和参与性的有关建议。基于这一分析框架，本章采取参与式观察与半结构式访谈法，对内蒙古 W 旗 B 嘎查的 35 名村民进行深度访谈，访谈形式包括线下访谈和线上访谈两种，访谈时长控制在 60~90 分钟。在对已获得的田野资料进行分类、整理的基础上，分析探讨生态补偿制度下村民主体性确立和参与治理的必要性。

（四）生态补偿制度引入公众参与的可行性

1. 公众参与的形式和平台逐渐丰富

公众参与形式具有多样性，无论是主动参加社会组织或者政府组织的各类生态环境保护活动，或者是参与国家相关生态环境法律法规制定的意见征集，政府环境法律法规的执行监督，以及重大环境决策的建言献策，公众都需要依据各种形式进行活动。如果从政府和社会两个角度，可以分为自上而下的官方渠道和自下而上的民间渠道。官方渠道主要指的是政府组织的听证制度，20 世纪 90 年代我国出现听证形式，1997 年《中华人民共和国价格法》以法律形式确定听证制度，此后听证制度开始在我国发展起来。民间渠道主要指的是民主恳谈制度，听证主要是政府征集意见，而民主恳谈则更倾向于公众反馈意见，它的配套制度又包括民主沟通会、决策听证会、决策议事会、重要建议论证会、建议回复会。除此之外，环境信访、环境公益诉讼、宣传教育等都为公众参与生态补偿提供了丰富的参与路径。随着时代发展，公众参与形式也经历了从少到多，从无到有的变化。

公众参与平台的新发展主要体现在互联网平台和大数据的运用方面。在早期，报纸和广播作为传统的公众参与平台发挥着重要的作用，后来电视开始普及，它在社会公众参与中也开始扮演重要角色。电视、广播、报纸和杂志是我国公众参与的传统媒介，这些传统媒体为公众提供了大量的有关生态补偿法规、政府生态补偿政策和行动或者生态破坏行为报道之类的信息，为公众了解生态补偿方面的新动向提供了及时的导向和驱动力。大众媒体推动着某一事件成为公共事件，又推动着某一话题成为公共话题，如果公众需要了解事件进展动态，可以进一步发表观点，建言献策。由此可见，媒体在公众参与生态补偿过程中的作用不可小觑。伴随时代的发展，互联网技术为公众参与生态补偿提供了新机遇和新挑战。消息的传播速度达到了前所未有的高度。相较于传统媒体，此时的公众参与平台范围扩大至网络媒体，包括微信、微博、网站、论坛、电子邮件等，新技术打造了不同于传统媒体的第四媒体，它具有不同于传统媒体的新特点，主要体现在以下三个方面：①及时性。互联网技术确保消息能够转瞬发给所有受众，省去传统媒体印刷、打印等环节，大大节省了传播时间。某一现象被发现，某一消息被挖掘，即刻就能发布到网络平台上。②传播信息的海量性。大数据技术造就了信息爆炸的时代，对于这些信息，网络资源可以随时存储，需要时可以及时调取。③低门槛和交互性。作为高新技术的第四媒体，网络媒体拥有着广泛的受众，因为操作简单，只要使用者愿意，便可以就某一问题发表观点，进行探讨，同时，这个过程是交互的，大家可以互相交流，达成共识。这些特点决定公众既可以通过网络平台迅速接收生态补偿相关信息，政府也可以及时方便地发布生态补偿的相关政策，无形中提高了公众参与度。

改革开放以来，我国公众的法律意识不断增强，权利理念也有了明显的提升。人们不再认为去法院起诉是一件不光彩的事情，而是将其看作维护自身合法权利的有力手段。随着社会资源调整，利益结构变动，产生了多元化的利益群体。在权利意识的驱动下，各方利益主体都希望能够在法律制度层面直接反馈自己的意志，包括生态环境这一方面。除此之外，公众参与生态补偿也有着一些成功的实践经验。例如，在东江源自然保护区的生态补偿案例中，当地公众封山育林，采取手段整治排污，并且限制矿产开发，一系列措施得以实施，大量资金被投入，使东江流域的生态环境得到保护。当地政府采取了一系列生态补偿政策和方法，以谈判的方式确定补偿额度，制定生态补偿基金，并吸纳社会资金，尽全力使生态补偿制度的效果发挥到最好。又如，截至2018年底，在黔南州地区的生态护林员已经达到1万多名，公益林补偿资金和退耕还林补助资金的发放，都推动了林业生态保护扶贫工作，这为生态补偿工作提供了补偿方式的新思路。

2. 公众参与制度的立法基础

尽管我国生态补偿制度的发展缓慢，但步伐坚定，始终是国家政策制定的重点关注对象。"生态补偿"在我国最初的表述形式是"生态环境补偿"。1983年云南省开始对矿山开采造成的生态破坏收取生态环境补偿费，这是我国地方对生态补偿制度进行尝试的先例。至于中央政府，一直到1998年，这一年立法机构对《中华人民共和国森林法》进行了修订，法条中规定由国家出面，建立专门的补偿基金，用以保护森林生态效益。森林"生态效益补偿"获得了立法上的支持。2005年10月，中共十六届五中全会公报要求政府"按照谁开发谁保护、谁受益谁补偿的原则，加快建立生态补偿机制"。这是生态补偿机制首次正式纳入官方决策，此后，继森林和湿地，我国又在自然保护区、矿产资源保护区、海洋、草原、重点生态功能区开展生态补偿试点。2007年，原环保局发布《关于开展生态补偿试点工作的指导意见》，于其对生态补偿机制的具体概念进行规定。到了2015年，新《环境保护法》第三十一条规定："国家建立、健全生态保护补偿制度"，生态补偿制度以环境保护基本法的形式明确下来。

相较于生态补偿制度，公众参与在我国的发展成就显著。在中央立法层面，2002年10月28日，第九届全国人大常委会第三十次会议通过了《中华人民共和国环境影响评价法》，在公众参与环境保护制度建设方面有了重大进步。2013年以来更是进入快速发展阶段，先后制定了社会组织发展改革的一系列规范性文件。到了2014年，修订通过新《环境保护法》，其中公众参与的一些规定有了突破性进展，历史性地对"信息公开和公众参与"作了专章规定。除此之外，公众参与在《中华人民共和国环境保护法》第五条被作为一项环保领域的基本原则加以确定，着重体现了公众参与的权利性。2015年，环保部制定《环境保护公众参与办法》，该办法是对范围更广的环境保护公众参与的规范，推进了公民参与权利的落实。此后到了2018年，修订发布了《环境影响评价公众参与办法》，全面规定和细化了公众参与的内容、程序、方式方法和渠道等内容。

三、调查地及案例呈现

B 嘎查隶属赤峰市 W 旗 WD 镇，地处 W 旗西北部，位于西拉木伦河与春都布河汇合处，海拔平均 400 米左右。生态环境整体结构是：地势西高东低，西靠火撑子山，东南有远近闻名的哈达图山，北部和东部有西拉木伦河岸低洼湿地，中间为坨甸与沙丘，南部为沙地草场和春都布岸河湿地草场。B 嘎查世代是以蒙古族居多的多民族聚居村落，传统文化保留得相当完整，村民普遍信奉藏传佛教。敖包祭祀是该嘎查每年最隆重的祭祀仪式，目的是向敖包神灵祈祷风调雨顺、人畜兴旺，并伴有赛马、摔跤、射箭等那达慕娱乐活动。总之，B 嘎查生态环境多样性突出，水资源和植被资源相对丰富，本土知识传承得较为扎实。生态补偿政策实施前，传统畜牧业为该嘎查农牧民主要生计方式。

（一）B 嘎查资源概况

B 嘎查地名意为"角落""闭塞地"，因位于两条河汇合处而得名。西拉木伦河岸土地总面积 115000 亩，其中，草牧场 56000 亩，占 48%、沙地草场 20000 亩、农田 4500 亩，全部为旱地。林地 22000 亩、宅基地 6000 亩以及其他公共占地。常住人口 548 人，其中 85% 为蒙古族、15% 为汉族。2022 年嘎查集体收入约 530 万元，人均年收入接近 10000 元。[1]

（二）生态补偿政策实施现状

W 旗位于西辽河流域湿地、沙地和山地环境，西高东低，东部系科尔沁沙地西北边缘地带，沙地和湿地广布，水资源条件较充足，近年来治沙效果显著，2020 年植被覆盖率达到 45.6%，现有耕地 512 万亩、林地 567 万亩、草牧场 351 万亩。[2] 其余为科尔沁沙地区域，荒漠化问题和风沙灾害仍较严重。W 旗于 2003 年开始实施全旗范围内的禁牧封育，2012 年实施草原生态奖补政策。目前 B 嘎查的生态补偿主要由三部分组成：草原生态保护补助奖励政策、公益林补贴和生产资料补贴。草原生态保护补助奖励政策包括禁休牧补助与草畜平衡奖励，每亩 3.49 元，其中享受草原生态补奖资金额度最高 1943 元 / 户，最低 191 元 / 户；公益林补贴，每亩 11.25 元。除此之外，还有一些国家扶持政策如基础母牛补贴

---

[1] 以上资料来自对 B 嘎查村主任的访谈。

[2] W 旗概况，http://www.wnt.gov.cn/zjwq/。

与粮改饲补贴等。B 嘎查属于季节性休牧区，休牧时间为每年 3 月 15 日至 6 月 15 日。①

在具体生态实践中，地方政府主要通过草原生态奖补、季节性休牧、政策补贴等政策制约及资金支持的方式，加以限制牲畜数量与放牧行为，以便恢复草原生态环境。以"减畜"为核心的草原生态治理政策有利于缓解超载放牧的压力，恢复草原植被，但退牧与禁牧改变了村民的日常生活实践，提高了畜牧业成本，直接影响畜牧业受益与当地生产生活方式，促使农牧民生计方式的转变。

四、生态补偿政策对村民日常生活的影响

（一）生存样态：生产与生计方式的双重挑战

生态补偿政策的实施，使农牧民传统的日常生活实践发生了巨大改变。从生产方式层面来看，禁牧后，舍饲圈养时间增加，使村民养殖成本提高。农民 ZG 表示：

> 我大部分时间都在家养牲畜，需要大量的草料和青贮来满足牲畜的需求。然而，在这个地区只能种植一些玉米，草料等其他植物只能从农尺购买，而且价格相对较高。有时尽管草场上明明有草，但由于各种原因无法放牧，只能在家里自行喂养。②

购买草料加重了村民生活负担。另外，棚圈建设与维修、草场的维护及舍饲圈养所占用的劳动力都成为困扰当地生产生活的难题。面对这些困境，他们缺乏相应的知识与技能来应对。牧民 MR 反映：

> 在推进现代化养殖和规模化养殖方面，对牛的品种进行改良是一个重要的措施。通过改良品种，可以在家中喂养牛来提高产量和收益，同时也能解决成本问题。然而，目前存在资金不足、场地不够以及人力短缺等问题，导致无法实施规模化养殖。此外，缺乏意识和对现代化养殖的认知，以及缺乏国家的扶持政策，都成为阻碍推进现代化养殖的因素。因此，目前只能勉强维持现状，无法进行大规模改变。③

在实施生态补偿政策后，由于缺乏配套的技能培训和政策扶持，村民仅凭自

---

① W 旗政府文件，http://www.wnt.gov.cn/xxgk/zfxxgk/fdzdgknr/zdnyxxgk/snbt/202307/t20230720_2089795.html.

② 访谈对象：ZG，男，汉族，1972年生，内蒙古B村人；访谈时间：2022年11月；访谈地点：B村。

③ 访谈对象：MR，男，蒙古族，1976年生，内蒙古B村人；访谈时间：2022年11月；访谈地点：B村。

身能力难以应对生产方式变化带来的高成本养殖境况，致使生活和生存压力不断增加。应对当地居民的生活现状与生活质量给予高度关注，重视当地生活者的生活习惯及生活体系。从生计方式层面来看，囿于近年来牛羊价格持续低落而饲草料价格不断上涨，部分村民经济压力愈加凸显，他们无法再支付高昂的养殖费用，只能选择放弃畜牧业，转而通过其他方式谋生，例如，经商、外出务工等。实地调查发现，自实施生态补偿政策后，B 嘎查有 17 户牧民选择出售牲畜，转而到附近的乡镇经营小规模的蒙餐馆、服装店、日用品商店等。然而他们的经营成果并不乐观，截至 2022 年，仅有 2 户牧民的商店正常运转，剩下的 15 户皆处于关门停业状态，究其原因，主要是资金短缺、经验不足、享受不到政策优惠等。外出经商的 WY 表示：

> 前几年的商业环境非常困难，特别是在镇上开店。一开始我对于经营商店和申请烟草专卖许可证并不了解，因此遇到了很多困难。首先，申请烟草专卖许可证的过程非常烦琐，我不懂正确的操作方法，导致许可证无法顺利获得。其次，进货渠道也不太畅通，没有找到合适的供应商，只能选择高价进货，造成成本上升，利润不足。因为这些问题，我的生意一直不景气，最终不得不放弃经营。①

村民对于新的生计方式，表现出明显的不适应。生活压力的增大迫使部分村民选择另谋出路，由于缺乏专业化知识与技能使其在转投其他行业时遭遇多重挑战。草原生态补偿政策对当地传统生产与生计方式带来的影响毋庸置疑，村民的生存环境和状态在某种程度上影响自身生命状态。作为乡村生态文化与传统经验持有者的村民在面临困境时，开始思考以何种行动策略去应对上述问题。

（二）现实困境：政策认知度不高，本土经验被忽视

在调研中发现，由于基层政府及村委会对于生态补偿政策的宣传和教育力度不足，导致许多村民对生态补偿政策缺乏清晰认识和理解，尽管他们知晓生态补偿政策的存在，但对于政策具体的实施流程、补偿标准等了解有限，加之相关政策更迭次数频繁，而村民群体在未完全理解以往相关政策的情况下，又需要对新的政策内容进行解读，因此受教育水平也在一定程度上限制了其对政策的熟练把握。受访者 CS 曾讲道：

> 我在手机上浏览了一些文件，并在嘎查群中分享了其中的两个文件，但是很少有人解释其中的内容。大部分人对这些文件并不了解，很快就被其他消息顶上

---

① 访谈对象：WY，女，蒙古族，1972年生，内蒙古B村人；访谈时间：2023年2月；访谈地点：B村。

去了。由于缺乏解释和帮助，我只能靠自己去理解这些文件的内容。①

由于地方政府和村委会未能对政策进行详尽解释，导致村民难以真正理解政策实施的目的与意义，影响其参与政策实践的意愿，产生"逃避"政策的行为。

地方政府以"原则规准"为依据制定的政策缺少"历史个性"的因素，忽视村民基本诉求和所在区域独特性价值，导致在禁牧地点、方式、年限以及补偿标准选择上的"一刀切"。即没有将村民日常生活实践作为重要考量因素纳入环境治理体系中，使生态补偿政策中的部分规定条例不符合当地实际生态环境和经济发展规律，从而影响政策的实施效果，同时给村民生计生活造成了较大的压力。受访者CG表示：

根据我对二阴地（湿地）的观察，我认为目前对于二阴地的禁牧时间设置过长，并且是没有必要的。二阴地的水源充足，草生长迅速，如果禁牧时间过长，草就会长得很高，甚至到达牲口的膝盖高度，这样牲口就不愿意吃了。同时，牛羊的踩踏和粪便挤压也会导致草的浪费。我们早就向政府反映过这个问题，并希望政府能够灵活地考虑实际情况来确定禁牧时间，但是没有得到回应。②

村民日常生活实践秉持"原则规准"与"共感规准"，一直存在因地制宜与循环利用的理性生活逻辑，这种逻辑和理性表现在他们的一系列资源利用行动策略上。例如，将牛羊粪便分类、烘干后做成低碳燃料加以利用；根据不同类型的草场环境，充分利用牧草资源，灵活机动放牧等，都充分体现当地生活逻辑与环境治理有机统一的一面，且产生全体村民共鸣。然而生态补偿政策忽视了村民群体的理性逻辑与共感规准，以至于村民陷入有语无声的困境。大部分村民认为，B嘎查属湿地与沙地交错区，当地叫作"二阴地"（namug tala），其特点是土壤肥沃，地下水位高，地表水系较发达，常见积水，草场生长恢复快，同时也是候鸟和野生动物栖息地。长时间禁牧则会影响来年新草生长，村民曾多次向相关部门反映有关本土知识经验都无果，科学的环境治理与村民需求未得到有效协动。二阴地长时间的禁牧政策，影响了草场与牲畜的良性互动关系，牲畜吃不到好草的同时，还造成草场资源的浪费。当地的生态补偿政策将村民与草地环境相分离，忽视当地农牧民的智慧与诉求，导致他们参与生态保护实践的积极性下降。如果草原生态环境的保护缺乏本土行动主体的参与和支持，那么其效益效果便会大打折扣。

---

① 访谈对象：CS，男，蒙古族，1977年生，内蒙古B村人；访谈时间：2022年11月；访谈地点：B村。
② 访谈对象：CG，男，蒙古族，1965年生，内蒙古B村人；访谈时间：2023年11月；访谈地点：B村。

五、当地村民群体的行动回应

行动回应大体包括两种：一种是逃避技艺，另一种是应付策略。前者指导致村民对生态补偿和环境治理所持有的"局外人"心态及不合作行为；后者指从理性人的角度适当给予合作，但以消极应付为计谋。

（一）逃避技艺

政府一般以"有用规准"为前提制定相关政策，基于合理主义与机能主义，以目标取代手段（鸟越皓之，2004），为了单一目标采取的行动往往会忽视村民诉求，影响村民日常生活。基于政府主导的单一治理模式的环境政策不利于村民参与，村民整体呈现出被动、无序、形式、事后参与等状态（扎拉嘎，2020），导致其对环境治理持有"局外人"的心态。此心态一度使村民对政策产生消极、失望的心理，被最终演化为"逃避"技艺，他们不愿参与到政策具体实施中，造成其对政策漠不关心，响应政策迟缓的行动状态。在地方政府与村民关系中，村民一方处于被动的地位，面临非决策参与和输局博弈，逐渐失去对政策的热情，在地方政府需要并且提供参与机会的前提下，才考虑消极回应。

另外，政策的不公平性导致村民出现"以足投票"的行为。"以足投票"是由于个体对政策的不满情绪与不公平感，会用"脚"迁移到能够实现个人需求的地方以表明"投票"偏好（段易含，2017）。生态补偿政策是以牺牲部分人的当前利益来获取整个社会的长远收益，村民参与草原环境治理动机的主观利益的实现方式和实现水平，决定了其行动策略。草原生态补偿较低的补偿标准与增加的生活成本，进一步降低了村民参与政策的意愿。无奈之下，部分村民选择迁出生长于斯的故土，并放弃分配的利益外出务工。

（二）应付策略

在自上而下型政策的影响下，村民诉求得不到重视，合法权益得不到有效保障。村民运用特殊的应对策略，借由不合作、违规、欺骗等方式来为自己争取权益。针对季节性禁牧，当地村民通常会采取以嘎查为单位的"提前或偷偷"进行集体放牧行动。调查研究显示，B嘎查提前放牧与偷放牧的现象相当普遍。

面对整个嘎查的集体行动，为了避免集体性事件等不良影响，监管部门只好象征性地警告或罚款后就听之任之，甚至出现监管者与村民"共谋"的现象，庇护部分村民违规行为。在生态补偿政策中，签订草畜平衡与禁牧合同是重要的一环，将合同书和责任书交由村民签订，并向群众详细解读相关内容，明确其禁牧、减畜的责任义务，对有违规行为的村民进行处罚。但在 B 嘎查，大多数村民表示从未签订过相关合同。调查发现，B 嘎查草畜平衡政策至今仍未落实，村民拥有的牲畜量远远超过国家规定的载畜量，近几年畜群规模不减反增。

尽量适当运用弱者的武器能带来一定益处。但类似的行动模式，反而会使双方处于紧张关系中。其实，B 嘎查所特有的生态环境与社会文化之间有其自身平衡性，村民在其中早已形成嵌入型思想观念和行为方式以及生活状态，在长期的生存和发展过程中，依据文化根性去理解自己处境。因此地方政府在政策实施过程中，应摒弃单一的"有用规准"，不仅从技术专家的角度对生态环境进行价值量化，同时也并用"原则规准"与"共感规准"，将技术性治理与社会性治理相结合，深入了解村民生存状态，综观地方生态文化系统。只有立足民族生态知识，确保村民主体性得到充分发挥，才能在特定的生态环境场域中，实现相关政策的良性落实。由此可见，仅采用刚性的社会政策、治理逻辑而摒弃当地文化逻辑甚至中断日常生活状态是不可取的，也与社会治理能力的现代化背道而驰。

六、结论与反思

鸟越皓之（2004）在日本琵琶湖流域综合开发相关调查中发现，作为既定政策而被利用的科学模式与当地社区居民群体的想法相去甚远，由此认为要形成一个能使居民和现场的行政人员都能接受的相对较好的模式很重要。无论是政府还是其他任何组织都要站在"生活者"的视角去看待问题，认为生活者这一主体在自身所处情境中存在着巨大的优势。它强调重视生活者的本土智慧，生活者的社会实践活动在解决环境问题上的重要性（鸟越皓之，2004），并且这一优势在实践中也得到了证实。鸟越皓之（2004）又提出"参划与协动"来形容上述变化之后所出现的新尝试。公众和居民的"参划与协动"逐渐出现在环境政策过程中。

首先，建构地方政府与村民的互动合作关系十分必要。我国的生态治理体系中，相对单向性决策使政府成为生态治理的唯一合法主体，这种依赖政府的治理模式，在特定情境下呈现出一定的不足，因此激活社会力量，协调多元主体的稳定互动，助力实现共建共治势在必行。以生活作为环境治理的基点，环境只有为生活所用才能得到最有效的保护，重视利用自然的快乐和共同创造美丽自然的价值（鸟越皓之，2004）。应站在生活者主位与人文关怀视角，注重当地生活实践与地方生态知识，在生活中应对环境问题，携手保护自然——生活系统的完整

年龄：51 岁

文化程度：小学

（1）您家里一共有几口人，其中劳动力几人？

答：我家共有 3 人，其中有 2 人是劳动力。

（2）您家草场共有多少亩，耕地有多少亩？

答：自己分得不到 200 亩，自己家的与承包的加起来 200 多亩地，70% 种玉米，30% 种青贮。

（3）您家牲畜分别养了多少？

答：牛 100 多头；羊四五十只；马 10 多匹。

（4）近三年来，家庭内是否有人参与过退牧还草和生态建设相关的培训或考察活动？

答：我参加过旗组织的护林员培训，主要关注保护森林和生态环境，对草场的保护内容相对较少。村里没有组织参加，我是个人自愿参加的。护林员参加培训是按照村里的指标来的。此外，我们还接受了禁牧培训，主要是关于季节性禁牧的内容。我曾经担任过禁牧大队长，并接受了专门的培训，但村民们没有相关的培训机会。季节性禁牧的时间从 1 月 1 日到 6 月 15 日，我们在村子里进行宣传工作，告诉老百姓需要进行禁牧，以便草场恢复。如果老百姓不听从，我们会先进行警告，如果再次违规，则会进行强制罚款。在宣传工作中，我们会第一时间向老百姓做解释工作，方便的话会下发通知给大队，同时还会使用宣传单、电视、广播等方式进行宣传。镇里也会召开会议，而不是全村大会，将村干部召集过去，会上解释禁牧开始时间和罚款政策，然后由村干部负责具体的宣传工作。护林员会定期接受季节性培训，集中学习如何防火、如何保护生态等知识，培训时间是固定的。

（5）您家是否参加了农民牧户合作组织？如果参加是哪一年参加？具体合作组织中的作用是什么？

答：没有参加。

（6）您认为近年来当地草地退化现象严重吗？严重的原因是什么？不严重是因为有好转吗？

答：草场退化问题非常严重，主要原因有自然灾害和人为因素。自然灾害方面，长期干旱是最主要的因素，近 10 年来有 70% 的时间处于干旱状态。人为因素方面，约占 20% 的比例。例如，我家拥有 2000 亩的草场，本来可以供给 50 头牛充足的食草，但为了追求更高的收益，我们养了 300 多甚至 500 多头牛，导致牲口数量过多，草场无法满足需求。此外，我们还将草场外包给他人，让他人的牛在我们的草场放牧，从中获得收益。然而，在这种外包情况下，我们往往只关注牛的数量和收益，而忽视了草场的质量和牛的饲养状况。我们并不在意草场的状态是否良好，牛是否得到足够的食草。我们只关注数量和经济利益。

（7）您认为减少牲畜数量对解决草地退化问题有作用吗？

答：没什么作用，外地牛不来就可以，只放自家的牲畜是没问题的，主要是过于干旱。政府没有组织培育人工草场。

（8）从您的养殖经验来看，牲畜数量越多，收入越多吗？

答：是的，数量多一点收入就多一点，品种好的牲畜挣钱快。

（9）现在养的牛羊是什么品种？有优化品种的计划吗？为什么？

答：目前我们养殖的牛羊属于新的品种，通常是三代以上的良种。为了进一步优化品种，我们有计划进行改良。一方面是通过人工配种的方式进行改良，有条件的情况下，选择优良的种牛进行配种。另一方面是引进外地的优良种牛，在我们自己的乳牛基础上进行改良。我们计划每三年进行一次品种"换血"，以避免近亲交配。在这个过程中，所有费用都由自己承担，政府并没有相关的项目支持。前几年，我们曾经获得过乳牛补贴，从去年开始，也开始有配种补贴，每头牛约 300 元，这有助于减轻我们的经济负担。尽管改良品种的成本相对较高，但我们仍然可以接受，因为这样的投入能够带来更快的经济回报。

（10）近年来，您是否采取了一些措施来降低饲养成本？您认为青贮和玉米秸秆是否可以被视为降低成本的措施？

答：我们会自己种植草料，这样成本较低。如果自家草料不够，我们会购买来自农区的草料。青贮和玉米秸秆可以被视为降低成本的措施，这是最基本的方式。

（11）您是否知道您所承包的草场适合养多少牲畜？

答：我们承包了 2000 多亩的草场，大约可以养 100 头牲畜，平均每 20 亩放养一头牲畜。在农历 6 月 1 日放牧，到 10 月 1 日收回，大约四个月的时间。如果雨水充足的话，草场的供应会充足，牲畜吃不完。

（12）当您准备增加养殖数量时，是否会考虑自己草场的承载能力？

答：如果我们准备增加养殖数量，我们只能将牲畜放到别人家的草场上，我们会考虑草场的承载能力。

（13）您认为是否有必要对草场进行维护？您采取过哪些措施？为什么没有采取措施呢？

答：我们每年都会对草场进行维护，如拉圈子，防止其他牲畜进入吃草。

（14）您是否了解"草原生态保护补助政策"？您是如何得知这项政策的？

答：我知道这项政策，是在开会时听说的。关于草畜平衡方面的政策我没有参加过，目前我的牲畜数量不多也不少，所以还没有遇到草畜平衡的问题。

（15）您接受过关于"草原生态保护补助的奖励政策"的宣传教育吗？是通过什么形式？

答：我接受过宣传教育，主要是通过贴在告示牌上的通知。

（16）您认为实施这一政策的目的是什么？您认为这一政策是否有效？

答：我觉得这个政策没有什么作用。

（17）您是否得到了相关的补偿？补偿的标准是什么？补偿金是否能及时到账？在这种情况下，您是否愿意实施草畜平衡或禁牧？您是如何使用补偿金的？

答：补偿金能够及时到账，标准还可以，我们能够承受。在这种情况下，我们并没有实施草畜平衡或禁牧。得到的补偿金主要用于日常开支。

（18）在实施草原生态保护补助奖励政策过程中，您最关心的是什么？

答：我最关心的是补贴金额。

（19）您是否与当地政府签订了有关草原生态保护补助奖励政策的协议？这是自愿的吗？协议是否得到有效执行和实施？

答：我们并没有签订协议，只是收到了禁牧的通知。

（20）关于补助的金额和形式，政府是否征求过您的意见？您是否提供过反馈？是通过什么形式提供的？

答：政府并没有征求过我们的意见。

（21）在实施草原生态保护补助奖励政策后，您家草场的产草量发生了变化吗？

答：草场的产草量变多了。

（22）实施草原生态保护补助奖励政策后，您家的年总收入受到影响了吗？

答：我们的年总收入没有发生明显变化。

（23）实施草原生态保护补助奖励政策后，您从事畜牧业生产面临的最大困难是什么？

答：我们面临的最大困难是草料不够，需要大量从外地购买，另外，劳动力也不够，因为我们是家庭养殖，需要至少3名劳动力。

（24）总体而言，草原生态保护补助奖励政策对您家饲养成本有哪些影响？

答：实施该政策后，饲养成本增加了。

（25）您认为草原生态保护补助奖励政策是否达到了预期效果？

答：没有达到预期效果。

（26）您认为草原生态保护补助奖励政策在哪些方面还需要进一步完善？

答：我认为政府应该提高补贴金额。

被访者 2

访谈时间：2023 年 7 月 8 日

访谈地点：布朗

访谈对象：常山

性别：男

年龄：39 岁

文化程度：小学

（1）您家共有几名成员？其中有多少人是劳动力？

答：我家共有 4 人，其中有 2 人是劳动力。

（2）您家拥有多少亩草场和耕地？

答：拥有 500~600 亩草场，根据牲畜数量进行分配；耕地约为 150 亩。

（3）您家牲畜分别养了多少？

答：目前养殖了大约 50 头牛和 40 多只羊。

（4）在过去的三年里，您家是否有人参与过退牧还草和生态建设相关的培训或考察活动？

答：没有参与过退牧还草和生态建设相关的培训或考察活动。

（5）您家是否加入了农民牧户合作组织？如果是，是在哪一年加入的？合作组织在家庭经营中扮演了什么样的角色？

答：没有加入。

（6）您认为近年来当地草地退化现象严重吗？严重的原因是什么？草地退化有好转的迹象吗？

答：草地退化不太严重，主要原因是降水量较少，生长速度较慢。目前没有明显的好转迹象。

（7）您认为减少牲畜数量对解决草地退化问题有帮助吗？

答：有帮助，因此需要少养牲畜，但要注重养殖质量而非数量。如果质量不好，即使数量再多也没有用处。

（8）根据您的养殖经验，养殖的牲畜数量越多，收入越多吗？

答：不是，养殖应该注重质量而非数量。如果质量不好，无法卖出去，数量再多也无济于事。

（9）您目前养殖的牛羊属于哪个品种？是否有计划引进优质品种？为什么？

答：目前的品种一般，有引进优质品种的计划，但一直未能实施。主要是因为成本较高，而补贴金额较少，一直无法落实。

（10）近年来，您是否采取措施降低饲养成本？您认为青贮和玉米秸秆是降低成本的有效措施吗？

答：是的，我们采取了喂青贮和玉米秸秆等措施来降低饲养成本。

（11）您了解您所承包的草场适宜养殖的牲畜数量吗？

答：了解，大约适宜养殖 30 头牛，一头牛需要约 20 亩地。

（12）在您计划增加养殖数量时，是否会考虑草场的承载能力？

答：会考虑，如果超过草场的承载能力，我们会进行圈养。但由于成本较高，尤其是今年物价上涨，牛羊饲料和豆饼价格上涨，而牛的价格反而下跌，生活变得困难。

（13）您认为草场维护是必要的吗？您采取了哪些措施来维护草场？为何没有采取其他措施？

答：草场维护是必要的，我们自己建设了围栏。除此之外，没有采取其他措施。

（14）您是否了解"草原生态保护补助政策"？您是如何了解的？

答：了解，是自己查询得知的。村里也发过相关通知，但只是官方文件，并未进一步解释，大部分人无法理解，很快就被其他消息所取代。没有人提供帮助，只能自己摸索。

（15）您是否接受过关于"草原生态保护补助政策"的宣传和教育？以什么形式进行的？

答：接受过相关通知。

（16）您认为实施这一政策的目的是什么？您认为这一政策有效吗？

答：实施这一政策的目的是保护草原，但我个人感觉政策并不有效。

（17）您是否获得了相关的补助？补助标准如何？补助款是否及时到账？在这种情况下，您是否愿意实施草畜平衡或禁牧政策？您如何使用补助款？

答：补助款发放较为及时，但金额太少。

（18）在实施草原生态保护补助奖励政策过程中，您最关心的是什么？

答：我最关心的是补助金额。

（19）您是否与当地政府签订过关于草原生态保护补助奖励政策的协议？签订协议是否自愿？协议是否得到有效执行？

答：我签订过相关协议，但并不了解协议的具体内容。当时村委会组织统一签字，解释说这是政府文件，必须签署。我对签署的具体内容并不了解。

（20）在关于补助金额和形式方面，政府是否征求过您的意见？您是否提供过反馈意见？以何种形式进行？

答：没有。

（21）在实施草原生态保护补助奖励政策后，您家每亩草场的产草量发生了变化吗？

答：没有明显变化。

（22）在实施草原生态保护补助奖励政策后，您家的年总收入受到影响了吗？

答：没有明显变化。

（23）在实施草原生态保护补助奖励政策后，您从事畜牧业生产面临的最大困难是什么？

答：主要困难是草料不够，需要大量从外地购买。此外，劳动力也不足，因为家庭养殖需要至少 3 名劳动力。

（24）总体而言，草原生态保护补助奖励政策对您家饲养成本的影响如何？

答：增加了饲养成本。

（25）您认为草原生态保护补助奖励政策的实施是否达到了预期效果？

答：没有达到预期效果。

（26）您认为草原生态保护补助奖励政策在哪些方面需要进一步完善？

答：需要增加补贴金额。

被访者 3

访谈时间：2023 年 7 月 3 日

访谈地点：布朗

访谈对象：照日格图

性别：男

年龄：49 岁

文化程度：大学

（1）您家庭成员总共有几人？其中有几人是劳动力？

答：我家总共有 4 人，其中有 2 人是劳动力。

（2）您家草场的总面积是多少？耕地的面积是多少？

答：我家每人分得约 120 亩草场，所以家庭共有 490 亩草场。而口粮地每人只有 1 亩，算上承包的，大约有 50 亩地。

（3）您家牲畜分别养了多少？

答：我家养了 50 匹马、35 头牛和 80 只羊。

（4）在过去三年中，您家是否有人参与过与退牧还草和生态建设相关的培训或考察活动？

答：没有。

（5）您家是否参加了农民牧户合作组织？如果参加了，是在哪一年参加的？您认为这个合作组织的作用是什么？

答：没有参加。

（6）您认为近年来当地草地退化现象严重吗？退化严重的原因是什么？如果没有严重退化，是因为有所改善吗？

答：近年来当地草地退化现象非常严重。这主要是由于干旱和草场上的牲畜数量过多所导致的。每年草场上的草太少且质量较差，每年发生涝或旱时，打草量也很少，无法满足牲畜的饲料需求。

（7）您认为减少牲畜数量对于解决草地退化问题有帮助吗？

答：肯定有帮助。

（8）根据您的养殖经验，牲畜的数量越多，收入就越多吗？

答：牲畜的数量能否带来更多的收入主要取决于草的数量。如果草不够，养殖数量再多也没有用，因为每年购买草的成本会非常高。

（9）近年来，您采取过什么措施来降低饲养成本吗（例如，长草短喂、青贮等）？

答：我们采取了种植青贮的措施来降低饲养成本。

（10）您知道您所承包的草场适合养多少牲畜吗？

答：我们知道，国家有相应的标准规定，一亩草场适合养多少牲畜。如果养殖数量超过了规定的标准，就会受到限制。明年还将实施强制措施，即一定面积的草场只能养一定数量的牛羊。

（11）当您计划增加养殖数量时，会考虑自己草场的承载能力吗？

答：我们将会立即落实草畜平衡的政策，超出草场承载能力的牲畜将不得放牧。虽然我们对此政策了解不多，但是我们会坚决执行。

（12）您认为进行草场维护是必要的吗？您采取过哪些措施来进行草场维护？为什么没有采取其他措施呢？

答：我们认为进行草场维护是必要的，但是我们目前只是简单地建立了围栏。尚未采取其他措施是因为缺乏相关的知识和资源。

（13）您知道"草原生态保护补助政策"吗？您是怎么了解到这个政策的？

答：我们知道这个政策，最初政府进行了调查，以了解实际情况和该地区的具体情况，然后决定是全年禁牧还是季节性禁牧。牧区和农区的禁牧时间也不同。政府曾经来到我们村进行调查，并向老百姓解释了相关政策。我们也与政府进行了讨论，商讨是否进行全年禁牧或半年禁牧的问题。政策的落实必须听取老百姓的建议，我们召开了会议。尽管有些人反对禁牧，但是政府专门为他们召开了会议，如果他们不同意，可以将自己的草场围起来保护起来。但是这样做的成本太高，后来大家都同意了。

（14）您接受过关于"草原生态保护补助奖励政策"的宣传教育吗？以什么形式进行的？

答：我们接受过政府派人进行的宣传教育。

（15）您认为实施这一政策的目的是什么？您认为这一政策是否有效？

答：实施这一政策的目的是保护环境，我们认为这一政策是有效的。

（16）您收到了相关的补偿吗？补偿的标准是什么？补偿款是否及时到位？在这种情况下，您是否愿意实施草畜平衡或禁牧？您如何使用这些补偿款？

答：我们确实收到了补偿款，但是补偿标准非常低，每亩地只有几千块钱。虽然政府给了钱，但是数额太少。每天养一头牛至少需要 8～10 元的费用，这样我们是亏本的。实际上，补偿款应该根据地区的情况来确定，我们所在的地方是二阴地，不会影响草的生长，而干旱地区则不同，因为草质量无法提高。这种保护生态的政策是正确的，因为沙漠地区太多了，应该禁牧。例如，虽然可以禁牧60 天，但是禁牧结束后一下子放牛羊出来，草被踩踏、吃掉，再加上牛羊的排泄物，草地很快被破坏。二阴地没有必要禁牧，这样做没有意义，不会影响牛羊的饲料供应。而且禁牧期间我们还需要自己掏钱购买草料。禁牧和不禁牧对我们来说没有太大区别，因为沙漠地区太多了。禁牧并没有因地制宜，政策太死板了。

（17）在实施草原生态保护补助奖励政策的过程中，您最关心的是什么？

答：我最关心的是补偿金额。

（18）您是否与当地政府签订过涉及草原生态保护补助奖励政策的协议？这一协议是否是自愿签订的？协议是否得到了有效的执行和实施？

答：以前并没有与政府签订过相关协议。过去基本上没有禁牧，没有有效的执行和实施。直到去年才有了相关协议，各家各户才签订了协议。如果草牧场自身管理不善，严重破坏生态环境，会受到罚款，罚款最高可达 5 万元。

（19）关于补助金额和形式，政府是否征求过您的意见？您是否提出了反馈意见？补助是以何种形式发放的？

答：政府并没有征求过我的意见。我也没有提出任何反馈意见。

（20）实施草原生态保护补助奖励政策后，您家每亩草场的产草量是否发生了变化？

答：没有什么变化，对于二阴地来说，禁牧并没有太大必要，不禁牧的话，草长得快，可以边生长边吃，也不会影响到刈割草料。禁牧期间，草料的费用都需要自己承担。而且禁牧和不禁牧之间没有太大区别，因为我们地区存在大量沙漠。不应该花费的钱却花费了。政策规定应根据地区实际情况灵活禁牧，但我们这个地方却被强制禁牧，上级并没有进行实地考察，政策过于僵化。

（21）实施草原生态保护补助奖励政策后，您从事畜牧业生产面临的最大困难是什么？

答：最大的困难是草料供应不足，每年需要购买大量草料。我们地区的饲草地和耕地非常有限，每户家庭拥有的土地只有 10 多亩，土地质量也不好，产量不高，每亩不到 1000 斤，如果不种地的话就会亏损。

被访者 4

访谈时间：2023 年 7 月 22 日

访谈地点：布朗

访谈对象：天仓

性别：男

年龄：49 岁

文化程度：高中

（1）您家庭成员数量是多少？其中，有多少人是劳动力？

答：我家共有 3 口人，其中有 2 人是劳动力。

（2）您家拥有多少亩草场？耕地有多少亩？

答：我家拥有 360 亩草场和 10 亩耕地。

（3）您家牲畜分别养了多少？

答：我家养了 215 只羊和 5 头牛。

（4）近三年来，您家是否有人参加过与退牧还草和生态建设相关的培训或考察活动？

答：没有。

（5）您家是否参加过农民牧户合作组织？如果参加了，是在哪一年参加的？合作组织在您家的作用是什么？

答：没有参加。

（6）您认为近年来当地草地退化现象严重吗？严重的原因是什么？如果没有严重，是因为有所改善吗？

答：我认为草地退化现象相当严重，主要原因是干旱以及草场上牲畜数量过多。

（7）您认为减少牲畜数量对解决草地退化问题有作用吗？

答：当然有作用。目前普遍存在过度放牧的情况，减少牲畜数量可以缓解这一问题。

（8）根据您的养殖经验，养殖数量越多，收入就越多吗？

答：不是的。关键是要改良品种，提高质量。养50头质量较差的牛，不如养20头品种好的牛。目前我们还没有进行品种改良，只是养普通的牛。如果是自己的话，会选择优质种牛进行配种。政府有奶牛补贴政策，但补贴力度太小，没什么实际效果。改良品种的成本很高，个人承担不起，无法进行品种改良。

（9）近年来，您采取了哪些措施来降低饲养成本（如延长放牧时间、种植青贮等）？

答：我自己放羊，不请羊倌，自己照顾。

（10）您知道您承包的草场适合养多少牲畜吗？

答：不了解，也不清楚国家的政策和规定。目前我们是根据自己的情况养，能养多少就养多少。

（11）当您准备增加养殖数量时，会考虑草场的承载能力吗？

答：不会，也不清楚这个。现在都是往多了养，不会考虑这么多。

（12）您认为有必要进行草场维护吗？您采取了哪些措施？为什么没有采取措施？

答：我们只进行了建栏的措施，其他没有什么办法可采取。

（13）您知道"草原生态保护补助政策"吗？是通过什么途径了解到的？

答：对此不太了解，没有人告知。村里曾经提到过政策，几年前开会时有一次提到过，但近年来没有相关信息。不清楚政策是否有变动。去年草牧场的补贴没有发放，不知道具体原因。现在主要是没有开会了，没有相关消息。

（14）您接受过有关"草原生态保护补助政策"的宣传教育吗？是通过什么形式？

答：没有接受过。

（15）您得到过相关补偿吗？补偿标准是什么？补偿款是否及时到账？在这种情况下，您是否愿意实施草畜平衡或禁牧政策？您得到的补偿款是如何使用的？

答：我得到了相关补偿款，但数额太少，无法解决问题。

（16）您与当地政府签订过关于草原生态保护补助政策的协议吗？签订协议是自愿的吗？这些协议得到了有效执行和实施吗？

答：没有签订过协议，之前也没有相关的协议。

（17）关于补助金额和形式，政府是否征求过您的意见？您是否曾反馈过意见？反馈的形式是什么？

答：没有征求过我的意见，现在也没有人下乡、上门，没有人来关心了。

（18）实施草原生态保护补助政策后，您家每亩草场的产草量发生变化了吗？

答：有一些好处，有助于牧草生长，牛羊吃的也还不错。但补贴金额太少，没有太大实际效果。

（19）实施草原生态保护补助政策后，您家的年总收入受到影响了吗？

答：肯定减少了，补助的金额不够，成本太高，补助金额无法解决问题。

（20）实施草原生态保护补助政策后，您从事畜牧业生产面临的最大困难是什么？

答：草料非常有限，耕地面积少，草场有限，只能购买草料。我离乌丹近一点的地方购买，远一点可以在兴安盟、东乌旗等地购买，每年花费超过3万元购买草料。

被访者5

访谈时间：2023年7月23日

访谈地点：布朗

访谈对象：张国江

性别：男

年龄：53岁

文化程度：高中

（1）您家草场共有多少亩，耕地有多少亩？

答：我家的草场是在20世纪80年代初进行划分的，目前尚未重新进行划分。我家承包了5000多亩的草场，平均每亩承包费用为5~6元。目前我家的草场位置尚未确定，还未分配给具体的个人使用，其他家庭占用着我们组的草场。其他组的草场都已经划分完毕，只有我们组的尚未划分，多年来一直都在讨论要重新划分，但至今未能实施。至于耕地，我家有10多亩，承包了20多亩，种植了玉米和饲料作物。

（2）您家牲畜分别养了多少？

答：我家养了300多头牛。

（3）近三年来，您家是否有人参与过退牧还草和生态建设相关的培训或考察活动？

答：是的，我们参加过镇政府组织的关于草畜平衡、轮牧和季节性放养等方面的讲座。这些讲座一般都是邀请养殖大户和专家教师来进行讲解，我们村子里参加的人较少，一般只有养殖大户才会去参加。这些讲座每年举办一到两次，内容主要是关于现代化养殖的科学方法，例如何时进行驱虫、投药和防疫等，这些方法对于养殖大户来说非常有效。

（4）您家是否参加了农民牧户合作组织？如果参加了，是哪一年参加的？具体合作组织中的作用是什么？

答：我家没有参加农民牧户合作组织。我们村里有合作社和养殖场，如果有意加入的话，需要自己去申请，前往工商部门办理执照。合作社是由几家人联合组成的，而养殖场则是由自己家庭独立经营的。政府有时会提供一些畜牧补贴和项目，但重点投入的往往是养殖大户，而给予的补贴金额并不多。

（5）您认为近年来当地草地退化现象严重吗？严重的原因是什么？不严重是因为有好转吗？

答：就养大型牲畜而言，草地退化现象还可以。但对于养羊来说，草地退化现象非常严重，羊会对草地造成严重破坏。总体来说，我认为草地退化现象不算太严重。季节性禁牧政策对于草地的恢复有积极作用，根据季节的不同，我们会进行放牧和禁牧，禁牧期间草地能够得到良好的恢复，而放牧期间牲畜能够吃到充足的草料，同时也能防止火灾的发生。然而，关键的问题还是要控制羊的数量，因为羊对草地的破坏非常严重。

（6）您认为减少牲畜数量对解决草地退化问题有作用吗？

答：我认为减少牲畜数量对解决草地退化问题有一定的作用。

（7）从您的养殖经验来讲，牲畜数量越多，收入越多吗？

答：不一定，关键还要看牲畜的品种和质量。目前我们养的都是普通品种的牲畜。如果想要增加收入，就需要养品种好的牲畜，这就需要进行人工配种和使用冷冻精液进行人工授精。但目前来说，这方面的操作比较困难，虽然国家提供了一些补贴和项目，鼓励养品种好的牲畜，但实际操作起来仍然不太容易。例如，每头牛犊子的补贴一般为 200~300 元，改良基础母牛的品种需要进行冷冻配种，这个操作目前比较困难。不过，如果申请的话，旗县畜牧局有改良站，改良成本并不是很高，目前畜牧局也在推广这方面的工作，每年都会为技术员进行培训。但目前我家还没有此计划，因为这个工作需要投入大量的时间和精力，成本也不低。

（8）近年来，您采取过什么措施来降低饲养成本吗（如长草短喂、青贮等）？

答：我们尝试过青贮，但这只会增加成本，造价较高。畜牧业的补贴力度太低了，尤其是在内蒙古这个地区，补贴金额给养殖户的比例非常少，而且成本也非常高。我们尝试过圈养来降低成本，但实际上无法降低太多，因为牲畜需要吃饱才能正常生长，我们无法减少饲料的供给。唯一能够降低成本的方法就是让牲畜在草场上自由放牧半年，这样可以减少一部分的饲料成本。

（9）您知道您所承包的草场适合养多少牲畜吗？

答：根据我的了解，我们承包的 5000 亩草场大约适合养 300 头左右的牛。

（10）当您准备增加养殖数量时，会考虑自己草场的承载能力吗？

答：当然会考虑，否则草场的草量无法满足牲畜的需求。

（11）您认为有必要进行草场维护吗？采取过什么措施吗？为什么没采取呢？

答：我们会进行草场的维护，例如拉围栏来封住草场，当牲畜下山时，我们会将草场封住，不让其他牲畜进入。这些围栏是我们自费购买并自己安装的。

（12）您了解"草原生态保护补助政策"吗？是如何了解的？

答：我有一些了解，主要是通过政府的宣传以及在会议中听到的。村里并没有详细说明，只是少数几个养殖大户在会议上提到过，其他村民对此并不太了解。

（13）您是否获得了相关的补偿？补偿标准是怎样的？补偿金能及时到达您账户上吗？在这种情况下，您是否愿意实施草畜平衡或禁牧？您得到的补偿金是如何使用的？

答：补偿并不及时，而且金额也较少。家庭养殖的成本很高，我也不希望禁止放牧，但是国家却强制要求。尽管如此，禁牧也有一些好处，我能理解。国家对养殖业的补贴力度还是不够。

（14）在草原生态保护补助奖励政策实施过程中，您最关注什么问题？

答：我最关心的是实际到账的补偿金额。

（15）您是否与当地政府签订过有关草原生态保护补助奖励政策的协议？签订协议是自愿的吗？这些协议是否得到有效的执行和实施？

答：我没有与政府签订过任何关于草原生态保护补助奖励政策的协议。政府发布的文件是强制执行的，没有征求我们的意见。政府规定的执行时间是从某个月到某个月。

（16）实施草原生态保护补助奖励政策后，您家每亩草场的产草量有所变化吗？

答：产草量有所提高，草质也更好了。在雨水充足的时候，牲畜可以在草场上吃的时间更长。

（17）实施草原生态保护补助奖励政策后，您家的年总收入受到影响了吗？

答：总体上差别不大。在没有禁牧时，山上的草基本都要采回来喂牲畜，收入差不多。主要还是取决于年景，如果雨水充足，牲畜可以在山上多吃一段时间，收入也会多一些；而在干旱时期，就不得不将草采回来喂牲畜。

（18）实施草原生态保护补助奖励政策后，您从事畜牧业生产面临的最大困难是什么？

答：最大的困难是养殖成本过高，收入较少，而成本却无法降低。

被访者 6

访谈时间：2023 年 7 月 9 日

访谈地点：布朗

访谈对象：牧人

性别：男

年龄：28 岁

文化程度：大学

（1）您家共有几口人，其中有多少劳动力成员？

答：我家有 5 口人，其中有 4 个劳动力成员。

（2）您家的草场有多大面积，耕地有多少面积？

答：我家的草场面积为 40 亩、牧场面积为 600 亩、耕地面积为 30 亩。

（3）您家牲畜分别养了多少？

答：我家养了七八头牛，100 多只羊，还有 40 多匹马。

（4）近三年来，您家是否有人参与过退牧还草和生态建设相关的培训或考察活动？

答：没有。

（5）您家是否参加了农民牧户合作组织？如果参加了，是在哪一年参加的？具体合作组织在您家中扮演什么角色？

答：没有参加。

（6）您认为近年来当地草地退化现象严重吗？严重的原因是什么？不严重的是因为有好转吗？

答：不严重。近两年禁牧力度大，草场恢复得很好，而且今年降水量多，草长得很好。

（7）您认为减少牲畜数量对解决草地退化问题有作用吗？

答：肯定有作用，草畜平衡非常重要。

（8）根据您的养殖经验，牲畜数量越多，收入越多吗？

答：不一定。质量和品种对收入的影响更大，数量并不是最关键的因素。

（9）近年来，您是否采取过措施来降低饲养成本（如长草短喂、青贮等）？

答：有一些措施，比如使用机械化设备，如拌草机，能够省下一些人力。我们还种植了一些青贮作物，目前有粮改饲补贴，所以开始种植一些青贮。

（10）您知道您所承包的草场适合养多少牲畜吗？

答：大致知道，但也要考虑牛的大小。具体的国家标准不清楚。此外，我们这片草场是集体使用的，整个村子都在放牧，每家应放多少没有人管。

（11）当您准备增加养殖数量时，会考虑自己草场的承载能力吗？

答：不会考虑，因为具体情况不清楚，而且大家都在放牧，我也会跟着放。

（12）您认为有必要进行草场维护吗？您采取过什么措施吗？为什么没有采取？

答：对打草场是有维护的，主要是拉圈子，不让牲畜进去吃草。但放牧草场没有维护措施，也不太清楚该如何维护，而且也不现实，没有闲钱去实施。

（13）您知道"草原生态保护补助政策"吗？您是如何了解到这个政策的？

答：知道这个政策的存在，但具体细节不清楚。这个政策非常复杂，而且每年都在变动，变动时也没有通知。有时今年有补助，明年就没有了。而且不同地区的政策也不一样，土地性质不同，政策也有所不同，非常麻烦。村里有时会通知一下，但补助金额都很不透明。

（14）您接受过关于"草原生态保护补助"的宣传教育吗？以什么形式进行的？

答：没有接受过。

（15）您认为实施这一政策的目的是什么？您认为这个政策是否有效？

答：这个政策的目的是保护环境，我认为是有效的。

（16）您参加的是草畜平衡奖励还是禁牧补助？

答：我参加了禁牧补助。草畜平衡奖励没有参加，因为我们村整体上都超出了，没有这个补助，而且补助金额太少了，我不可能因为这个补助把牛羊都卖了，这不现实。听说明年开始要强制草畜平衡，具体情况还不清楚，到时候再想办法。

（17）您家实施草畜平衡奖励的草场面积是多少？您知道您家禁牧补偿的草场面积吗？

答：对于草畜平衡奖励的面积不清楚，禁牧补偿的面积就是那些禁牧的地方。

（18）您是否得到了相关补偿？补偿标准如何？补偿款能及时到达您账户上吗？在这种情况下，您是否愿意实施草畜平衡或禁牧？得到的补偿款是如何使用的？

答：我得到了一些补贴，但金额太少，而且不知道什么时候发放，所以我对这些不是很关心。几千元、几百元用途不大。

（19）您与当地政府签订过关于草原生态保护补助奖励政策相关的协议吗？签订协议是否是自愿的？协议得到有效执行和实施了吗？

答：没有签订过协议，这是国家政策，不需要签协议。

（20）关于补助金额和形式，政府是否征求过您的意见？您是否提出过反馈意见？以什么形式进行的？

答：没有征求过意见。

（21）实施草原生态保护补助奖励政策后，您家每亩草场的产草量发生变化了吗？

答：应该有变化，因为对生态有好处。

（22）实施草原生态保护补助奖励政策后，您家的年总收入受到了怎样的影响？

答：实施草原生态保护补助奖励政策后，我们家的年总收入显著减少。由于禁牧时间从1月1日到7月1日，而且在7月1日之后才能放牧，我们不得不把牲畜留在家中喂养，这导致了巨大的成本。我们需要一直喂养牲畜，直到明年7月1日才可以放牧。考虑到这么长时间的饲养成本，我们的收入明显减少。此外，据说明年政策要求强制实行草畜平衡，即每养80头牲畜就要减少到40头。虽然养80头牲畜的成本较高，但收入也相应增加，然而政策却要求减少养殖规模，但补贴金额并未相应增加。

（23）实施草原生态保护补助奖励政策后，您从事畜牧业生产面临的最大困难是什么？

答：实施草原生态保护补助奖励政策后，我们从事畜牧业生产面临的最大困难是成本过高和资金匮乏，同时政府对畜牧业的扶持力度也不足。

（24）从总体上看，草原生态保护补助奖励政策对您家饲养成本的影响如何？

答：总体而言，草原生态保护补助奖励政策增加了我们的饲养成本。

（25）您认为草原生态保护补助奖励政策的实施是否达到了预期效果？

答：我认为草原生态保护补助奖励政策的实施效果一般，对我们来说并不好。

（26）您认为草原生态保护补助奖励政策在哪些方面还需要改进？

答：我认为草原生态保护补助奖励政策还需要在多个方面进行改进。首先，补贴金额过低，无法有效支持畜牧业的发展。其次，年年禁牧对我们来说太过频繁，可以考虑隔一年禁牧一次的方式来减轻农牧民的负担。

第二章

乡镇红色旅游建设路径调研报告

包文俊[*]

【内容摘要】红色旅游主要是以中国共产党领导人民群众在革命和战争时期建树丰功伟绩所形成的纪念地、标志物为载体，以其所承载的革命历史、革命精神为内涵，组织接待旅游者开展缅怀学习、参观游览的主题性旅游活动。在乡村振兴的大背景下，围绕红色资源发展红色旅游，带动其他产业，实现乡镇地区经济增长成为了众多乡镇的发展理念和建设目标。麦新纪念馆作为开鲁县最具特色的红色文化标志，同时也是全国唯一全面展示麦新烈士生平事迹的展馆，对于开展红色旅游，建设红色特色小镇方面具有得天独厚的条件。本章从开鲁县发展"麦新"红色旅游出发，通过对在开鲁镇红色小镇建设中存在的问题困境进行分析，提出具有可行性的相应对策和建议。

【关键词】乡村振兴；红色旅游；开鲁县；麦新纪念馆

一、引言

乡村振兴战略开展以来，为乡村建设提供了更为理性和规范的视角，在诸多成功乡镇案例的经验指引下，乡村发展的格局不再盲目，越发合理化。乡村振兴战略提出的总体要求，是坚持农业农村优先发展，按照实现产业兴旺、生态宜居、乡风文明、治理有效、生活富裕的总要求，推动城乡一体、融合发展，推进农业农村现代化。为了推进红色革命文化教育，中央提出建设红色人文景观和绿色自然景观相结合的红色文化教育站点，至此乡村红色场馆遗址的含义又得到了进一步推广，红色旅游应运而生。

开鲁县作为通辽市最具代表性的红色文化区，有着丰富的红色资源。这些红色遗产和资源是中国革命历史中留下的宝贵财富，同时也是中华文化的重要组成部分。在全球化背景下，国际上多元文化的侵入不利于人们正确价值观的塑造，

---

* 包文俊，内蒙古大学 2020 级民族社会学专业博士研究生。

人们的信仰也在逐渐消失。人们需要有价值明确、爱憎分明、正义崇高的红色文化来改变这种现状。革命历史文化遗产是中华民族宝贵的精神财富，其向外辐射的是中国革命的历史进程中体现出的不畏艰难、艰苦奋斗、无私奉献等优秀品质，对建设和巩固社会主义思想文化阵地，大力发展先进文化，支持健康有益文化，努力改造落后文化，坚决抵制腐朽文化，具有任重道远的意义。红色文化的有效传播，可以让人们加深对革命历史的理解和记忆。使其在回顾和感受历史的同时，意识到保护和传承红色文化的重要性。

红色旅游是红色爱国主义教育旅游和绿色自然景观旅游相结合的旅游模式，规划合理的"红＋绿"的旅游线路后，不仅可以在旅游业取得经济效益，而且也可以带动交通、餐饮、住宿、娱乐等其他行业的发展。

第一、第二产业在开鲁县传统的产业结构中占据主要位置。红色旅游的持续推进可以带动开鲁县第三产业的蓬勃发展。红色旅游既可以和其他产业相结合进行融合发展，也可以在第三产业领域带动其他行业共同致富。红色旅游的发展，可以更好地完善和丰富产业结构，促进乡镇经济振兴。

开鲁县交通便利，且毗邻周边多个省份和盟市，红色旅游建设一旦成型，将对周边地区发挥巨大的辐射作用。届时将更有利于把其他散落的红色资源进行整合，打造一处具有一定区域影响力的爱国主义教育基地，不仅可以传递新时代爱国主义精神，也可以为内蒙古其他地区在乡村振兴战略背景下红色基地的建设和旅游业发展提供一定的参考经验。

目前已有诸多研究证明可通过利用乡镇红色文化资源，发展红色旅游，带动乡镇经济发展，推动乡村建设。马晓燕（2018）认为，革命旧址旅游与其他旅游资源协同发展的模式，能够整合多样化资源、挖掘文化内涵、完善基础设施、培养旅游人才、加强市场开发，可以有效缓解单一旅游资源效益低下的问题。任军利和卢丽刚（2009）认为，新农村的建设可以红色资源为动力，通过开展红色旅游推动乡村建设，建立旅游发展与新农村建设的互动机制。苏杰等（2010）提出，要充分利用桑植地区的革命旧址等红色资源带动生态旅游、村镇建设和文化教育，进而推动革命老区的新农村建设。黄郁成等（2005）认为，乡镇红色旅游的开展可以提高人均收入，解决村民的就业问题。林莉和梅燕（2014）认为，红色旅游的兴起对新兴城镇的基础设施建设，产业结构的完善和生态环境保护方面都起到了促进作用。黄三生等（2018）提出，要充分利用拥有革命根据地、遗址、伟人故居等地区的红色文化资源，发挥红色资源的价值，带动乡村其他产业的发展，以此促进乡村振兴战略。

乡镇发展红色旅游的路径方面的研究多是讲求做好政府、相关行业和个体三者的协调，通力协作以发挥最大功能。杨洪对湖南省乡镇旅游提出了政府主导、市场导向、项目带动、以点带面、有序发展的战略模式和保障措施（杨洪等，2010）。熊杰等（2018）指出要理论结合实际，构建由政府引导、企业主导、群众参与的乡镇旅游发展模式。黄静波和李纯（2015）认为，要充分利用乡镇地区的可用资源，协调好政府、企业和个人的关系，三方协同带动农村地区旅游业的发展。屈培青等（2015）认为，要建立"政府搭台，企业唱戏"的开发模式，通过开展红色旅游对土地、资金、技术力量进行优化整合，统一规划，整体布局，实现红色旅游的可持续发展。彭晓玲（2010）提出，实施政府主导的环境优化、项目建设的区域带动、以点带面的地区联动、时序推进的持续发展和市场需求的多色互动五大发展战略，以此保证红三角红色旅游的持续进行。

相比于其他盟市，通辽地区的红色文化资源相对匮乏，开鲁县麦新纪念馆作为通辽为数不多且极具特色的红色资源。虽然已得到一定程度上的开发，但在内容深度和宣传力度等方面仍存在不足，在场馆建设方面仍有较大的提升和改善空间，且红色资源利用程度不高，场馆一般用于举行纪念麦新和当地人员的思想教育活动，结合当地自然景观开展红色旅游的经济效益没有被充分利用。

在开鲁县发展红色旅游亦契合乡村振兴的意旨。乡镇产业的发展，必然带来极大的经济效益，红色旅游不仅可以让人们欣赏当地的自然景观，还可以了解革命历史、重温革命先烈的英雄事迹。这对于培养人们的家国情怀，塑造良好的爱国主义品格都具有重要的推动作用。可以为当地人口提供更多工作岗位，避免"空心村"和"空巢老人"等社会问题，在这样的大背景下，乡镇对红色资源的挖掘和开发，围绕红色资源和当地的特色景观相结合为理念开展红色旅游成为了乡镇政府实现乡村振兴战略目标的有效途径。

二、麦新纪念馆建设现状

麦新纪念馆（见图1）位于开鲁县开鲁镇内东南隅白塔公园内，公园占地面积67540平方米。园内有革命烈士纪念碑、麦新纪念馆，国家级重点文物保护单位——元代佛塔巍巍伫立在公园北面。园内有植被50余种，春夏之际，各种树木葱翠，鸟语花香，彩蝶纷飞。园内还建有多座仿古凉亭等活动场所，是人们晨练、集体文化活动、休闲、娱乐之所。

麦新纪念馆始建于1978年，2007年重建，2008年9月开鲁县建县百年之际建成开馆，2015年6月为纪念世界反法西斯战争暨中国人民抗日战争胜利70周年对麦新纪念馆展览进行改造提升。2015年9月1日展览改造完成。麦新纪念馆不仅是内蒙古自治区重点红色旅游景区，也是开鲁县重要的革命传统教育和爱国主义教育基地。1996 年麦新纪念馆被自治区人民政府公布为第三批区级重点文物保护单位；2008 年 12 月，麦新纪念馆被评为国家 AAA 级景区；被确定为自治区东部的爱国主义教育基地、红色旅游路线；2011 年被内蒙古自治区党委宣传部命名为全区爱国主义教育示范基地；同年，被内蒙古自治区纪检委公布为内蒙古自治区级党风廉政教育基地；2011 年 11 月被共青团通辽市委员会命名为"青年文明号"。2012 年 10 月被内蒙古自治区人民政府命名为"国防教育基地""党史研究基地"。

麦新纪念馆占地面积 12000 平方米，建筑面积 3840 平方米（包括博物馆），总投资 1700 万元。建筑主体两层，局部三层，一楼为开鲁博物馆，二楼为麦新纪念馆（见图 1）。麦新纪念馆是一座设计独特、造型别致、建筑语言比较多、寓意深远、功能性强的建筑。设计者从全新的设计理念出发，以简洁、锐利的几何图形寓意麦新歌曲如利剑刺向鬼子，以错位交叉、分割展示区域，寓意麦新歌曲创作的多样性；以基本几何图形、多角度构建空间展示流程。突出表现麦新作为革命音乐家、人民歌手和《大刀进行曲》作者的鲜明特色。主体弯曲的造型体现音乐的旋律；门前大刀的造型代表着激励亿万人民英勇抗日的《大刀进行曲》；刀柄的几个石柱是《大刀进行曲》第一句歌词的音符。

麦新纪念馆的基本陈列是麦新烈士生平事迹展，展出面积 1050 平方米，是目前国内唯一全面展示麦新烈士生平事迹的专题陈列展览，具有重要的政治意义和深远的社会影响。

图 1　麦新纪念馆外部（2023 年 8 月 20 日笔者摄）

（一）设计主题

麦新烈士生平展览的主题思想——坚持马列主义的唯物史观，坚持共产党人的宗旨信念，以中国共产党党史为一条红线，深刻体现麦新烈士的革命生涯和革命精神。通过麦新生平展览，反映麦新作为一个坚强的共产主义战士，在中华民族奋求解放、在战火纷飞的年代，忠于人民、忠于党，无私无畏，舍生忘死，为革命事业奋斗不止，直至壮烈牺牲，奉献了年轻的生命。麦新精神就是共产党人的精神，对今天我们推进中华民族复兴的伟大事业具有重要的激励作用。

（二）设计形式

麦新烈士生平展览的形式设计，本着认真研究中国革命史和陈列大纲，坚持直观简洁、形象生动的原则。形式设计的要点是：展厅环境设计，要体现革命战争年代的气氛，要气势豪迈，庄严肃穆；主展线设计，要注重历史照片、历史图画及版面文字的有机组合，形成一组组生动的内容，要注重展墙上版面展品与展墙下展箱文物的整合联系，并要特别强化景箱、景观和多媒体的设计，以使陈列展览起伏变化，鲜活生动，具有极强的吸引力。独具特色的形式设计，会使整个展厅既显饱满又显疏朗，观众流线明确有序，陈列内容得到更为充分的展示。让观众清晰了解麦新的革命一生和革命精神，从中受到爱国主义和革命传统教育，竖起共产党人的历史丰碑（见图2）。

图2 麦新纪念馆展厅（2023年8月20日笔者摄）

（三）内容展示

麦新纪念馆的内容设计，严格考证史料、辨析口碑材料，坚持科学准确的原则。内容设计的要点是：依据中国共产党党史、中国现代史的进程和麦新烈士的革命生涯，将展览分成五大部分：①成长在黄浦江边（1914 年 12 月至 1937 年 9 月）麦新在上海由一个不懂事的孩子成长为一名坚强的共产党员；②奔波于大江南北（1937 年 10 月至 1940 年 10 月）麦新服从党的安排在国民党军队中从事统战和文化宣传工作；③奋斗在宝塔山下（1940 年 11 月至 1945 年 8 月）麦新在延安鲁艺废寝忘食地从事音乐部的领导工作；④献身于科尔沁草原（1945 年 9 月至 1947 年 6 月）麦新为建立东北根据地忘我工作直至壮烈牺牲；⑤永生的战士，不息的歌声（1947 年 6 月至 2015 年 8 月）麦新牺牲 60 多年来人民对他的追悼缅怀。陈列内容简明扼要，突出麦新一生最具代表性的英雄事迹和革命精神，让观众印象深刻、铭记不忘。在内容展示方面，麦新纪念馆采用文字附图形式展现出麦新在各个阶段的生活背景和主要事件，由解说员详细为游客讲述每一部分。以下是基本内容概括：

1. 成长在黄浦江边

1914 年 12 月至 1937 年 9 月，麦新在上海度过了他的童年、少年、青年时期。在党的引导教育下，他由一个热血青年，成长为一名共产党员，成为中国新音乐运动的重要组织者之一。

麦新于 1914 年 12 月 5 日出生在上海，6 岁时就被送入自励公学读书，后又转至钢山小学、南离公学、格致公学就读，学习刻苦，成绩优良。

1925 年 5 月，麦新在读小学时，上海发生骇人听闻的"五卅惨案"，上海人民掀起声势浩大的抗议浪潮，麦新目睹人们的游行，开始对帝国主义产生愤恨思想。

1926 年，麦新考入中学，先是在南光中学读书，后转入江苏省立上海中学读书，开始展现其音乐天赋。

1928 年，济南发生令人发指的"五三惨案"，麦新目睹了上海人民抗议"五卅惨案"的游行，参加了声援济南人民的抗日宣传，国难、国耻、国恨，激发了少年麦新强烈的爱国思想。

1929 年，15 岁的麦新失学就业，步入动荡纷争的社会。

1931 年 9 月，"九一八事变"发生后，麦新参加了上海声援东北抗敌的万人大游行，要求政府出兵抗日，麦新的爱国思想日益强烈。

1935 年，麦新开始在党的引导下，陆续阅读进步书刊，积极参加进步集会，由朴素的爱国情怀，逐步提高到了反帝反封建思想觉悟，"一二九运动"后，开始参加救亡歌咏活动，向冼星海、吕骥等学习作曲，以歌曲为武器投入战斗。

1937 年 7 月，北平"七七事变"发生，8 月上海"八一三事变"发生，中国全面抗日战争爆发。麦新开始在党的领导下走上抗日战场。刀光血影的战场，惊天动地的杀声，激发了麦新极大的民族义愤，以火山喷发般的激情，创作了《大刀进行曲》。

1937 年 9 月 25 日，麦新经过几年斗争考验，在炮火纷飞的上海战场，加入了中国共产党，成为一名忠诚的无产阶级革命战士。

2. 奔波于大江南北

1937 年 10 月至 1940 年 10 月，麦新在国共合作抗日大形势下，按照党组织安排到国民党军队中进行统战和抗日宣传工作。在国民党军队工作的三年中，麦新不畏艰险，刻苦努力，体现了一名优秀共产党员的坚定立场。

1937 年 10 月，麦新参加党领导的国民党第八集团军战地服务队，脱下长衫，穿上军装，随军转战江浙地区。

在这期间，他创作了《游击队歌》《农民救国歌》《壮丁队歌》和《保家乡》等歌曲。

1938 年 5 月，第八集团军西撤，参加武汉保卫战，麦新奉调进入国民政府军事委员会干部团受训。麦新在受训之余参加武汉抗日游行，和战友孟波在困难环境中又秘密编辑了《大众歌声》第三集。创作了《老乡过来吧》《八大注意歌》《最后胜利歌》等歌曲。

1939 年 1 月，战地服务队在曲江被国民党解散，5 月麦新调到第五游击区担任政治队队长，率队在新会、开平一带开展民运工作。

1940 年 5 月，麦新作《襄河曲》为率部死守湖北襄樊地区，时任第三十三集团军总司令的抗日名将张自忠将军追悼。

1940 年 10 月，麦新由重庆来到西安，叶剑英参谋长亲切接待麦新，安排他的学习和休息，告诉他等候集中组队转赴延安。

3. 奋斗在宝塔山下

1940 年 11 月至 1945 年 8 月，麦新在革命圣地延安度过了近五年时间。在党中央直接领导下，思想几度洗礼，境界有了新的飞跃，成长为一名坚强的共产主义战士。麦新是中国新音乐运动的重要组织者之一，在延安这个社会安定又充满朝气的环境中，他与吕骥等开始研究中国新音乐运动历史与未来发展方向。

1941 年 11 月，麦新到延安后，被分配到鲁迅艺术文学院音乐部工作，任音乐部研究科副科长、党支部书记、鲁艺总支委员。

1942 年 2 月，延安整风运动开始，5 月麦新参加著名的延安文艺座谈会，聆听毛主席和中央首长的重要讲话，极大地提高了马列主义思想水平，进一步坚定了植根人民、献身革命的信念。

1945 年 8 月 15 日，经过八年浴血奋战，中国人民终于取得了抗日战争的伟大胜利。在欢庆胜利的时刻，麦新积极响应党中央号召，申请到前线参加实践工作，迎接更加严峻的斗争考验。

4. 献身于科尔沁草原

1945 年 9 月至 1947 年 6 月，麦新在东北参加建立革命根据地的艰苦斗争，最后壮烈牺牲在开鲁的土地上，实践了共产党员的誓言，将年轻的生命献给了中国人民解放事业。

1945 年 12 月，麦新随延安干部队进入东北，先到达辽宁阜新县，在阜新煤矿做群众工作，后到北镇县发动群众，恢复社会秩序，开展抗击蒋军抢占东北的斗争。

1946 年 3 月，麦新随中共开鲁县委进入开鲁城，任县委秘书兼城关区委书记，后蒋军大举进攻西满根据地，麦新撤出开鲁，转战地下斗争。

1947 年 2 月，长江骑兵团配合我军主力南下，连连歼敌，一举收复开鲁城，麦新重新回到县委工作。此期间麦新深入开鲁五区进行土改斗争。麦新在五区日夜操劳，关心贫苦农民，照顾军属烈属，短短的三个月中，与人民建立了血肉相连的鱼水深情，深受五区人民爱戴。

1947 年 6 月 6 日，麦新于开鲁县委返程途中遭遇近百名土匪伏击，不幸遇难。

5. 永生的战士，不息的歌声

此部分主要展示了麦新遇难后，开鲁县后续的解放和悼念工作。

1947 年 6 月 10 日，开鲁县召开万人追悼大会。这天一大早，万发永、华家铺、榆树林等村子的群众都来到了双合兴，群众按照古老的习惯把香、烛、纸、果子、馒头等祭品放在烈士灵前。从远道赶来参加追悼大会的万余名群众噙着眼泪，哭喊着"麦部长"为他举行葬礼。

1947 年 7 月，在县委领导下，为将凶手绳之以法，也为给人民创造和平的环境发展生产，开鲁县大队开展大规模剿匪行动。在人民的打击下，匪徒土崩瓦解，凶手纷纷落网，被人民拉到麦新墓前公审处决，祭奠烈士英灵。

1949 年 10 月，中华人民共和国成立后，人们更加怀念麦新烈士，政府和群众多次举行了麦新烈士的纪念活动，一直延续至今。

（四）麦新纪念馆周边自然景区

1. 开鲁县佛塔

开鲁县佛塔位于内蒙古自治区开鲁县城开鲁镇东南隅，又称开鲁白塔，是藏传佛教覆钵式佛塔。建于大德六年（1302 年），距今已有 700 多年的历史，是我国长城以北仅存的元代塔式建筑。

开鲁佛塔，西北东南朝向，通体白色，塔高 17.7 米，大青砖砌筑。砖厚 6 厘米，宽 15 厘米，长 32 厘米，比今天通用的红砖长 8 厘米。全塔由塔座、塔坛、塔身、塔顶四部分构成。须弥塔座方形，长 6.55 米，宽 6.33 米，多级砌建，总体上收，敦实厚重，沉稳生根。塔座正面有一高约 1 米，宽约 70 厘米的砖碹塔门。塔座立足低洼水泽，抗住浸泡，千年不倒，不愧基础。塔坛分上下两个部分。下如倒置的钵盂，弧形圆柱与力学支撑完美结合。上为方形，砖块叠筑，层次伸缩。塔坛东西南北四面有佛龛，龛中金佛结跏趺坐，面慈含笑。塔身为八角密檐十三层，逐层上收。各层高度比例，计算精准，十分匀称。这十三层是代表佛教中的十三层佛天。相传，那是佛祖修身的地方。塔盖上有黄铜塔顶，金光映日，灿烂辉煌。

该佛塔造型与北京北海白塔相似，其形制原始、古朴典雅，不失为草原佛教建筑之杰作，就其密宗佛教在我国北方传播而言，是唯一一座能够代表元代早期佛教文化的标志性建筑物。

2001 年 6 月，开鲁县佛塔被国务院公布为第五批全国重点文物保护单位。

2. 古榆园

古榆园位于开鲁县西 20 千米大榆树镇内，此园始建于 1985 年，1999 年、2002 年曾先后两次扩建，现占地面积已达 10 万平方米。古榆园内分为三个景区，即古榆景区，围绕千年古榆，建有长寿塔、法门塔、古榆神象、九龙壁、康熙大帝象、圣水井、蛇仙洞等八大景观；古寺景区，建有天增寺大殿、菩萨殿、居士林、魁星阁等景观；园心景区，建有文化长廊、亭台楼阁、拱桥等人文景观。

园内古榆树龄已逾千年，依然枝繁叶茂，树高 25 米，接天拿云，树围 7 米多，需 4 人合抱方能围拢，4 条主干分别指向东南、西北、西南、东北，宛若盘龙。榆树根深叶茂、虬枝繁盛、树干粗壮，覆盖方圆约 500 平方米。

1989 年，古榆正式列为自治区重点文物保护单位；2006 年，古榆园被评为国家 AA 级景区（点），2008 年，晋升为 AAA 级旅游景区，通辽市业绩突出旅游单位。

1989 年，古榆园被正式列为自治区重点文物保护单位，风采千年。

2002 年 9 月 9 日，古榆文化协会成立，重新规划建设古榆园，占地面积 15 万平方米。古榆园分为三个景区：①古榆景区。围绕千年古榆，修建长寿塔、法门塔、古榆神、九龙壁、康熙大帝、圣水井、蛇神洞八大景区；②古寺景区。在古榆钱园内重新修建清康熙年间的天增寺，殿内供奉三世佛，观音、普贤、文殊三菩萨，古八罗汉、武圣关公和福禄寿三星，香火日盛。香客络绎不绝；③园心景区。围绕园心湖，修建文化长廊、亭台楼阁、水上凉亭、拱桥等人文景观。建成后的古榆园将成为集自然景观、人文景观于一体的古典式园林。

2005 年农历六月十九日，新修建的天增寺大雄宝殿举行开光大典，至今香火日盛。园内两佛塔由鲜花绿树簇拥，佛光闪现，熠熠生辉。

古榆园乃是集自然景观、人文景观于一体的古典式园林建筑，是人们观光、理佛、休闲旅游的理想之处。

（五）游客构成

麦新纪念馆除每周一进行馆内维护外，其他时段免费向大众开放。2023 年 7 月 15 日至 8 月 14 日的展馆人流量约为 3200 人次，其中企事业机关人员约 400 人次，多由政府或机关组织，举行相关红色主题活动。青少年约 2200 人次，主要来自通辽市各旗县，由教育机构组织，形式主要为爱国主义教育。一般游客约 600 人次，主要来自内蒙古自治区和通辽市周边省份。

（六）"麦新"主题红色旅游开发程度分析

通过整合与创新旅游地的自然地理背景、历史文化传统、社会心理积淀、经济发展水平等内外环境因素，从多样的旅游对象中依据市场导向、充分考虑外部时空组合，划分具有针对性、独特性的形象和内容来具体围绕主题设计旅游产品，是旅游开发的基本理论框架（高羽，2015）。根据上述框架，红色旅游开展的必要元素是"主题、资源和市场"。确定具有特色且可以代表地方和民俗的主题是红色旅游建设的核心，也是成功与否的关键。确定合适的主题可以鲜明点题，有效减少恶性竞争，在旅游市场中更容易占据一席之地。资源是开展红色旅游的基础，可将其划分为自然资源和人力资源。红色旅游的自然资源主要是指老革命根据地、战斗遗址、伟人故居、革命历史类博物馆等以及当地的气候、环境和自然景观等。人力资源主要是政府机构、相关产业和群众。自然资源能否得到有效开发直接影响红色旅游的后期评价。政府机关、企业和群众的协调合作可以更好地实现既定目标。市场则是红色旅游开发的导向，市场空间和游客需求的分析，是评估红色旅游成效的主要依据。评价麦新为主题的红色旅游开发程度，也需要分析其是否确立了合适的主题，其资源开发程度，是否形成了成熟的旅游市场等。

1. 以麦新生平为主题的爱国主义教育基地

一方面，麦新作为一名光荣的共产主义战士，和千万革命先烈一样，投身革命，英勇战斗，直至壮烈牺牲。麦新在革命烈士中的地位不言而喻，他为新中国成立和人民解放事业做出了不可磨灭的贡献。另一方面，麦新是继聂耳、冼星海、张曙、任光之后不幸早逝的又一位中国新音乐的先驱者。由他创作的著名反战反侵略战歌《大刀进行曲》至今仍受到文艺界名流的高度评价。麦新所传达的价值取向、理想信念和革命精神具有重要的教育意义和深远的社会影响。麦新对开鲁县有着特殊的意义，是开鲁县得天独厚的宝藏和财富。麦新牺牲至今，政府一直坚持呼吁在全县广泛深入学习和宣传麦新精神，读他的日记、讲他的故事、唱他的歌。可以说，麦新的革命精神就是开鲁精神。开鲁县至今仍保留着麦新的工作和居住遗址，麦新纪念馆和麦新生平在开鲁县基本是家喻户晓，诸多党员党性教育和青少年爱国主义教育都是围绕麦新精神进行的。同时，开鲁县麦新纪念馆是中国唯一一处专门设立来纪念麦新的场馆，在内蒙古自治区乃至全国诸多红色文化教育基地中也极具代表性和特殊性。以麦新作为红色旅游的主题无疑是非常成功的。

2. 以纪念和组织教育为主要业务内容

开鲁县有关麦新的红色资源十分丰富，麦新生前大多数作品、日记、照片、生活物品等在纪念馆内均有陈列。2019年麦新镇政府围绕"麦新精神"新建了麦新烈士陵园、开鲁廉政文化展厅和行军小径等景点，并设立了一系列研学路线，力图打造麦新红色文化广场。至今开鲁县仍有很多分散的红色资源有待发掘，开鲁县红色基地建设仍有提升空间。开鲁县自然资源也十分丰富，有元代佛塔、牵手草原度假村、古榆园等多处景点。道路两旁绿树环抱，周边采摘园物种丰富，有五彩椒、黄瓜、香瓜、葡萄等20多种果蔬品种供游客采摘。农家乐既能感受到浓厚的草原风情，又富有朴实的东北农家气息。开鲁县的红色旅游建设仍在进行当中，红、绿资源之间尚未建立起系统的红色旅游线。外来游客体验到的仍是形式单一的红色爱国主义教育旅游或自然景观游，且游客数量十分有限。纪念麦新活动和组织教育是主要业务内容，企事业单位研学人员和在校师生占据了景区人流量的主要部分。

3. 没有形成红色旅游商业体系

博物馆、纪念馆和大多数景区平时免费对外开放，人员的消费方式主要有三种：一是聘请讲师的费用，二是研学人员和在校师生的活动经费，三是购买有关麦新的书籍、纪念品的费用。纪念馆外没有修建停车场、游客服务中心等基础服务设施，街道另一侧为绿化带，没有形成一定的商业模式。近年来，虽然乡镇政府积极宣传红色旅游，但各项规划工作仍处于建设阶段。总体来看，目前麦新红色旅游的定位是公益性的爱国主义教育，基本没有涉及产生经济效益的业务。

三、开鲁县红色旅游建设面临的困境及问题

（一）乡镇政府对发展红色旅游的热情不高

麦新纪念馆作为一处公益性的红色文化教育基地，其建设及管理资金绝大部分来自于乡镇政府的补贴。馆内的设施维护、藏品的保护和修葺工作都需要大量的资金投入，自2015年进行改造以来，近十年场馆在整体布局、空间格局、内容展示等方面改进不大。乡镇政府的工作重点始终放在镇区建设和发展上，没有针对此类公益性事业的专项政策，没有上级的指示，场馆的建设工作一直处于停滞不前的状态。乡镇政府在宣传手段上也较为单一，能有效利用的宣传媒介也十分有限，麦新纪念馆除在开鲁县官方网址上有相关介绍外，在外部的网站上少有提及，开鲁县不乏优秀红色资源和特色自然景观，如何建设使红色文化在开鲁县活起来，乃至对外活起来，是一个十分值得思量的问题。

个案1：MH，场馆工作人员，54岁。

纪念馆在建设初期规模较小，直到2015年与博物馆一起进行改造后才达到目前的规模。在2015年之前，这个地区的道路条件并不平坦，整个镇的整体布局也相对混乱。政府在那时也没有投入太多资源来支持纪念馆的发展，因为旅游业并不是该地区的主要产业。然而，近年来，纪念馆的参观人数相比以前有所增加。许多机关单位和学校组织了爱国主义教育活动，但个人专程前来参观的相对较少。另外，政府对纪念馆的投资力度不足的另一个原因是其规模较小，展示的主要内容麦新的故事和他曾使用过的历史文物等红色资源有限。因此，政府对纪念馆的重视程度较低。然而，随着国家对红色爱国主义教育的重视，未来纪念馆可能会进一步扩大规模，并与周边景区进行联动，为学校和游客提供更多的活动场所。

个案2：TY（本地游客），公务员，45岁。

麦新纪念馆近年来的人流量增加主要得益于政策的实施。在此之前，参观纪念馆的人数很少，纪念馆也只是一个规模很小的馆所。在我小时候参观的时候，

纪念馆只有一个小门牌，上面写着麦新纪念馆。纪念馆的占地面积和馆内藏品比现在要少得多。后来，在政府的扶持下，纪念馆才逐渐发展到现在的规模。实际上，民间还存在着许多分散的红色文化资源，只要领导层愿意投资，开鲁县应该能够发掘更多的红色文化资源。毕竟，开鲁县曾经是日伪军和东北解放部队交战的地方。如果未来进行深度开发，相信开鲁县的红色基地规模也会不断壮大，而不仅仅局限于现在的麦新纪念馆和麦新烈士陵园。

（二）建设模板化，没有吸引力

麦新纪念馆内部分展示内容冗余，更新缓慢，仍处于单一式发展的初级阶段，基本采用模式化展出内容，仍处于图文搭配实物的表现形式，且麦新纪念馆的内容是以展示麦新同志的生平为主线发展的，平铺直叙的叙事手法显得千篇一律，辨识度低，不免会让游客感觉乏味。多数游客在游览过程中也是蜻蜓点水，对人物生平和历史事件进行简单了解，并没有做到对革命先烈的精神，事件背后的深刻内涵的深入理解，红色基地的建设意义也未能得到充分发挥，进而导致人们对红色基地的兴趣减退，自发参观和复游的人数也逐渐减少。

个案3：GHQ（外地游客），个体，34岁。

我是来自附近旗县的游客，最近来这边办事，之前也听说过这个纪念馆，但今天是我第一次来参观。纪念馆在营造红色氛围方面做得很好，墙壁、地板和灯光等元素都展现出年代感。之前我只知道麦新是开鲁县比较有名的革命烈士，今天来参观后对他的生平有了一定的了解。整个参观过程给我感觉就像是阅读了一本人物传记。我跟着解说员一边听一边走，有她的讲解，我能够更专注地听故事。不过，历史年份和事件实在是太多了，我根本记不住。而且馆内空间并不大，跟着解说员大约走了20分钟，感觉参观速度有点快。此外，墙壁上的文字叙述有点过长，看久了就开始失去耐心。我第一次走完参观后只记得麦新是上海人，后来来到内蒙古组织东北解放军，最后创作了《大刀进行曲》。因为参观过程中听到的故事和事件很多都有重叠，很难记清楚。后来我自己慢慢走了一遍，印象更加深刻，但还是有很多东西看了就忘记了。

个案4：LY（外地游客），教师，32岁。

我曾经去过内蒙古自治区的许多地方参观红色基地，相比其他大型纪念馆，麦新纪念馆的规模较小，通辽地区的红色文化资源相对较少。与其他地方的伟人遗址相比，这个纪念馆的布局更像是一个博物馆，但整个展览过程都在讲述麦新的一生。此外，我注意到现在红色基地的展示方式都差不多，主要是通过图片和文字来表达。然而，我在看到一半时就开始记不住了，叙事方式也比较平淡，只是简单地列举年份和时间，以及麦新所做的事情。所有的事件都被简单地概括了，因此参观完一圈后对纪念馆的印象并不深刻。实际上，如果这个纪念馆的文案故事情节再丰富一些，情节再充实一些，我相信我会更容易接受。而且，许多场馆都将相关的影视资料与图文展示结合在一起，相比于仅有的图文展示，给人的印象更加深刻。现在电脑技术非常发达，虽然制作真人电影可能有一定难度，但制作一部动画片应该不难，通过观看电影，人们可以更好地记住所展示的内容。

（三）人力资源不足

作为乡镇一级的政府，开鲁县在人力资源方面相对匮乏，能够对红色基地和红色旅游建设作为支撑的人力资源严重不足。尤其在场馆建设方面很大程度依赖上一级的政策和策略，使此类工作进展缓慢。红色基地建设是一个系统工程，涉及的不仅仅是单方面的问题，只有群策群力，集思广益，才能做到不出遗漏，有条不紊。纪念馆及周边景区的工作人员数量也不足以支撑场馆的正常运行，人流量高峰期馆内解说员也无法做到面面俱到。后续建设仍需要培养大量工作人员并提高其专业技能，才能满足场馆稳定运行的需求。

个案5：WLH，场馆工作人员，36岁。

目前纪念馆有三名解说员，每天至少进行6次导览任务。在人数较少的时候，工作还能应付过来，但一到暑期夏令营或学校组织学生参观的时候，我们就非常忙碌。除了负责纪念馆的导览任务，我们还需要兼顾博物馆的工作。我之前并非学习旅游相关专业的，但因为家庭在开鲁县，所以不久前我就来到纪念馆工作。过去我们有五个同事，但其中一个同事因为怀孕请假，另一个则转行了，所以现在的工作压力比较大。除了我们这个岗位，其他岗位也存在人手紧缺。纪念馆的接待和服务人员数量也不足，主要是因为县城这边的人更倾向于去城市工作，而很多农村务农人员又不适合从事这类工作。此外，福利待遇一般，也是导致当前局面的原因之一。

个案6：BHY（外地游客），个体，37岁。

我们一家三口在暑期自驾出游，途中经过开鲁县，来到博物馆和纪念馆参观。到达博物馆门口时，我们发现停车位已经全部占满，也没有工作人员指引我们停车的地方。附近的道路也比较狭窄，没有划分停车位的标识。无奈之下，我们只好在附近绕了几圈，找到一个相对较远的地方停车。我们进入博物馆参观时，解说员已经带着一批游客在前面解说了，我们只能自己带着孩子参观。对于成年人来说还好，但孩子的阅读能力有限，没有人给他做讲解，他也无法很好地理解墙上的导读内容。我们询问了一位班次的解说员何时开始解说，工作人员告诉我们一般需要等待至 10 人以上才会有解说，需要等待 40~50 分钟。由于我们的时间比较紧张，只能带着孩子匆匆参观一遍。

（四）红色旅游品牌知名度不足

麦新纪念馆与开鲁博物馆相邻，且场馆占地面积相对博物馆较小，在外来游客看来更像是依附关系。虽然麦新纪念馆陈列革命历史文物，但其目的并不是仅为参观而设，而是为了便于人们回顾革命历史，重温红色记忆。纪念馆内展示内容过分强调麦新的生平，缺乏对人物、历史事件中红色内涵深层次的提炼，其内在的社会主义核心价值观和教育内容重点不够突出。红色爱国主义教育基地的设立初衷也与历史博物馆不尽相同，其建设意义是为了宣扬红色革命文化，传承革命历史中的崇高革命精神，进而培育新的时代精神，增强新时期爱国主义教育。麦新纪念馆作为开鲁红色文化的重要标志，同时也是唯一一座全面介绍麦新烈士的展馆，其独特性并没有被很好地展现出来。再有，麦新纪念馆归乡镇政府管辖，其业务内容局限于本地的企事业人员和青少年的思想教育上，对外的宣传力度不够，对外来游客的吸引力不强。相比于通辽市的其他景点如清代奈曼王府、大青沟、孝庄园等，麦新纪念馆和开鲁红色旅游的知名度明显不够。

个案 7：LXG（外地游客），销售，39 岁。

作为外地来开鲁出差的人，我抽出半天来参观开鲁博物馆。我事先就知道麦新的事情，但直到我参观完一楼的博物馆后，才发现这里还有麦新纪念馆。与博物馆相比，纪念馆的规模要小得多，我很快就参观完了。我之前也去过其他地方参观伟人故居，与那些地方相比，这里的展示内容更多是展示不同时期的人物事件，没有像其他地方那样复刻历史场景的人物蜡像和重要场所等。除了播放的《大刀进行曲》，我没有特别深刻的印象。

个案 8：BFB（外地游客），公务员，42 岁。

我来自通辽市科尔沁区，虽然之前已经来过几次开鲁县，但这是我第一次来博物馆和纪念馆参观。之前来过古榆园和附近的草原。我对开鲁县麦新纪念馆有印象，但据我所知，这个纪念馆面积较小，展示内容也不多，所以一直没有来过。直到刚才参观后才了解到纪念馆在几年前进行了翻新和改造工作。这次来博物馆也是偶然的，本来是想带我的外地朋友去古榆园游览，他对历史感兴趣，所以我们就来了博物馆。下一站我们计划去孝庄园和大青沟，因为这几个地方在通辽地区更加有名，有些地方甚至在全国都具有较高的知名度。

四、开鲁县红色旅游建设中存在问题的原因分析

（一）资金短缺是乡镇红色旅游建设的根本问题

尽管开鲁县拥有开展红色旅游的诸多资源和有利条件，但政府的拨款是发展红色旅游的主要资金来源。资金短缺会导致各处景点的保养和维护不周及各项基础服务设施的运行，进而影响开鲁县红色旅游的可持续发展。对麦新纪念馆的投入不足，对于场馆扩建、人员补充、对外宣传等工作造成了困境。虽然近几年政府增加了对红色文化基地的资金投入，但在红色旅游建设的各项繁杂艰巨的工作任务中显得捉襟见肘。麦新等红色教育基地的业务内容主要面向当地的思想教育工作，对外更多表现为一所公益性建筑，收入十分有限。如何获得资金支持，摆脱资金短缺的尴尬处境，是开鲁县红色旅游建设成败的关键因素。

（二）乡镇政府的自主权力有限

乡镇政府的管辖范围小，行政级别低，在政策上的自主权十分有限，诸多工作的开展实施在很大程度上受上级政策的影响。此外，虽然乡镇政府的权力有限，但职能却十分复杂。近几年，中央对乡镇下达"十个全覆盖""精准扶贫"等诸多工作，由于人力资源有限，很多乡镇政府疲于完成各项任务，难有富余力量投入到红色旅游中。

（三）红色旅游景点的建设缺乏协调统一

开鲁县开展红色旅游已有一段时间，虽然乡镇政府对外宣传红色旅游，但至今仍未确立一条具体的红色旅游线，且各处景区的管理和运行仍是独立的。2019年麦新镇政府围绕"麦新精神"开始麦新红色文化广场的建设。新建了麦新烈士陵园、开鲁廉政文化展厅和行军小径等景点，并设立了一系列研学路线，但似乎并没有将该举措加入到红色旅游建设中。

（四）红色资源品级不高

麦新纪念馆在规模、展示内容、场馆基础设施、知名度等方面不具备优势，对外吸引力不高。麦新纪念馆规模有限，且尚未建成完善的，可独立完成爱国主义教育任务的红色文化基地。纪念馆的展示内容为单一的麦新生平，仍停留在图文加介绍的传统展示模式上。麦新纪念馆的基础设施陈旧，没有有效应用互动投

影、AR、VR 等现代科技技术。虽然麦新纪念馆的主题鲜明，但也存在一定的局限性。这种局限性体现在麦新纪念馆相比其他革命烈士，在知名度方面不具备优势。与其他发展成型的人物纪念馆相比，麦新纪念馆仍处于建设阶段，极易受到其他同类型的红色基地的冲击。

五、开鲁县红色旅游小镇建设路径构想

（一）提高站位，提升城镇"硬实力"建设

1. 围绕"四位一体"完善建设规划

麦新纪念馆的建设规划，不能单纯地考虑馆内的设施建设，而是要将红色文化与当地的景点相结合，将红色文化要素与周边的当地人文要素进行拼接，并将场馆的建设融入城镇建设的规划中，致力于将城镇建设成为产业结构完善，功能健全的红色旅游区。

麦新纪念馆周边地域规模相对较小，过于冗杂的分区容易造成机构的职能重叠，导致功能发挥受限。至此，笔者简单将麦新纪念馆周边建设规划细分为行政服务区、生活区、休闲购物区和文化旅游区四个主要部分。其中，行政区主要由乡镇党委政府、乡直各单位构成，负责旅游区的管理和运行。生活区的主要目标是满足当地周边居民的居住、活动的需要。休闲购物区的主要目标是为旅游人群提供购物和休息的场所，以满足游客的消费需求，释放其消费能力，同时达到带动周边居民的就业和收入水平，促进乡镇经济发展。文化旅游区是乡镇建设的核心，是向外传播红色文化，提升乡镇红色旅游效益的重要区域。这种规划思路主要是对开鲁镇麦新纪念馆周边建设思路的完善和补全，使纪念馆建设路径更多样化，场馆建设更加合理。

2. 寻求自主发展权

乡镇政府在职能发挥方面仍存在不足，对纪念馆和博物馆的建设受到诸多限制，如果把红色旅游作为一个本地长期繁荣的发展举措，就必须要寻求多方支持，能否将红色文化与周边人文文化有机结合必然是实现红色旅游区建设的关键要素。

首先，从领导权力的角度出发，将场馆和政府联系起来，为提高场馆建设的规模，可以向上级求助，做到纪念馆主要负责人和乡镇相关领导在场馆建设方面思想一致，政令统一，使工作更容易操作和开展。其次，应当赋予红色旅游区建设更多的审批权和执法权，红色旅游区的建设必然会涉及大量周边居民和商户，

如果想做到红色旅游区的有效管理，保障该区域的交通、住宿、卫生等，就必须赋予其更多权力，让其拥有自己的执法团队。最后，充分扩大乡镇政府的财政自主权。资金问题是红色文化区建设成败的根本性问题，在乡镇建设的诸多项目中，应当给予一定的照顾。

3.打造多维度资源共生有机体

开鲁县相比于乌兰浩特、呼伦贝尔等具有悠长红色历史，丰富红色资源的地区并不出众。单纯依靠红色资源发展红色旅游，对游客可能不具有很强的吸引力，容易出现开发瓶颈。因此，应当加大对周边资源的整合力度，打造多维度的资源共生体系。应采取以下三项措施：

（1）注重空间水平线上的资源共生。开鲁镇除了麦新纪念馆之外，还有烈士陵园，《大刀进行曲》戏剧演出以及少数民族抗日故事等其他红色资源，可以将其串联起来，打造一系列的红色旅游专线，将其他的红色文化资源加入进来，有利于打破人们对麦新和开鲁镇的传统印象，扩大红色旅游的观光范畴，增加红色旅游吸引力。

（2）挖掘垂直线上的资源共生。在乡村振兴的大背景下，许多乡村发展特色产业迎来了新的机遇。在开鲁县同样可以发展村级旅游和村级产业经济，不仅拓宽旅游业务，丰富游客旅游空间，而且为周边乡村带来了经济效益。在"十个全覆盖"政策过程中，已经为周边乡村提供了便利的交通基础，足以满足开展村级旅游的需要。周边乡镇盛产瓜果、蔬菜，村级旅游的进一步拓展，同村级集体经济发展相结合，发展出体验式观光农业，特色农业采摘等项目以共同支撑红色旅游建设的良好局面。

（3）注重跨类型的资源共生。这类景区建设模式已有广泛的实践经验，红色旅游多体现为红色景区与自然景观旅游观光相结合的形式。这种"红＋绿"的旅游建设模式，开鲁县在某种意义上也有模仿的可能性。在开鲁县大榆树镇中心的古榆园，为国家 AAA 级景区。对两处景点的联合宣传，既弥补了开鲁县红色旅游单一的不足，又在提升知名度方面十分有利。此外，开鲁县的民俗资源也十分丰富，有戏曲、民间舞蹈、民间文学、民间手工技艺等 8 个类别 33 个非物质文化遗产项目，各类资源共生模式建设能够让开鲁县红色旅游建设更具有活力和特色。

4.构建多层次的人力资源体系

开鲁县特色红色旅游的建设，终究离不开人的力量，没有丰富的人力资源的支撑，一切计划都将行将就木。因此，构建多层的人力资源体系，是保证红色旅游建设长远发展的必要手段。

（1）提高决策队伍的能力和水平。由于乡镇在工作、生活环境和收入方面都处于较低水平，使人才流入方面存在诸多困难。目前开鲁县政府仍缺乏相关领域的专业人士，这就要求政府要大力引进旅游专业或公共管理专业的人才，以提高红色旅游决策的科学性。

（2）培养红色旅游所需的从业人员，诸如讲解员、话剧演员和服务人员。此类人员对学历和专业的要求较低，可多从本地人员中招揽，主要体现在以下两个方面：一是由于他们对本地的情况较为了解，可以更好地服务于游客；二是可以降低本地的就业压力，为更多人提供工作岗位。

（3）可以同当地和周边旗县的创业中心、人才交流市场建立合作关系，为纪念馆及周边的景区持续输送人力资源。此举既节约了招聘成本，同时使更多年轻人参与并投入到乡镇建设中来，可以有效缓解就业压力，盘活乡镇人才流失的局面。

（4）在乡镇建设的过程中，要加大宣传力度，吸引外出务工人员返乡，营造积极的本地就业氛围，进一步壮大"当地力量"，为红色旅游事业的发展积蓄充足的储备人力资源。

（二）放远目光，打造红色旅游持续发展的"软"建设

开鲁县红色旅游的建设离不开多方协作，因此要积极与当地机关单位、教育机构、商业部门建立合作关系，以此保障红色旅游工作的持续高效进行，最终实现资源共享、文化共育、相互扶持、共同富裕。红色旅游的"软"实力建设，就是要在推进当地红色文化的基础上，将红色文化与当地的自然环境、历史、民俗等元素相结合，推进红色文化与其他事业共同发展。

1. 借力发展红色主题

乡镇政府中开展的各类型工作，都可以充分开动脑筋，集思广益，做到紧贴主流政策和中心任务，借力发展红色主题。一般的红色文化多以物态形式表现出来，如纪念馆、战斗遗址、伟人故居等，此类表现形式在感官表现较为刻板，难以给人留下深刻的印象。红色文化的传播应与人们的日常生活相联系，打破红色文化局限于红色基地的单一化局面，一方面，红色文化在我国具有悠久的历史，存在于社会制度、教育、生活等方面，加强对红色元素的深度挖掘与开发，并加以宣传和推广，可以更好地推进红色文化的传播。另一方面，可以在具体的实践工作中融入红色要素，人们在政策受惠的同时，也会将文红文化内化于心。可以在乡村的围墙和人员密集地区设置红色文化宣传标语，以此烘托乡镇红色旅游的浓厚氛围。

借力发展红色主题，借的是实施政策、实践工作和群众日常生活中的"力"，同时也是将红色旅游建设同其他方面相结合的过程。这个过程能否实施，实施的成效离不开各方的协调合作，该目标的实现无疑将有助于达成乡镇工作和推动红色旅游建设的双赢局面。

2. 烘托本地红色氛围，增强红色文化的辐射力

开鲁县作为通辽市为数不多的红色资源之一，应大力推行红色文化宣传工作，红色文化资源作为开鲁县最具内涵，最为宝贵的精神财富，应努力建设红色资源，发展其成为乡镇的标志。忽视红色资源的挖掘和发扬，特色小镇建设将沦为空谈，发展红色旅游也就失去了其根本意义。笔者认为此项工作可以从以下三个方面进行：

（1）结合开鲁县红色文化的历史底蕴，可以举办各类民间形式的活动，如红色文化节，以此扩大红色文化的影响力。乡镇政府将注意力放在麦新等烈士的纪念工作上，且多在机关单位或纪念馆中进行，仅以这种方式进行传播太过局限，群众的知晓程度不高，难以激起群众的爱国主义热情，进而使红色文化传播受限，导致红色文化无法真正普及，不利于红色旅游工作的有效开展。政府应积极呼吁社会各方力量举办民间形式的红色活动，可以在纪念日推出《大刀进行曲》等战役情景剧，尽可能在街道和周边环境中融入更多的红色元素，路灯、墙体、道路、公园和商铺都可以成为红色文化的宣传载体，使红色元素在乡镇中随处可见，让每一位行走在街道上的行人都能感受到浓重的红色氛围。

（2）乡镇政府可以积极引导商品制造公司发行具有红色文化要素的各类产品。例如，文化公司可通过深度挖掘麦新生平英雄事迹及当地其他红色资源，设计包括具有"红色"特色的文具、明信片等多种类的文创产品。

（3）注重红色文化的向外辐射。先辈们留下的红色遗产诉说着中国革命中波澜壮阔的伟大历史进程，了解革命历史、重温红色记忆、培养爱国情怀是每一位中国人都应该具备的根本素质。红色文化的传承和发展不应当局限于红色革命区，而是要深入基层，普及至每一个人。因此，乡镇政府到基层个人都有责任和义务向外推进红色文化传播，使红色文化不断发挥其价值和作用。

3. 完善红色小镇公共服务体系

国内的旅游体系架构可以分为五大体系，具体为：旅游信息咨询服务体系、旅游安全保障服务体系、旅游交通便捷服务体系、旅游便民惠民服务体系、旅游行政服务体系。对照这五大体系（朱燕，2003），开鲁县的公共服务体系仍旧存在较大的缺陷，这些缺陷将制约红色旅游的推进和发展。基于开鲁县的实际情况，笔者有以下四点建议：

（1）要建构完善的信息咨询系统，相比于解放纪念馆（位于乌兰浩特），麦新纪念馆周边没有设立游客服务中心、地图指南和道路指引，麦新纪念馆位于开鲁县博物馆附近，却没有明显的门牌标识，要方便外来人员顺利浏览，完善的信息咨询系统是十分必要的。

（2）要建设良好的交通疏散区域，虽然麦新纪念馆周边具备畅联其他景区和主干道的交通条件，且有专线公交站点，但没有疏散车辆的停车场地，以至于周末等高峰时间段场馆周边车辆交错，后续游客游览多有不便。对此要扩展停车场面积，加设交通节点等，以便于游客的集散。

（3）要保障乡镇的安全环境。节假日是开鲁县人流量高峰时段，一方面，要保障场馆及景点周边足以支撑的住宿、餐饮、娱乐、购物的服务环境；另一方面，要保障场馆周边的治安环境，在场馆周围要配备足够的警力以保障游客的人身及财产安全。

（4）要加强场馆周边便民设施的建设，包括网络、银行、通信等基础服务设施，同时包括对公共休息区和其他公共区域的建设等。

4. 打造"麦新"红色旅游品牌

红色旅游要实现可持续发展，仅仅在围绕乡镇建设做好本地工作是远远不够的，旅游作为一种"经济载体"，要保持其生命力，就必须保证外来游客的人流量。这就要求在建设乡镇红色旅游的过程中，同时做好本地的形象公关，将开鲁县和麦新打造成一个红色品牌，进而提升其独特性和知名度，这正是目前红色旅游建设中较为缺失的部分。具体做法上，笔者有以下三个建议：

（1）要"报家名"，把开鲁县的红色资源，自然景观资源宣传出去。宣传出去的目的就是为了提升开鲁县红色旅游的知名度，让周边地区的人知道开鲁县最具特色的红、绿景观，了解开鲁县的基本情况。在宣传方式上除了要依托新闻媒体、电视广播、互联网等通用媒介之外，还要联系实际，贴近人们的日常生活，利用好微信公众号、抖音等社交软件资源，尽可能扩大开鲁县红色旅游的知晓面。

（2）要"抖家底"。在宣传开鲁县红、绿景观的同时，还要突出对开鲁县历史沿革，自然环境的纵向宣传，用浓厚的历史文化底蕴烘托红色旅游，来增强本地区的吸引力，增强游客，尤其是外地游客的游览兴趣。

（3）在红色旅游建设的初级阶段，要以累积客源、积攒口碑为目的做好形象公关。这是开鲁县红色旅游兴起的必经之路，也是每个景区在成立之初要着重考虑的部分。在实施方法上不仅要利用好旅行社等资源，还可以将麦新和红色旅游纳入本地区对外宣传的具体方案。这个过程不仅可以突出乡镇特色，同时也可以带来显著的效益。

六、结论

本章通过对开鲁县红色旅游建设进行实地调研，在借鉴国内外旅游型特色小镇和红色景区、景点建设经验的基础上，对开鲁县红色旅游建设进行全面研究，分析当地红色旅游的发展现状、制约因素，并提出一些理性建议。以"麦新"红色旅游建设蓝本进行思考，可以为乡镇政府建设红色旅游型特色小镇提供一定参考经验。主要采取以下六项措施：

（1）乡镇受限于行政级别因素，可调配资源十分有限，可投入红色小镇建设的财力不足，需要搭建多方参与建设的发展模式，以缓解政府投入压力。

（2）乡镇政府在中国治理体系的底层地位，决定了乡镇政府在自身的发展道路上存在诸多身不由己的因素，加之政策决策受乡镇主政领导影响巨大，极易出现政策断层，红色旅游建设极易成为政府政绩的噱头和各项中心工作的附属品。红色旅游建设本身也是对政府决策和执行能力的巨大考验。

（3）本章对开鲁县红色旅游的发展规划进行了分析和完善，并就其发展设计了"产业共生 + 资源整合 + 全民参与"的创新性发展模式。事实上，由乡镇政府主导红色旅游的建设，极易踏入建设误区，出现盲目投资或目标偏离的现象。作为决策者和实施者，政府应当做到科学规划先行，着力构建符合本地实际的发展模式，这是所有红色旅游建设应当迈出的第一步。

（4）红色旅游建设的灵魂是红色文化，核心是景区和景点。旅游建设不能和景区、景点脱轨，应当纳入一个发展框架中。镇区建设需要能够满足景区吸纳游客后的承载和服务能力，景区建设应当深挖潜力，具备与镇区相匹配的功能和业务。此外，不能忽视红色文化的作用，文化底蕴是一个红色小镇的名片，是凝结了红色小镇最具代表性内涵的宝贵资源，政府应当在红色文化的传承和发扬上多下功夫。

（5）稳定的客流量是保证红色小镇经久不衰的关键。红色小镇的所有建设活动，直接目标就是为了吸引外来人员，提升客流量。本章从构建"特色商铺 + 特色住宿 + 特色餐饮 + 旅游商品 + 休闲娱乐"的红色小镇商业模式，完善信息咨询、安全保障、便捷交通、便民惠民、行政服务这五大公共服务体系，提升红色旅游知名度和影响力，打造红色品牌这三个方面，详细阐述了部分意见建议，为提升红色旅游客流量提供了一定参考。

（6）不能忽视本地居民的作用。本地居民在红色旅游的建设过程中是极不稳定的角色，可以成为建设的助力和支撑，也可以成为巨大的阻碍，关键在于政府如何调动本地居民的积极性，以及利益分配是否合理到位等。

附 录

调查地概况

麦新纪念馆位于开鲁县开鲁镇内东南隅白塔公园内，公园占地面积 67540 平方米。园内有革命烈士纪念碑、麦新纪念馆，国家级重点文物保护单位——元代佛塔巍巍伫立在公园北面。园内有植被 50 余种，春夏之际，各种树木葱翠，鸟语花香，彩蝶纷飞。园内还建有多座仿古凉亭等活动场所，是人们晨练、集体文化活动、休闲、娱乐之所。

麦新纪念馆始建于 1978 年，2007 年重建，在 2008 年 9 月开鲁县建县百年之际建成开馆，2015 年 6 月为纪念世界反法西斯战争暨中国人民抗日战争胜利 70 周年对麦新纪念馆展览进行改造提升。2015 年 9 月 1 日展览改造完成。麦新纪念馆是内蒙古自治区重点红色旅游景区，也是开鲁县重要的革命传统教育和爱国主义教育基地。1996 年麦新纪念馆被内蒙古自治区人民政府公布为第三批区级重点文物保护单位；2008 年 12 月，麦新纪念馆被评为国家 AAA 级景区；被确定为内蒙古自治区东部的爱国主义教育基地、红色旅游路线；2011 年被内蒙古自治区党委宣传部命名为全区爱国主义教育示范基地；同年，被内蒙古自治区纪检委公布为自治区级党风廉政教育基地；2011 年 11 月被共青团通辽市委员会命名为"青年文明号"。2012 年 10 月被内蒙古自治区人民政府命名为"国防教育基地""党史研究基地"。

麦新纪念馆占地面积 12000 平方米，建筑面积 3840 平方米（包括博物馆），总投资 1700 万元。建筑主体两层，局部三层，一楼为开鲁博物馆，二楼为麦新纪念馆。麦新纪念馆是一座设计独特、造型别致、建筑语言比较多、寓意深远、功能性强的建筑。设计者从全新的设计理念出发，以简洁、锐利的几何图形寓意麦新歌曲如利剑刺向鬼子，以错位交叉、分割展示区域，寓意麦新歌曲创作的多样性；以基本几何图形、多角度构建空间展示流程。突出表现麦新作为革命音乐家、人民歌手和《大刀进行曲》作者的鲜明特色。主体弯曲的造型体现音乐的旋律；门前大刀的造型代表着激励亿万人民英勇抗日的《大刀进行曲》；刀柄的几个石柱是《大刀进行曲》第一句歌词的音符。

麦新纪念馆的基本陈列是麦新烈士生平事迹展，展出面积 1050 平方米，是目前国内唯一全面展示麦新烈士生平事迹的专题陈列展览，具有重要的政治意义和深远的社会影响。

《麦新烈士生平展览》的内容设计依据中国共产党党史、中国现代史的进程和麦新烈士的革命生涯，将展览分成五大部分：①成长在黄浦江边（1914年12月至1937年9月）麦新在上海由一个不懂事的孩子成长为一名坚强的共产党员；②奔波于大江南北（1937年10月至1940年10月）麦新服从党的安排在国民党军队中从事统战和文化宣传工作；③奋斗在宝塔山下（1940年11月至1945年8月）麦新在延安鲁艺废寝忘食地从事音乐部的领导工作；④献身于科尔沁草原（1945年9月至1947年6月）麦新为建立东北根据地忘我工作直至壮烈牺牲；⑤永生的战士，不息的歌声（1947年6月至2015年8月）麦新牺牲60多年来人民对他的追悼缅怀。陈列内容设计删繁就简，突出麦新一生最具代表性的英雄事迹和革命精神，让观众印象深刻、铭记不忘。

通过麦新烈士生平展览，反映麦新作为一个坚强的共产主义战士，在中华民族奋求解放、在战火纷飞的年代，忠于人民、忠于党，无私无畏、舍生忘死，为革命事业奋斗不止，直至壮烈牺牲，贡献了年轻的生命。麦新精神就是共产党人"不忘初心、牢记使命"的担当精神，对我们推进中华民族复兴的伟大事业具有重要的激励作用。

作为省级爱国主义教育示范基地，麦新烈士纪念馆自2008年免费向社会开放以来，截至目前，已接待县内外参观团体2400余个，观众达到80万人次，其中青少年观众60万人次，如今，麦新纪念馆已经成为内蒙古东部地区发扬革命传统、传承红色基因、激发爱国情怀的重要基地。

第三章

"生活者"参与农村水环境治理路径调研报告

吴秀梅[*]

【内容摘要】为了研究农村居民参与水环境治理的途径，以进一步完善乡村治理体系，本章选取内蒙古 W 村作为研究对象，通过进行入户访谈调查，分析农村居民对环境治理的意识、行为和参与程度，以探究他们参与水生态环境治理的现状。调查结果表明，农村居民在环境治理行为方面存在一些困境，缺乏积极主动性。在这种背景下，如何激发农村居民参与环境治理的积极性，以及解决现实困境的根源，变得尤为重要。本章以"生活者"角度出发，利用"生活知"和"本土知"来拓展村民参与治理的途径，引导他们在现实环境治理中的积极主体参与。
【关键词】水污染治理；"本＋科＋生"三知互嵌；生活者；困境

一、引言

　　党的二十大报告提出加强和改进乡村治理，"必须以保障和改善农村民生为优先方向，树立系统治理、依法治理、综合治理、源头治理的理念，不断提高乡村治理体系和治理能力现代化水平"（习近平，2022）。其中，水环境治理是改善农村人居环境的重要内容，同时也是推动宜居和美乡村的关键一步。党的二十大报告明确要求激发社会力量在生态文明建设中的参与和贡献，要求人们在享受经济社会发展所带来的美好物质生活的同时，还要履行应尽的环境责任，做到尊重自然、顺应自然、保护自然，推动形成绿色低碳的生产方式和生活方式（习近平，2022）。这是全面建设社会主义现代化国家的内在发展要求。农村是生态文明与社会建设的重要"基地"，也是推动生态文明与社会建设薄弱的一环。在很多农村地区，本地居民作为源头治理主体，很难参与到环境保护与治理实践当中，而国家和政府一直扮演治理的主体角色。这种自上而下的治理机制，很难有持续性的成效。在环境保护与治理过程中，政府负有主要责任，但

---

　　* 吴秀梅，内蒙古大学 2022 级民族社会学专业博士研究生。

由于政府的有限理性和行政的自我偏好，必须对政府的行为加强监督。坚决防止和反对各种形式主义、官僚主义，坚定维护农民物质利益和民主权利，以优良作风全面推进乡村振兴（习近平，2022）。尤其公众，农村居民作为源头治理主体参与环境治理实践，有利于降低政府生态环境治理的交易成本。以此共同参与，推动农村生态治理与绿色转型，努力实现生态效益、社会效益和经济效益的有机统一。

有关水污染治理方面，国内外学者进行了大量的研究。

从水污染治理研究现状来看，农村水污染治理研究已经成为新农村建设迫切需要解决的环境问题。世界卫生组织公布的一项研究表明，世界上 80% 的疾病与水质不良有关，在中国 90% 的癌症是由水污染引起的，在中国总共有 243 个"癌症村"，其中有 64 个与水污染有关（潘锋，2020），可见农村水污染逐渐成为人类健康的"新杀手"，而且死亡率暴露影响人类的可持续发展。随着国内外水污染问题日益严重，学者们立足于不同理论与实践基础上，从不同视角分析水污染治理机制。农村地区水污染产生原因主要有农药化肥污染、畜牧养殖污染、生活污染以及工业污染等。农药化肥对于水污染的研究始于 1962 年美国雷切尔·卡逊的《寂静的春天》一书。书中指出，农业部没有对农药合成物进行调查之前盲目地推行使用 DDT 等农药消灭昆虫，飞机播洒农药污染河流和农场等，导致鱼、牛奶检测出超标农药成分，造成生物和人类的严重危害，使人们认识到了人类生产对于水污染环境的深刻影响。自此，学术界对于人类与环境之间关系进行激烈讨论和深刻反思，继而开启反思人类生产生活与环境污染保护相关研究。1920 年，亚瑟·庇古（2013）在《福利经济学》一书中提出了"外部性"概念作为分析农村环境污染的理论标准。他认为采用有效的税收措施来控制环境水污染问题。与此同时，在国际上，有学者从更微观的人文视角入手，运用人类学研究方法和思路，差序格局与社会内在互动机制，深入探索水污染产生在生活中的具体实践，以此深刻剖析和反思水污染产生的社会机制。

与西方国家在水污染治理方面更多关注技术研究不同，日本学者自 20 世纪 70 年代后期开始，更加注重微观视角的研究。岩佐茂是一位日本学者，他指出循环型社会的内涵范畴要比循环经济更加广泛。他认为循环型社会的根本目标不仅仅是实现资源的再利用，而是实现环境治理和改善（岩佐茂和韩立新，1997）。

此后，日本开始注重减少农业面源水污染，并专门通过立法来确保有效实施相关环境措施。同时，他们也提出环境问题发生机制的新观点，认为现代环境问题不仅包括传统的产业污染，还涉及一种潜在的新型环境危害，引起人们越来越广泛的关注。这种危害是由人类自己制造并引入人类的日常生活中的。特别是新型危害已渗透到我们生活的各个方面，直接或间接地对社会造成危害。例如，个人滥用洗衣粉、洗洁精等合成洗涤剂导致饮用水污染以及河流生态污染的改变等（鸟越皓之，2004）。这些新型危害是多样化的，并具有不同的结构。关于这些不同结构的问题，日本学者饭岛伸子提出"生活者的致害化、加害化"理论，用以解释这类环境现象（饭岛伸子，2006）。

在经济高速增长之前的环境问题中，生活者通常是受害者和牺牲者。然而，在经济经历高速增长之后，出现了产品过剩的情况。在这个大量生产、大量消费、大量剩余的时代，日常生活中的各个方面的"生活者"直接或间接地成为环境污染的加害者（饭岛伸子，2000）。举例来说，随着生活方式的改变和洗衣机的普及，生活废水的增加成为新的环境加害者。日本学者鸟越皓之（2004）在后续的研究中进一步指出，看似无法解决的环境问题在居民的生活体系中都有其独特的解决方式。例如，村民对"土地神"的崇敬是他们保持村庄整洁的重要原因之一。

目前，水污染治理研究主要集中在城市污染方面，对于农村地区的水污染治理研究还不够系统。由于城市社会和乡村社会的运行机制存在差异，污染产生的机制也会有所不同。农村地区环境问题属于面源污染，与城市工业污染不同，难以采取统一的治理方法，需要广大农民参与协同治理。有学者指出，在农民参与污染治理方面，应该从生活者的角度看待环境治理行动，重视村民的生活知识对环境治理的作用，提高村民的主体参与程度（唐国建和王辰光，2019）。

然而，笔者通过文献回顾发现，尽管关于公众参与农村环境污染治理研究非常广泛，且研究成果丰富，但是多集中于整体的环境污染上，对于系统水污染治理研究较少。关于公众参与水污染治理中，治理主体主要强调相关行政部门的责任，而较少关注生活者的角度参与治理。在治理模式上更多关注管理部门间协同治理，而较少关注村民作为治理主体如何参与其中。

因此，本章以农村水污染治理为探究对象，聚焦于农村"生活者"在治理中的参与角色，并将村民作为主要研究对象。这一议题在过去的学术研究中鲜有涉及，然而在乡村治理转型过程中，以科学的视角重新审视此问题变得尤为重要。居民"生活者"参与水污染治理不仅扩展了公众参与协同治理的途径，同时也将治理的焦点聚集于水污染问题的源头，使居民成为解决环境问题的主体参与者。

二、理论借鉴

（一）乡村治理

中国社会学中的乡村研究以往主要采用以村落为个案进行研究，如费孝通（2001）的《江村经济》和林耀华（2015）的《金翼》等，这些作品被视为村落个案研究的典范。然而，随着"乡村治理"在乡村研究中的广泛应用，该领域的学术研究也越来越深入。对于乡村治理研究，学术界一直存在争议。最早以格尔兹为代表的学者，反对通过微观视角研究来得出整体社会的"缩影"。另外还有一些学者主张从宏观视角进行研究，批评具体的小型村落个案研究是"印象派"。后来在费孝通的努力下，《云南三村》（费孝通和张之毅，2006）中将具体个案拓展到反思性科学应用到乡村民族志研究中，并通过层层递进的拓展方法把"现在"与"过去"以时间为线索建构，揣摩"将来"发生的事情。1998年首先提出"乡村治理"这一概念（徐勇，2003）后，中国学术界便开始踏上从"乡村微观视角"看待"整体"乡村问题，取得了丰硕的成果。乡村治理研究从完善我国农村社会治理理论体系，再到针对助力边疆少数民族地区乡村治理现代化具有重要的现实意义。学者们通过田野调查、实证分析等方法，从各方面深入展开少数民族地区乡村治理的模式及其经验，从村民自治实践到理论构建，再到理论指导下的再实践，乡村治理的理论研究不断推进。其旨在改善少数民族地区村落的社会、生态和经济，以此不断提高各民族群众居民的生活水平，缩小农村与城市之间的差距。在民族社会学研究中，通常选择一个小型社区或者一个小村落作为研究典范，通过以"小"来观察"大"而整体乡村是一种趋势。鉴于此，本章选择一个村落作为典型个案，回顾农村居民参与环境问题的经验，关注村民的生活历史、生活意识和生活行为，展开关于乡村环境治理的讨论。

（二）"生活者"

生活环境主义是20世纪70年代末80年代初，由日本社会学家鸟越皓之、农学家嘉田由纪子等提出的，根据日本滋贺县琵琶湖流域居民，进行生活环境社会调研总结的理论视角（鸟越皓之，2004）。该理论不同于"自然保护主义"和"近代技术主义"，是一种认为不经过任何人为改变，主张对自然环境采取彻底的保护想法，不管这种保护和恢复是否真正对当地人有利，也不管是否有这种意愿。这种态度与人是万物的中心的"人类中心主义"相比更像是"自然中心主义",鸟越皓之等将其称为"自然保护主义"。

与此相反,"近代技术主义"观点则认为科学技术的发展有利于人们修复遭到破坏的环境,将环境问题的解决依赖于科学技术的发展与进步,而忽略本土经验和知识,也不考虑这种"技术主义"治理方式是否会对当地人的生活系统造成损害。然而,鸟越皓之等通过对日本琵琶湖综合开发展开社会调查时,发现人们在具体处理当地环境问题时既不考虑"自然保护主义",也不考虑"近代技术主义",而是有别于两者的另外一种保护态度,将其提炼称为"生活环境主义"。该理论注重环境问题引起的社会差序格局,调整社会差序格局来解决环境问题,它强调地区社会内在的发展规律。

内发式发展论着眼点是"生活者"。它的出发点是基于人们生存的基本条件(饮食、卫生、居住、文化)的不同,注重"生活历史"或"生活知识",主张发展地方生活系统在解决地方环境问题时高于一切的观点。这与中华民族具有从精神高度关注人的发展历史特点有亲和性。强调"生活者"的生产生活实践活动为出发点解决环境问题,重视居民生活体系是否能得到保障。主张从当地居民的生活历史、生活习惯和生活行为对其分析环境问题,环境问题是由作为"生活者"的人群行动决定,不同群体对不同环境有所不同的理解。"生活者"角度研究环境问题能让环境治理措施更因地制宜。中国是个多民族国家,各民族都有其自己独特的生产生活方式,因此该理论适用于像中国这样人口多、国土面积较大的国家。鸟越皓之等学者以"生活者"角度,主要关注农村地区水污染问题。因此,笔者认为,从村民"生活者"角度探讨农村水污染产生和治理机制,具有得天独厚的优势。

(三)"本+科+生"三知互嵌

从上述分析中我们已经看出"生活知"在解决各种环境问题上的有效性。除了"生活知"以外,还有"科学知"和"本土知"。鸟越皓之提出"生活知"(せいかつち,lifeknowledge)和"科学知"(かがくち,scientificknowledge)相区分的概念(鸟越皓之,2009)。"生活知"与强调"机理推测"的"科学知"不同,它是当地居民在日常生活中传承与积累的生活知识。当"生活知"发起挑战治理环境问题时在参考范围内,也遭到各方的质疑和批评,认为没有科学依据,很难保持科学客观态度。然而,笔者认为生活环境主义的借鉴或者精髓之处在于"生活知",注重"生活知"并不是说主张将视角单一化,或者排斥"科学知"。实际上,我们应该考虑多角度、全方位地分析一个问题,跨学科合作才能得到科学的答案。政府制定相应的政策时,要将"生活知"嵌入"科学知"纳入决策中进行充分考虑，偏向任何一方的政策都是无效的。因此，不仅是照搬或简单地代替，而是通过试图在本土知识的引领下，同时不损害当地人的生活体系为前提，利用三方面求取平衡的态度把有益部分挖掘出来。

"生活知"并不是放之四海而皆准的真理，"生活知"有一定的适用范围，并不属于普适性知识。"生活知"与"科学知"的区别在于：前者坚持自然的平衡是人类生活要素，后者认为当代的化学家、生物学家等人类在牢牢地掌控大自然。在笔者看来，仿佛是生活者和生物化学家的知识较量。正是因为经历了这种激烈的讨论与较量，国内外研究开始越来越重视生活领域的研究。因此，正确认识"生活知"与"科学知"的有机结合很重要。

我国广大民族地区有很多传统的本土生态知识，如敬畏自然、顺应自然的价值观念、"天人合一""万物并育""物我同类""道法合一"等。有学者提出"本土生态知识"就是"生活知识"，其实，这是个误解。"本土生态知识"并不是"生活知"，从语言学的角度来讲，也是完全不同的两个概念。从定义和范围来讲，"生活知"是指人们在日常生活中所积累的经验与生活直接相关联的知识。它包括人们对生活技能、实用经验、生活习俗等各方面了解和掌握的知识。"本土知"则更注重在特定地域文化背景下产生的生态知识，它涵盖了人们对地方传统、文化习俗、历史背景等方面的了解和认知。本土相关知识产生的对象是群体，"生活知"是主要通过个体为对象在日常生活中逐渐积累的知识。更何况，"生活知"是经验性理论，而"本土知"则是在中国这样的发展中国家在地域文化历史中相传，源自于特定地域文化总结出的传统知识。从"本土知"和"生活知"两个概念来看，其形成背景、产生对象、使用范围、定义、历史、理论来源国均不同，因此不能简单地定义为一种概念，更不能当作一个概念来使用。在针对本土生态知识与现代科学知识的结合时，使行动主体在面临更为复杂的生态问题时可以用生活知识打破困境。为了农村地区可持续发展，"本+科+生"三知互嵌，有机结合、有机互动，才能使行动主体在生产生活实践中理性地打破生态治理困境。

（四）村民主体性

村民是农村地区在历史长时段与当地环境亲和相处、共同构建特定的地域社会文化，并拥有独特的本土生活智慧的行动主体。在农村地区，村民作为主体而存在。因此农村环境问题从村民视角，掌握当地情况并解决当地环境问题是最省时省力的办法。俞可平（2014）认为，乡村治理是一个很复杂的决策系统，这个系统包括了治理主体。约翰·克莱顿·托马斯（2005）认为，公众参与公共管理不仅局限于公民的政治参与，居民在日常生活中也可以参与。政府在治理环境问题时习惯于注重治理内容和模式，很少能顾及治理主体。主体行动者在具体情境中积累经验，通过发挥自己在环境情境中的经验实现治理目标。因此，应对治理问题，首先要立足主体性，其次是主体性的参与。在水污染治理中支持村民的选择权、价值取向和不同形式的参与。例如，当日本发生琵琶湖流域水污染（蓝藻水华）时，琵琶湖流域居民通过各种公益组织发起公民运动，呼吁停止使用有害健康的合成洗涤剂，因为合成洗涤剂中所含的磷是造成蓝藻水华的原因之一。针对合成洗涤剂的问题，市民开始举办洗涤剂学习会，并联合购买肥皂来代替合成洗涤剂。以此为契机，市民开始停止使用含磷的合成洗涤剂，转而使用主要由天然油脂制成的肥皂。同时，当地回收家里烹制天妇罗油炸残渣物等的"废弃食用油"制作"油脂肥皂"的一场运动掀起，从而为废弃的油渣寻找到了再利用的途径。改善琵琶湖水污染的"洗涤剂"运动被市民推动，1980年被滋贺县明确颁布禁止使用含磷洗涤剂的条例（杜群，2002）。直到1985年，滋贺县的水污染得到了一定程度的改善，水浓度的含磷和氮成分开始逐渐下降。

因此，在研究水污染治理上，站在村民"生活者"角度，展开论述分析问题十分重要。从村民实际生存境况出发，注重发挥他们从实践活动中获得的智慧经验，尊重当地居民的主体性，从其生活历史和现实生活取向中寻求解决之策。同时，对于政府部门来说，更应该充分考虑到村民的利益，站在村民的角度考虑问题，拓宽提高村民的参与渠道。村民与地方政府勠力同心，使农村水污染问题得到妥善的解决。这里的"主体性确立"是指从村民价值观出发，基于意识决定，形成村民群体性行动，进而拥有当地环境决定权和参与权的实践过程。

三、× 湖流域水环境变迁历史追溯

（一）流域概况

× 湖流域位于内蒙古 L 县境内，是内蒙古自治区三大内陆湖之一。地理位置为东经 112°10′~112°59′，北纬 40°48′~40°55′，流域面积为 2302.98 平方千米，处于我国三大流域片交汇处，东南部与海河流域相接，东北部为内陆河流域黄旗海水系，北部、西部及西南部毗邻黄河流域。流域主要有 8 条较大的季节性支沟河流流向 × 湖，水供给主要依靠降雨，是一个内陆封闭型流域。

× 湖流域古有"北方人类文明的发祥地"之说，历史上曾是水草丰茂的"塞外明珠"，位于草原文明和中原文明水乳交接的地理要冲，属于高原小流域生态系统。正处于我国"两屏三带"生态安全战略格局中北方防沙带，是阴山北麓——浑善达克沙地防风固沙带，是沙尘向京津冀地区传输的北部线路的必经之路，因此也被称为京津冀地区生态安全屏障。为此，担负着习近平总书记"努力把内蒙古建成我国北方重要生态安全屏障""在祖国北疆构筑起万里绿色长城"的重托。

×湖古称天池，又名大海，历史上被称为盐池、鸳鸯泊、下水等，清朝初期称为代噶淖尔（二岁神马驹），光绪初年因重名改称为×湖，并沿用至今。公元前1400年左右，古人类便在此繁衍生息，留下了华夏祖先傍海而居的足迹，拥有老虎山、王墓山、园子沟等文化遗址。以此被著名考古学家苏秉琦美誉×湖流域为太阳升起的地方。[1] 流域内居住着汉、蒙、回、满、朝鲜、达斡尔、俄罗斯、白、黎、锡伯、维吾尔、壮、鄂温克、鄂伦春等十几个少数民族，关系各族群众生存和发展切身利益突出的各种生态环境问题，是协调农牧交错带生态脆弱区域社会经济发展，保障祖国边陲少数民族聚集区的民族团结和社会稳定。

（二）农业生产方式的变迁与×湖面积萎缩

L县人祖业是农业，依靠农业养活几代人，保持广种薄收，逐水草而牧的原始状态。自20世纪70年代初开始，由于人口增加和社会经济发展，L县已多次进行农业生产建设，发展水浇地，打坝拦洪淤澄河湾地，开大中型干渠，建设大寨式梯田。直到1976年，全县共建起万亩缩河，造田工程5处，就这样当地的农业生产方式悄然发生变化。随后，L县被选为商品粮基地建设，L县正地处×湖盆地的麦胡图、三苏木、厢黄地、六苏木4乡被列入全盟商品粮基地。在这一宏观调控政策下，1988年商品粮基地4乡建设旱涝保收的稳产高产田达到人均水浇地一亩，成为全县乃至全盟的重要粮食生产基地。2008年水浇地增长到34985.63公顷，比1975年增长2.52倍，比1986年增长1.7倍，1998~2013年水浇地一直稳定在30000公顷以上（郭珍德和姜晨冰，2023）。

2006~2015年，由于×湖周边乡镇漫灌型农业快速发展，农业用水呈现爆炸式的增长趋势，灌溉用水量由2720万方增加到3450万方，灌溉用水占比达到95.6%。随着农业灌溉用水和水利工程建设不断增加，最终农业用水达到高峰，

---

[1] 在1985年山西晋文化研究会上，中国考研学家苏秉琦曾作过一首七言诗：华山玫瑰燕山龙，大青山下斝与瓮。汾河湾旁磐和鼓，夏商周及晋文化。而内蒙古中南部也就是×湖地区正是太阳升起最早也是最光亮的地带，所以苏秉琦美誉×湖流域为太阳升起的地方。

这种灌溉方式对水资源的消耗较大，导致×湖周边地下水位呈逐年下降趋势，2006~2015年地下水位标高由1235米下降到1234.2米，地下水下降80厘米。由于地下水位的下降随之地下水径流减少，最终导致地下水向×湖侧向补给下降。[①]

从上述数据得知，人类农业生产变革对水资源开发利用强度的逐年加大，导致×湖湖外的耗水量不断增加，流域的入湖地下径流量持续减少导致×湖水域面积萎缩加重。随着农业生产方式的改变，种植规模从数量型向效益型转变，从单一粮食种植结构向多元化市场经济型转变，种植方式从粗放型向现代机械型转变。

不仅是人类农业灌溉对×湖水生态环境有着直接影响，同时农药化肥的使用和农业地膜也对水生态环境有影响。据有关数据，2005~2015年，×湖流域化肥使用量从0.85万吨增加到1.1万吨。农村水污染包括农业生产中滥用农药化肥使用不当导致的地表污水以及居民日常生产生活中所产生的生活污水（曹荣湘，2015）。另外，还有学者提到化肥、农药、地膜和焚烧等问题对农村水污染的影响（杨继朝，2020）。这些问题导致了大多数中国农村居民的饮用水中存在过多的有害物质，并且这一趋势还在不断增加，农药和化肥对农村供水的影响也日益明显。此外，水资源的污染问题不仅局限于人们平时的饮用水，更为严重的是许多地下水资源都受到了污染。因此，农村生产生活方式的改变与水环境变迁密切相关。

（三）畜牧业生产方式的变迁与×湖水体污染扩大

由表1可知，2013年L县牧业总产值为155755万元，比1998年增长9.52倍，比2002年增长4.97倍，比2007年增长2.5倍。1998~2013年，年产值年均递增速度为17.5%。L县乡村畜牧业产值近20年呈现井喷式增长趋势，从上述数据得知乡村畜牧养殖业发展壮大时间轨迹与×湖水体污染规模的扩大是吻合的。

表1 1998~2015年L县农牧业产值发展变化

单位：万元

年份	总产值	农业	牧业
1998	48353.00	29277.00	16359.00
2002	71678.20	36354.90	31330.50
2003	90756.00	44767.00	39284.00

---

① 根据×湖旅游区生态综合治理公示牌数据。

续表

年份	总产值	农业	牧业
2004	85422.60	45903.60	36104.30
2005	114219.00	52689.00	59316.00
2006	122525.30	60305.70	60193.40
2007	156687.00	90992.80	62176.60
2008	181071.00	98474.24	79763.90
2009	173822.30	59330.00	112375.00
2010	208800.00	71694.30	131031.90
2011	245200.00	95257.00	141783.00
2012	263626.30	101719.80	152018.50
2013	287029.00	121187.00	155755.00
2014	294490.87	128427.00	155203.00
2015	273723.03	126427.00	135803.00

资料来源：L县历年统计年鉴。

L县一直以来以农业为主畜牧业为辅，1998年时农业产值占总产值的60.5%，但是从2005年开始牧业产值占总产值的51.9%，再到2010年牧业产值占总产值的62.7%。2010年开始畜牧业产值远远超过了农业产值。由表1可知，牧业产值从1998年的16359.00万元，到2005年59316.00万元，再到2010年的131031.90万元，实现了产值的大飞跃。可见×湖周边乡村社会对牧业发展态势是积极向上的，因牧业经济的发展壮大，人民群众生活水平也比从前更加富裕了。

"小时候畜牧业是小规模的，主要是为了家庭消费，而不是像现在似的大规模养殖。当时村民饲养鸡、鸭、牛、羊、猪等家畜是用于逢年过节自家食用或者填补日常小开支，规模很小。当时放牧的牧民每个人拿框和铲子，捡起畜禽粪便，粪便被收集起来放在家门口攒到春天用作地里的农业肥料或者当作燃料，还有村民专门捡粪便用作肥料。"①

当时的村民为了生活，比较勤俭，同时形成了维护当地生态环境的一套生活习惯。2005~2015年，由于畜牧养殖业的发展壮大，畜禽粪污量由34万吨增加

① 访谈对象：L某，男性，65岁，W村隔壁村人；访谈时间：2023年8月27日；访谈地点：村民家门口。

到 51 万吨。① 随着畜牧业经济的发展壮大，农村家畜粪便越来越多，农民生活水平越来越高，捡粪便的村民越来越少，村民不加以注意，甚至出现村民把养殖垃圾倒入×湖或支流河道上的情况。家禽数量比过去明显增加，粪池难以容纳大量家畜粪便和化肥的普及也使粪池失去原来的意义。然而，没有得到相应的处理方式，进一步造成了×湖水体污染不断扩大。有关数据表明，以猪、鸡、牛、羊为代表的养殖业产生的氨氮排放量占到全国总排放量的三成左右，更是农业面源排污总量的八成左右（李艳梅，2021）。畜牧养殖产业产生的污染水体如果不经处理就直接排放，会严重地影响水体富营养化，导致水环境的平衡不断被破坏。

（四）农村生活方式的演变与×湖水污染扩大

随着×湖周边乡镇农业、牧业、工业、旅游业等事业的发展，村民生活水平逐渐提高，村民生活变得比过去便利和舒适，这在一定程度上改变了周边乡镇村民的生活方式。村民将更多的收入用于日常生活，使用和消费更多的生活类用品，他们的生活方式也在日渐改变。1985~2005 年，×湖周边乡镇村民过着自给自足的生活，他们吃自己播种的小麦、谷子、玉米、蔬菜、粮油等，自己喂养的家禽和牲畜。从 2005 年开始，农牧业经济的快速发展壮大，村民生活水准提高，随之而来的变化就是对物质生活的追求，但也因物质生活的提高产生了大量的生活垃圾和生活污水。

1. 污水处理方式的演变——"新加害者"村民

随着农村社会经济水平的提高，农村居民生活污水也不断增加，如家庭洗衣物用水、厨房的洗碗水、洗澡用水等。2005 年之前的农村人都用自制肥皂洗衣服，油垢大的锅碗瓢盆都用热水洗，所以直接处理在村民家门口排干或者通过水沟排入×湖都不会产生太大的水污染。上文已经提到，大约从 2005 年开始，由于农牧社会经济的快速发展，×湖周边乡镇和国内大部分农村社区一样，村民为了生活便利，家家户户开始购买洗衣机、电饭锅等家用电器。随着洗衣机普及而带来的就是洗衣粉、洗衣液、洗洁精、洗发水、沐浴露等含有大量磷和氮等化学物质的生活污水，这些未经处理过的生活污水不管是直接在家门口处理还是通过水沟排入×湖都会进一步加重水污染。

而×湖周边乡镇村民的生活方式直接关系到×湖的水生态环境。2012 年×湖治理之前，大量的生活污水未经处理通过弓坝河、五号河、老洼营南沟

---

① 根据×湖旅游区水生态综合治理公示牌数据。

等河流排入×湖，或者把生活垃圾直接倒入流域内的河流河道。据有关统计，×湖周边乡镇常住人口有 3.4 万人，2018 年之前每年产生生活污水 31 万方。从该数据可知，生活污水对水污染的影响。居民把生活和生产污水直接排放，导致水污染问题日益突出。流域居民生产生活方式的变迁与河流污染和水污染的关系也逐渐被人们所认识。虽然我国农村地区现代化过程比起日本和美国等发达国家晚一些，但农村居民的生产生活行为和地域环境变化都有高度相似性。随着物质生活的提高，产生的污水和生活垃圾也自然增多，而这些垃圾和污水是无法有效快速自然分解。村民们不再重视共同生态环境，而只关心自己的小生活环境，村民便成为了"新加害者"。

2. 垃圾处理方式的演变——"新加害者"村民

陈阿江（2000）将太湖东村作为个案，认为 20 世纪 90 年代前村民作为太湖圩田生态系统中的一员，在长期的生产、生活实践中养成了废弃循环利用的习惯，通过变废为宝来维持太湖生态系统的平衡运行。

×湖流域现代化进程相对太湖地区晚一些，但流域居民的生产生活与地域环境的演变有高度相似性。×湖流域农村居民，2005 年之前处理垃圾的方式很粗放，但很环保，通常是把生活垃圾倒在家门口固定的场所，发酵一段时间，等春天时用来作农作物肥料，既环保又能循环利用，形成了一套环保系统。

"大约 2005 年之前，家家户户门口几乎都有一个粪坑，一年四季的猪、鸡、马、牛、羊粪都是宝物。当时放牧途中村民都会把牛粪捡起来，为了捡牛粪有专门起早的村民，这些粪便用来作农业肥和冬天当燃料。"①

大约 2005 年之前，×湖流域垃圾变为农家肥，循环利用。并且了解到当时村民的垃圾袋就是固定用柳树条编制的木框或者篮子，包括购物也是用专门的篮子或者大袋子之类，不同于现在的商家免费提供塑料袋。

因为塑料袋是免费提供，村民自带购物袋的意识逐渐减弱，导致近年农村社区塑料袋满天飞的现象。这对农村社区环境影响很大，对于水生态环境的破坏更大。而在当地政府的督促下，村庄进行了一系列垃圾处理方式的变革，垃圾采用集中收集统一处理方式。但在×湖周边乡村实地调研途中，还是可以看到很多生活垃圾和建筑垃圾乱倒现象（见图 1），这意味着村民环保意识有待提高。大量的垃圾食品塑料袋、可乐矿泉水瓶、酒瓶、家畜粪便、未回收的玉米地膜同样造成×湖周边环境的变迁。

---

① 访谈对象：L 某，男性，65 岁，W 村隔壁村人；访谈时间：2023 年 8 月 27 日；访谈地点：村民家门口。

图1 村民生产生活垃圾以及乱倒现象展示（2024年1月14日笔者摄）

　　除此之外，现在村里年轻人的生活节奏比以往更快，他们为了给子女和父母提供更好的生活条件，经济压力大，大部分年轻人没有时间打理也是垃圾处理不当的重要原因或者无形当中被忽略。生存方式转变、生活节奏加快、生活水平提高，让大部分年轻人们不再有时间和心思节约用水和清理垃圾。在村里接受采访时，一些老人表示他们依然不舍得丢塑料袋，只要是能用的东西都在重复使用，包括现在有了自来水，还是为了省钱用老式井打水喝，即便有了洗衣机他们更多还是选择手洗。随着生产方式的现代化，年轻人的生活方式发生了改变，逐渐减弱了过去集体传统生态文化的影响力，对村庄环境产生了影响。从某种意义上来讲，这种生活方式的改变使村民成为了新的环境"加害者"。

四、个案呈现社会治理现况及困境

（一）社会问题及治理基本情况

1. 农村社会水污染现状

　　当谈及农村水污染治理议题时，应当倚重数据，只有利用科学数据作为指南，才能深入了解和分析这个问题的根源，并探寻解决问题的正确方案。笔者选择 2017 年流域农村社会的水污染数据，以展示农村社区水污染来源的现状。

× 湖流域农村社会水污染主要来自于面源污染，包括生活污染、畜禽养殖污染，以及农业种植污染三种类型。2017 年流域农村人口为 9.6 万人，根据 L 县水资源数据，在整个流域农村社会水污染来源中，生活污染在整体水污染中占据了较大的比例，分别为 17.54% 的 COD、19.84% 的氨氮、17.99% 的总氮和 7.2% 的总磷（见图 2）。原因在于由于农村生活水平的提高，几乎每家每户都配备了洗衣机、电饭锅和热水器等。随着家电的普及，人们使用的洗衣粉、洗衣液、洗洁精、洗发水、沐浴露等产品产生了大量含有磷和氮等化学物质的生活污水。首先是生活污水中洗浴污水产量最高，其次是洗衣污水，最后是厨房污水，其他污水仅占很小的部分。这主要指的是 × 湖流域农村居民生活污水的排放，包括家庭生活污水和农村社区的污水处理问题。不管村民将这些未经处理过的生活污水就近家门口直接排放还是通过水沟排入 × 湖，都会进一步加重农村水污染问题。畜禽养殖业也是造成农村水污染的重要因素，占比为 11.73% 的 COD、11.3% 的氨氮、8.65% 的总氮和 18.22% 的总磷。这主要是指 × 湖流域养殖场和农户养殖畜禽排放的废水和粪便。最后，农田污染在整体水污染中的占比较小，占比分别为 6.9% 的 COD、4.83% 的氨氮、17.44% 的总氮和 4.14% 的总磷。农田污染主要涉及农业生产过程中使用的化肥和农药渗入径流导致的水体污染。需要注意的是，上述数据仅代表了 2017 年的情况，实际情况可能已经发生了一定的变化，因此这些数据仅供 × 湖流域农村社会水污染来源大致参考。

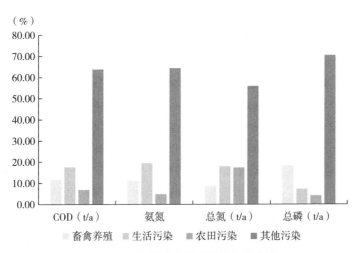

图 2　2017 年流域农村水污染负荷产量

资料来源：根据 × 湖水生态综合治理指挥部工作人员提供数据材料制作。

2. 农村社会治理基本情况

地方政府高度重视乡村环境治理和面源污染的有效控制，同时致力于改善湖水生态治理。为此，地方政府在×湖流域内的12个行政村，已经建设了污水处理站，并实现了污水集中收集统一处理。首先，地方政府针对村民的畜禽养殖业污染问题采取了一系列措施。在×湖流域内，全年全面禁止牲畜在湿地内放牧，以有效遏制畜禽养殖业对水体的污染。其次，鼓励村民逐渐改变家禽养殖方式，推动规模化养殖成为×湖流域农村经济发展的项目。为此，政府进行了畜禽粪污发酵池的改造，以实现畜禽粪便有序处理，减少排放对水环境的不良影响。与此同时，针对农业生产污染方面，地方政府在周边农村的21万亩水浇地实施了"水改旱"政策，推广旱杂粮和有机种植结构，以此减少水资源的浪费和农药化肥使用污染，从而改善生产和生活的水污染环境治理。这一系列措施的实施，为水资源利用和污染恢复以及保护做出了重大贡献。

3. W村概况

W村位于×湖湖岸的西北角，距离湖岸直径距离3千米，在呼阳路以南。村民社会经济来源以农业为主畜牧业为辅。据笔者调研发现，村里有汉族、蒙古族、满族等民族，长期以来多民族交往交流不仅促进了民族文化交融，形成了不同民族文化生态互补系统特点，农业与牧业形成了互补循环生态系统，农业为牧业提供了秸秆饲料，牧业为农业提供了家畜粪便土壤养分，为此在环境治理方面提供了丰富多彩的生态知识。W村北部为阴山支脉蛮汉山，东南部为盆地，盆地内有湿地、草场、湖泊、国家一二级保护动物等，生态多样性突出，水资源和动植物丰富，是本土生态知识和生活知识相对丰富的村落。

2016年以来，村民依靠承包土地发展村集体经济，村民通过政府将每亩土地以500元流转，大户通过政府承包村民流转的土地，种植高粱、谷子、黍子、大豆等有机旱杂粮（见图3），在努力打造有机旱杂粮产业的同时，减少了农药化肥对水环境的污染。W村属于水改旱和污水收集统一处理的实施范围内，被视为水环境治理重点村。该村农田水环境治理面积大约为2136亩，户籍数212户，常住户71户，常住人口124人，改厕户数132户。[①] W村以群众参与共建清洁家园，宜居村庄为指导思想，动员多元治理主体，共同致力于水污染环境治理工作。对于农村水生态治理项目，地方政府还将城市供水设施自来水接入每个村民家庭中，并倡导居民使用智能水表，通过按量计费的方式激发村民节水意识。如上文所述，笔者认为，以W村为个案呈现社会治理实际情况和困

---

① W村村民委员会提供的数据材料。

境具有典型性。因此，笔者立足于 W 村为个案研究方法，2023 年 5 月开始到 2024 年 1 月多次前往调研地进行调查，采用入户访谈和发放问卷调查两种方法相结合，深入了解村民对水污染产生和治理，以及意识和行为上的实际配合情况来探讨社会治理困境。

图 3　有机旱杂粮种植基地以及推广公示牌（2023 年 8 月 25 日笔者摄）

（二）社会治理个案

1. "三知互嵌" 应用案例

政府在乡村生活水污染治理中推进农村 "厕所革命" 是一个积极的举措。但在农村地区户外厕所已有悠久的历史，由于传统习俗和习惯，一部分村民不习惯使用室内卫生间（见图 4）。所以，让农村人改变这个习惯并适应室内卫生间需要一定的时间。实地调研发现，村里建设了四到五间户外公厕（见图 5），提供给那些不习惯使用室内卫生间的村民。

图 4　室内卫生间（2024 年 1 月 14 日笔者摄）　　图 5　村里户外公厕（2013 年 11 月 2 日笔者摄）

案例一：

村里有好几间公厕因为离家不远，我们去着很方便，所以散步就去户外公厕了。我们俩还比较年轻能走，如果走不动路了就开始使用室内卫生间。我们从小养成了上户外厕所的习惯，所以不太习惯使用室内卫生间。还有村里偶尔停电，所以我们家几乎很少用室内卫生间，村里也有人使用室内厕所。[①]Z某：家里即便有卫生间，但想想在家里大小便，我个人觉得很脏不习惯，从来没使用过。室内卫生间在家里使用肯定会有味道，但我们家的情况还好。村里有些家庭即便很少使用室内卫生间也会有臭味。[②]

地方政府的改厕措施，是否满足社区居民的需求，是决定污染治理成败的关键。农村改厕是生活水污染改善重要措施，村民是否使用决定了污染治理效果。再好的厕所村民不使用，浪费了公共资源的同时，又没达到改善治理效果，使所有努力变得毫无成效。据日本学者鸟越皓之提出的"科学知"和"生活知"区分的概念，笔者认为，农村生活水污染治理中的改厕，室内卫生间属于技术性治理"科学知"产物，当地人利用自己的经验和智慧建设的传统茅厕是"本土知"产物。然而政府考虑村民生活系统和村民需求的户外公厕，属于利用"科学知"和"本土知"两者有机结合的产物。而且，以生活者视角考虑了村民不习惯使用室内卫生间这种生活习惯，在此基础上利用居民本土知识传统茅厕改造完成的户外公厕，不可否认笔者认为这属于完美的"三知互嵌"应用产物。满足了村民生活需求，同时达到了治理目的，那么治理效果必然会提升。通过此案，政府制定的政策是否改善治理效果，"科学知""生活知""本土知"三者同时参与规划是重要的支撑因素。"生活环境主义"起初本意也不是说否定"科学知"，是"科学知"在解决环境问题时遇到困境，确认"生活知"不产生二次公害的前提下，利用"生活知""本土知"有机结合来打破环境治理困境（嘉田由纪子，2000）。

2. 村民生产绿色转型与收入提升

2016年开始 × 湖周边农村社会治理措施，在"水改旱"实施中采取对受到影响的农民进行生态补偿机制，试点补偿发放农民施用有机肥、高效低毒农药等举措。通过实地调研发现，"水改旱"政策实施以来，不仅减少了水污染产生途径，也提高了农民收入。为了保护 × 湖和乡村水生态的治理，水浇地改为旱地经营，同时政府不提倡种植玉米，种植有机旱作农业谷子和黍子、高粱等旱杂粮

---

① 访谈对象：C某，女性，68岁，W村本村人；访谈时间：2024年1月13日；访谈地点：村民家中。
② 访谈对象：Z某，男性，64岁，W村本村人；访谈时间：2024年1月14日；访谈地点：村民家中。

后，不让施（使）用化肥和农药，全流域施有机肥，既减少了农业污染，又节约了水资源。

2020年相关数据显示，有机旱作农业粮食产量达到0.41亿斤，比2019年粮食产量0.49亿斤减产0.08亿斤。但由于黍子、高粱、荞麦、大豆等是有机绿色农产品，价格上浮，2020年有机旱作农作物纯收入为2284.90万元，比2019年2185.08万元增收了99.82万元。

虽然每亩耕地的产量相比之前减少，但通过调整种植结构、发展有机旱作农作物，实现了以质补量的效果，实现了减产不减收入的效果。这项环境治理政策，符合建设现代化国家的内在发展要求，使村民形成了绿色低碳的生产和生活方式。通过免费发放有机肥和低度农药等"奖励品"，激活了村民的责任主体意识，为个体亲和环境行为与资源善用意识的养成提供了重要基础。不仅如此，从居民生活体系思考提高了村民收入，从村民生活环境质量思考，更是有效减少了污染物对村庄的影响，进而改善了村民的健康生活环境。政策还引导居民转变生活方式，鼓励低碳出行、节约能源等，塑造了绿色低碳的生活方式。这种环境治理政策以奖惩形式拓宽了每个村民生产生活绿色低碳方式参与环境治理的途径，为每个村民个体环境治理意识与保护行动搭建了桥梁，有利于地方政府生态治理与脱贫同步改善以及助力乡村振兴战略的实施等多项工作同步推进的目标。推动环境治理与保护，我们不仅需要法律保障，还需要奖惩制度，双重保障能使绿色生产生活转型以及资源善用意识快速形成，水环境保护从"善治"达到"善果"的目标。

（三）社会治理困境——基于村民访谈和问卷调查分析

1. 对村民畜牧养殖业发展的影响

由于"水改旱"政策导致的玉米种植减少，不仅会影响农业产量，更主要的是会对畜禽养殖业的发展产生影响。随着水生态治理流域农村社区禁牧政策的实施，畜牧业逐渐转变为以圈养为主的饲养殖方式。玉米种植受限，直接影响到畜禽养殖业的发展，因为玉米青贮、玉米粒和玉米秸秆都可以用作饲料。由于"水改旱"政策下玉米吸水性较强，现阶段禁止种植玉米，再加上为了减少畜牧业对水体的污染而禁止放牧，导致水生态治理的实践层面出现了农民养殖业收入减少的情况。牛羊不吃有机旱杂粮高粱秸秆，无法将其作为饲料，况且近两年玉米价格较高，因此养殖业成本必然会有所提高。

案例二：

家里有30多头牛。关注水生态治理。近两年饲料和玉米都涨价了，牛的价格却下降了。现在卖个牛犊才5000~6000元，好的时候能卖10000多元。30多头牛一天最低的养殖成本也要200~300元。近两年养牛赔钱，牛价太低，都不敢喂饲料，只能喂玉茭面（本地话，指玉米）。近两年玉米又涨价了，只要牛饿不死就行。我都是自己干，不雇人，否则就更赔钱了。家里有两个学生，一年花费不少，经济压力比较大。[1]家里养了将近100只羊。前几天买了4000多斤玉米，花了6000多元钱。那这些还不够，还得再买一次才差不多够一年。这两年羊的价格太便宜了，一只羊差不多只能卖500~600元，买一斤玉米要1.5~1.6元，一斤羊肉18~20元不等。小羊一只400多元，一般的中等羊500元一只，最大的羊600元一只。[2]

通过与养牛户和养羊户的访谈，发现在水生态治理过程中未考虑农牧业互补循环生态系统，导致村民畜牧养殖业的成本增加，阻碍了村民畜牧养殖业的发展。这不仅反映了村民的短视利益思维，也揭示了在决定生态治理政策时，由于未充分考虑本土生态文化的参与，因此加重了部分农民的生存压力，表现出社会层面所面临的挑战。

2. 村民个体理性与集体理性困境

鸟越皓之等发现，生活者为了保护社区环境，不会做出破坏环境的行为是理性的。然而，农民生活者的理性在于，当个人利益与群体利益发生冲突时，他们很容易陷入个体理性与集体理性的困境，没有人愿意为水污染买单。个人越是做出对自己有利的选择，对集体就越是不利。同样的情况也适用于上文所述案例，政策的初衷是为了进行水生态治理，在农业生产层面禁止种植玉米以节约水资源。但是，这在农民的生产实践过程中产生了一些负面影响，背离了政策，对村民的牧业收入造成了影响。现在的村民和以前传统村民的不同特点在于经济理性，一旦自身的生存方式受到威胁，村民往往会采取抵触逃避的方式应对，甚至为了生存会出现破坏性利用的情况，例如，偷偷放牧。在调研途中，笔者看到有村民放牧，随后访谈了一位放牛的村民和一位放羊的村民。

案例三：

虽然政府的政策挺好的，夏天不能直接放牧，但我们可以进入网围栏内割草，这对我们来说已经足够了。关键在于夏天养殖规模大户割草并非容易，工作量太大。我家只饲养了六七头牛，还好应付得过来，没遇到什么问题。但对

---

[1] 访谈对象：L某，男性，43岁，W村本村人；访谈时间：2024年1月13日；访谈地点：W村外放牛途中。

[2] 访谈对象：B某，男性，70岁，W村本村人；访谈时间：2024年1月12日；访谈地点：W村外放羊途中。

于超过 30 头以上的养殖户来说，情况就不同了，他们可能必须放牧才能维持生计。在"水改旱"政策实施后，依靠降雨种地已无法提供足够保障，因此许多村民选择将土地流转出去，转而依靠牧业补贴来维持生活。他们也需要生存，不让放牧对他们而言是无法接受的。现在政府也尽力解决这种情况，养殖户不是不愿意配合，而是实在没有更好的办法。如果围栏外可以放牧，可能就会缓解这种情况。最近几天政策稍微宽松了些，人们白天可以放牧，但也不是完全自由，只要不进入湿地内就可以了。虽然夏天仍有限制，但冬天可以。因为现在土地都是机械化种植和收割，这样会浪费许多粮食和饲料，如果冬天不让放牧，将会浪费掉这些资源。就像我们种地是人工收割，例如，我们家的高粱能打 700 斤，大户人家的高粱就只能打 600 斤，比我们家少打 100 斤高粱，那 100 斤高粱就全在地里。但是人家还是比雇人工便宜，所以大户也没办法机械收割。[①] 如果完全不允许放牧，我们就无法维持养殖生计，一半喂食一半放牧，现阶段维持养殖业也很困难了。[②]

这个案例似乎从生活者的视角来看待问题，并不一定完全正确。这也揭示了一些学者对生活环境主义存在的误解点与科学知识对立的一面。其实，在本章的理论部分中，笔者也对这一问题进行了讨论。"生活者"并非适用于所有情境的观点，"生活者"必须在经过辨别和证明没有负面影响的情况下才可作为政策参考。不仅如此，假如站在当地居民的生活体系思考问题，当地居民做出破坏环境的行为，应该受到批评以及指正。就目前而言，如何站在"生活者"的角度突破个人理性与集体理性的困境是值得我们去思考的问题。尽管鸟越皓之等揭示了利用地方信仰来解决这一困境的方法，但在我国农村地区村民个体的信仰差异性较大，需求也非常多样化。因此，用这种方法来制止村民偷偷放牧行为显然是不切实际的。相反，这种信仰更适合传统社会的应用。由于当今社会，市场对村民的生活影响越来越大，个人理性与集体理性之间的鸿沟不断加深。农牧业市场化深化了对大自然的无限拓展。1981~2007 年，据村民描述 W 村的大部分村民都是渔民，他们在 × 湖捕鱼、游泳，对 × 湖怀有深厚的情感。然而，现在村民与 × 湖的情感不再依赖于传统的捕鱼方式，而是转向农牧业生产方式，面临着根本性的生计变迁。正因如此，在前面提到的生产水污染治理实践中，个体村民的理性行为导致了集体的非理性偷偷放牧行为，以及对水污染治

---

① 访谈对象：S 某，男性，68 岁，W 村本村人；访谈时间：2023 年 11 月 3 日；访谈地点：W 村外放牛途中。

② 访谈对象：B 某，男性，70 岁，W 村本村人；访谈时间：2024 年 1 月 12 日；访谈地点：W 村外放羊途中。

理缺乏配合和破坏性利用等情况，针对这些问题利用地方信仰突破两难困境纯属于"异想天开"。

3. 村民偷懒行为困境

詹姆斯·C.斯科特提出了关于农民社会中的互惠制度和生存策略的观点，他指出，一旦互惠关系受到威胁，农民就会产生抵触情绪（王晓毅和梁敬东，2009）。在他的《弱者的武器》中，提到了当农民感到生存压力增大时，他们更多地通过偷懒和装糊涂等日常生活行为方式来表达不安（詹姆斯·C.斯科特，2011）。这种情况同样适用于水污染治理中，村民在行为上表现出不配合。尽管村民在意识上关注生态治理，但并不意味着他们在行为上会完全配合。很多时候，由于生存方式的改变和不适应，村民会通过日常生活中的行为来释放这种不适应压力。例如，虽然大部分村民家中已安装了污水处理设备，但他们仍然会选择在家门口直接排放污水。因此，当生产水污染治理导致村民生存压力增大时，村民通过日常生活中对水污染治理行为上的不配合来表达自己的不适应。

案例四：

自来水有用，下水管道没用。家中洗脸、洗衣服、洗碗水就倒在院子里。咱们也不用室内下水道，年龄大了用不惯，用过的水就泼到外面，家门口也不远。①

在调查过程中，调查者询问受访者是否曾在×湖洗过衣服和蔬菜等。受访者回答没有，并表示那不可以。据这位村民描述，他和大部分村民曾在×湖打过鱼、游过泳，但很少洗衣服等，因为担心水污染问题。这意味着村民明知在门前无序排放污水会造成环境污染，却仍然选择直接排放。可能有两种原因：一是养成了坏习惯，二是如詹姆斯·C.斯科特所描述的，属于日常生活中的偷懒形式。据这位村民描述是关注生态治理，但村民对于生态治理的关注并不等同于行为上的配合，很多时候由于生存方式的改变和不适应，他们会以日常生活中应付的态度来表达。那么表2~表6将问卷调查结果分析展示村民行为与意识的差异，来继续深度探讨此问题。

表2 受访者的基本信息

分类	变量属性	人数（人）	占比（%）
性别	男	31	62.0
	女	19	38.0

---

① 访谈对象：C某，男性，72岁，W村本村人；访谈时间：2024年1月12日；访谈地点：村民家中。

续表

分类	变量属性	人数（人）	占比（％）
年龄	41~50 岁	2	4.0
	51~60 岁	7	14.0
	61~70 岁	21	42.0
	71~80 岁	20	40.0
民族	汉族	46	92.0
	蒙古族	3	6.0
	满族	1	2.0
受教育程度	未受教育	10	20.0
	小学	22	44.0
	初中	13	26.0
	高中	5	10.0
职业	农民	46	92.0
	工人	1	2.0
	私营业主	2	4.0
	村镇工作人员	1	2.0
出生地	本地（本村）	45	90.0
	本镇（以外）	4	8.0
	内蒙古自治区（外）	1	2.0

对问卷"是否安装上下水管道设备？"的回答上，受访者 50 户中有 48 户回答已安装，2 户回答未安装（见表 3）。

表 3　安装下水管道设备情况

	人数（人）	占比（％）
是	48	96.0
否	2	4.0
总计	50	100.0

对问卷"是否使用自来水？"的回答上，大多数村民回答使用，占比为 80.0%，回答不使用的占比为 20.0%（见表 4）。

表4 自来水使用情况

	人数（人）	占比（%）
是	40	83.0
否	8	17.0
总计	48	100.0

对问卷"是否使用下水道和室内卫生间？"的回答上，有76.0%的村民回答使用，回答不使用的占24.0%（见表5）。

表5 下水道和室内卫生间使用情况

	人数（人）	占比（%）
是	38	79.0
否	10	21.0
总计	48	100.0

对问卷"是否关注水生态治理？"的回答上，回答十分关注的村民占18.0%，回答关注的村民占34.0%，回答比较关注的村民占32.0%，回答不关注的占16.0%，整体上关注度较高（见表6）。

表6 村民关注水生态治理意识情况

	人数（人）	占比（%）
十分关注	9	18.0
关注	17	34.0
比较关注	16	32.0
不关注	8	16.0
总计	48	100.0

从上面问卷调查结果得出大部分村民比较关注生态治理，常规分析总体环境意识比较高。可是，入户访谈调查发现，大部分村民在口头上回答支持硬件设备的使用以及对生态治理关注，比例分别高达83.0%、79.0%和84.0%（18.0+34.0+32.0）。相反在实际行动中却表现出敷衍态度，包括假装顺从、装糊涂、开小差、偷懒等现象。入户访谈调查发现，许多村民家中的污水处理硬件设备上堆满了各种生活杂物（见图6），很明显并未被使用。

图 6　村民污水处理硬件设备（2024 年 1 月 12 日笔者摄）

4.公共领域水污染治理配合困境

上文中提到过，由于农田水环境治理与村集体经济的同时推进，承包户通过政府承包村民土地，对于生产水污染治理方面的配合度不高。在生产水污染治理中的农业面源污染控制，如四控（控水、控肥、控药、控膜）当中的控地膜因每年承包户不稳定，大家只考虑当年收成，而忽视秋收后地膜的处理（见图 7）。这不仅对土壤生态系统产生影响，而且对水污染治理效果不佳增加了治理风险。

图 7　农田地膜处理情况（2023 年 11 月 1 日笔者摄）

案例五：

如果由同一个人长期负责种植，他会出于自身利益清理地膜，为下一年的种植打好基础。而如果每年种植者不同，那么肯定就不会有人去关注生态问题。现在由于水生态治理不让灌溉，靠天吃饭，种地没保障，依赖老天爷给你打多少粮食，就收获多少粮食。因此，没有人愿意种地，为了维护农村社会的稳定，国家应该制定相关政策。例如，下次的农业政策可以考虑设定种地年限，让种植者对土质、土壤，生态环境等问题有更多考虑。这样他们会有责任维护这片土地。如果是当年由张三种植明年由李四接手，显然他们不太可能考虑土质、土壤等问题，更不可能保护生态环境。[①]

这里土地并不是承包大户的，因此他们既不关心生态治理，也不考虑土质土壤。在短期内，他们更倾向于追求"费用最少、效益最大"的原则，以尽可能增加农业收入、减少成本和劳动力，从而导致水生态治理在社会层面上表现不尽如人意。然而，笔者认为这正是德国科学家哈丁所提出的"公地悲剧"理论在这里的具体表现，影响生态环境治理效果产生的治理困境。

五、挖掘创新"三知互嵌"强化治理路径

×湖流域属于草原文明和中原文明水乳交融的地理要冲，形成了农业与牧业循环互补利用的生态系统。农业为牧业提供了植物秸秆饲料，而牧业则为农业提供了有机肥料，使两者相互受益。这种生态系统融合了各民族的生产与生活智慧，并且在历史长时段形成了很强的地方适应性。孟和乌力吉指出，地域环境问题缺乏有效治理政策就极有可能引发生态治理效果不佳，提高治理风险，而挖掘利用本土生态知识对于生态环境治理与保护具有相当大的研究价值。其实，当治理民族地区生态问题时，在加大调研力度的同时挖掘生活知识和本土知识，与科学技术搭配创新发展，才能解决 21 世纪复杂多样化的环境问题，打破生态治理困境。例如，在本章治理案例中，由于村民"生活者"的角度参与环境治理政策的缺失，忽略了"生活知"和"本土知"的参与，引起的治理困境加大了治理风险。首先在环境政策制定时，村民发展的需求不能忽略，其次再去制定如何保护环境。生活环境主义认为居民有利可图就会积极的应对环境保护。同样适用于本章研究，如村民意识到环境保护对自己畜牧业发展不利，使利益失衡导致部分村民偷偷放牧或者生活层面水污染治理不配合的情况发生。在很多情况下，如果环境保护是站在村民视角制定的政策，那么村民往往往往更容易配合。因此，地方政府制定环境政策时，出于整体大格局考虑没有顾及村民发展的需求，忽略了一部分村民畜牧业发展的需求导致治理困境。在这种情况下，村民可以成为生态保护与治理的承担者，发挥本土力量参与水生态治理与保护行动当中。

政府决定环境治理政策，不仅要从本地居民的生活文化与本土文化出发，更

---

① 访谈对象：L某，男性，58岁，不是W村本村人；访谈时间：2023年8月；访谈地点：W村外村民地里。

要重视村民生产生活实践中产生和积累的本土生态知识与生活文化实际情况为根据制定环境治理政策。还要注重"三知"结合创造性转化与创新性发展，只有符合现代生活的需求，才能有助于维护生态的平衡运行，以此来达到事半功倍的环境治理效果。笔者认为，×湖流域作为半农半牧民族地区，在环境治理中理应顺应农牧民族文化特色，用生活知识和本土知识拉近村民与环境之间的距离，可以更容易激发各民族群众参与环境治理的积极性。因为文化没有固定的模式，多元文化可以在生态文化建设中更能体现出独特魅力。在治理日本琵琶湖水污染中，参考日本环境社会学将环境治理要素纳入居民的生活文化系统，所谓"认亲"方式是将环境治理与生活文化两者建立亲密关系的方式联系。如果想要转变村民与水生态环境之间的距离，不能仅依靠村民主动维护，要重新以"生活知"与"本土知"等文化拉近村民与环境之间的距离。例如，本章案例中可以将农业文化和牧业文化结合点融入水生态环境理念中。再如，将农田水污染治理中的有机旱杂粮种植基地改造为农田观光旅游区。通过这种方式来增加农民收入的同时减小了农民的生活压力，填补了本章案例中畜牧养殖业成本提高而产生的损失。这样做不仅可以减少人与环境之间的情感距离，也可以激发居民群体参与环境保护的积极性，只有与当地居民的生产生活相联系，让村民有利可图才能有效激发农村社会群体的环境保护内生动力。

六、结论

本章从"生活者"的角度出发，认为水污染治理效果不明显主要有以下两个原因：

（1）由于水污染治理村民生计方式变迁，没有充分考虑农牧业之间形成的生态循环系统使部分村民生存压力增大，从而出现了村民生活层面偷懒行为来表达不安，导致了村民对水污染治理政策配合度低的困境。

（2）在生产水污染治理中，村民个体利益与集体利益发生冲突时，村民出于经济理性出现了偷偷放牧等破坏性行为以及地膜不回收等情况频繁发生，导致"边治理"和"边污染"困境。最后提议，在生产规模化、产业化的今天，在民族地区决定环境治理政策时，充分考虑农牧业之间构成的生态循环体系中的本土生态知识依然十分重要。生态治理政策不仅需要考虑本土生态知识，更需要了解村民生产生活实践过程中把"生活知"的有益部分挖掘出来，并把它与注重技术手段的"科学知"结合创新使用，取长补短激发"本土知"和"生活知"的文化感染力，改善治理效果，突破农村社会治理困境。

第四章

辽南沿海村落生态景观调研报告

唯日 *

【内容摘要】自改革开放以来，我国农村地区发生了巨大的变化，尤其是 20 世纪 90 年代后，农民不仅解决了温饱问题，而且收入也有明显提高。市场化过程中农民的自主性参与给农业带来了发展，从而提高了农民的收入，与此同时带来了村落景观的变化。本研究报告基于辽南沿海 D 村的田野工作，从农业景观切入，论述 D 村农业转型中的村落变迁和农业景观建构的民族志，运用英戈尔德的"新生态学"视角的栖居景观来分析村落生活、生计模式和景观感知，从而得出村落社会的发展愿景。

【关键词】乡村振兴战略；村落；景观；发展

一、引言

本章以辽宁省大连市瓦房店市的 D 村为研究对象。D 村是位于辽东半岛西岸的一个海岸村子。该村西部邻渤海、南部和东部靠山、北部为盐碱地，因此形成一个结合农渔生产模式的村子。全村土地面积是 35460 亩（≈ 23.64 平方千米），其中山地和林地面积是 3500 多亩、耕地面积是 13000 多亩、养殖水面面积是 3500 多亩。D 村有 1000 多户，全村人口有 3200 多人（据 2020 年全国人口统计），由汉族、满族、锡伯族和回族的人口组成。该村 60 岁以上的老人有 800 多人，占总人口的 1/4，是村中常住人口的主要组成部分。[①]该村主要劳动力是中年人群，也是常住人口的主要组成部分，日常在村中很少看到年轻人的影子。

D 村由 5 个屯子（自然村）组成，有 9 个村民小组。其中，1 组和 2 组是一个屯子，3 组和 4 组是一个屯子，5 组和 6 组是一个屯子，这 3 个屯子以靠山聚居为特色，农耕地面积比沿海屯子较多，村民主要种植的农作物是果树、粮食和蔬菜。而 7 组是一个人口较少的沿海屯子，村民以捕捞海货和养殖海产品为主。

---

* 唯日，内蒙古大学 2019 级民族学专业博士研究生。

① 2021 年 9 月，D 村村委会委员提供的数据。

8组和9组则是一个沿海聚居的屯子，该屯子耕地面积少，捕捞海货和海产品养殖是村民收入的主要来源。从D村9个村民小组的土地利用可知村民主要是"靠山吃山"和"依海为生"的生计模式。

从2000年开始D村的土地利用方式发生了变化。中国集体化时期结束，土地承包制的实施对于部分小村庄的农业和渔业上的影响很大。但对于D村来说并没有带来很大的变化，在D村每户人家的土地面积小又要交粮的情况下，土地承包制对村民的种植选择上没有带来变化。2006年国家取消农业税，无需交粮、无需交税的D村农民开始进入市场化中，开始改变他们的种植物种类和土地利用方式，把农产品和海产品卖到市场上，这使村民的生活水平大大提高。在尝试新的种植物过程中，当地的"能人"起到了"带头人"的作用。也是在2005年前后，D村第一代进城农民工的大部分村民回到家，他们在参与到农业时，将在城市或外乡看到的农作物以及种植方法带到了村中。由此，可以把D村第一代进城的农民工理解为进入市场化的"带头人"和改变农业经济景观的探索者的一部分。

关注普通村落的社会和经济是了解乡村振兴的最平衡的地点，本章的D村既不是明星村也不是空心化的村落，只是千千万万个普通村落之一。笔者从村落景观入手关注村落社会和经济并不是对田园风景的美好想象，而是在市场化和城镇化占据很大空间的今天，D村的村民如何进入市场化？这当中村落景观又有什么样的变化？新农业景观的形成又如何影响村落社会生活和村民的选择？

首先，本章运用的景观理论的"景观"一词的英文是landscape，词根是land，因此可以知道景观与土地有紧密联系。自古以来农民与土地有着不可分开的关联性，衣食住行、权力以及观念都与土地息息相关。D村的村民在地表上的行为实践构成农业文化景观。本章所指的"农业"是指广义农业，即种植业、渔业、畜牧业、林业、副业五种产业形式。D村村民主要经营蔬菜种植、果树栽培、海参圈养殖、育苗室、养羊等第一产业。根据D村村民的农业经营种类，加之景观理论，本章的农业经济景观一词指的是D村的蔬菜种植、果树栽培、海参圈养殖、育苗室、养羊等农业活动。本章指的农业经济景观与观光农业景观有所不同，它是村民进入市场化过程中的个体户的选择，是农业经济作物最后走向市场的商品。

国内关于景观人类学的研究集中在建筑、风景、特色村落和乡土文化景观上，并且都有获得政府大力支持或企业投资的背景，尤其以旅游业为主的研究地点。本章研究对象D村的农业转型并不是景观设计师或当地政府参与后形成的农业经济景观，而是村民在市场化和城市化过程中自发性的行为下形成的农业经济景观。此外，D 村经过农业转型后，商品性农作物给村民们带来了更多的收入，它与从前的 D 村传统农业有很大的区别。由此，D 村村落整体景观也发生很大的转变。因此，农业转型对村落发展、农户增收、城乡双向流动及不同人群对村落景观的认识等各方面都有新的变化。

其次，本章借鉴英戈尔德的"新生态学"视角下的景观研究。在市场化过程中，村民经过多次的摸索和互相模仿，在失败和成功中不断地探索农业经营的最大利益。在这当中村民是自发性的尝试和参与。D 村村民的不断尝试和农业转型过程中人与自然（农业）之间的关系是互动的、动态的。英戈尔德提出的景观研究的视角，即英戈尔德把景观视为一个不断生成的运动过程，并且他认为人类与生态环境是共同被编织进景观的纹理中。温铁军和张孝德（2018）提倡的中产阶级，也包括农民中的"能人"成为自主发展的主体，乡村中培养这种主体地位的农民社会才能稳定。农村的小规模生产与大市场环境的有效接轨中，村民的景观感知和自发性发挥着重要作用。

总的来说，基于 D 村的农业转型个案研究，从农业经济景观视角分析现代农民的生活实践和经济行为。在农业发展和景观变化的交叉点去研究 D 村村民在农业发展中对村落景观的感知是本章的研究创新点。

二、D 村家、屯、村的景观

（一）家：生活的景观

与全国其他村庄相似，自联产承包责任制之后 D 村村民也经历了进城务工、种植经济农作物、招商引资发展本村社会经济等过程。1983 年当地实施联产承包责任制，按照人口分土地、土地分等级、户主抽签选地、每户承包了不同等级的土地，因此该村村民分到不同地段的田地和少量苹果树。实施联产承包责任制后人们依然继续种植玉米、大豆、高粱等粮食农作物。村民交完公粮后剩余的都是自己的劳动成果，由此人们的积极性有了提高。同时，村中出现潜在的劳动力剩余现象。20 世纪 80 年代的全国性人口大规模流动潮中也有 D 村村民的影子。1985 年后 D 村部分年轻人开始在农闲时或家中有足够劳动力的情况下陆续进城务工，多以做包工头、在工地工作、做装潢等出力气的工作为主。这些年进城务工的村民中在城市定居的占少数，多数人是城乡之间来回奔赴，并且多数是无固定的工作地点和时间，按照自己的情况和机会来定。一位村民回忆进城务工的情况时这样讲。

20 世纪 80~90 年代，我们出去务工时农村务工者的收入较低。以 1986 年为例，在城市工地工作一天只能获得 6 元的工资。当时，务工者往往通过熟人介绍才能找到工作机会。尽管工资水平相对较低，但对于农村人来说，这是除了农业种植之外的另一种收入来源。随后，随着时间的推移，工资普遍上涨，进城务工的农民获得了更多的收入。在此期间，大连市作为一个例子，做包工头能够赚取一定的财富。然而，购买车辆等大型物品通常需要通过外出务工来实现，否则仅靠农业收入难以实现这些目标。因此，随着进城务工者的收入增加，他们有了更多的经济能力，常常会将资金用于翻新房屋、购买农业机械设备、购买汽车等用途。①

进入 21 世纪后，大城市的房地产发展变得缓慢，在城乡之间流动的村民也慢慢回归村子。此时，几乎同一时间段开始在村中养殖海产品和栽培桃树等。村中新兴的商品农业给村民带来了动机，靠山的村民栽培桃树，靠海的村民做海产品养殖和捕捞工作。当然并不是完全分开的，少部分靠山的农民在海边承包土地做海产品养殖，靠海的渔民在分到的 2~3 亩地上栽培桃树。部分村民开始投资商品农业，新的土地经营模式也开启了村中的雇佣关系。再到 2010 年时，村民开始大规模栽培樱桃树苗。这时村中的雇佣关系升级到每个屯子都有工作小团队，每个小团队都有一个"小领导"，本村或其他村村民如果需要雇人工作可以找这个"小领导"，此人在自己的小团队范围内找人完成工作。2021~2022 年在育苗室工作一个小时 20 元，在果树园工作一个小时 15 元，种玉米一亩地 70 元等，不同工作有不同的工资。村中也有部分男性以捕捞海参作为职业或副业，在当地捞海参叫作"碰参"，也有几位村民做收购海参工作。因此进入 21 世纪后村中兴起海产品养殖和栽培果树，这时村民之间出现了雇佣关系。在这当中投资商品农业的村民和打工的村民都有了各自的除出售粮食以外的收入。村民的收入提高与村民生活水平的提高是正比关系，也与村落景观发生变化是同步的。

随着村民的收入提高，除部分独居老人和闲房以外，多数人家都翻新了房屋。20 世纪 90 年代到 2010 年，很多人家都翻新房屋，翻新房屋的建材也发生了很大的变化。以前是泥石结构的矮小房子，现在变成红砖水泥墙上贴白色瓷砖的又高又宽的房子。以前泥石房的石头是村民从山上捡回来的，现在的红砖房是从建材厂买来的。在市场化的影响下，从建材、劳动力到装饰都是我出钱你出材料。因此建材的适用和充足再加人力的结合下现在的房子有了能够防洪水、采光

---

① 2022 年 6 月采访 D 村一位做过包工头村民的第一手资料。

充足、不漏水和挡风等各方面的升级。虽然房屋翻新，但房子的长度或整个院落的大小并没有变化，都是在原来的基础上改造。房子前面是院子，院子里有东西厢房（有的家厢房只在一边），在西面紧挨着厢房有鸡窝、羊圈、猪圈和厕所，在东面紧挨着厢房有柴火棚或车库。厢房也是从泥石变成红砖房。村民说"比起以前现在几乎家家户户都有能力养鸡鸭猪等家畜了，窝还比以前越来越好，以前的人都吃不起饭，哪儿有余粮喂猪鸡鸭"。从中可知，农家院中的家畜种类越来越多，而且棚圈也有改造。在翻新房屋的同时院里铺好水泥地，从而使院中更整洁。

尽管房屋和院落的景观发生了变化，但年轻人的影子日益减少，村民也表示没以前热闹了，但院落中依然保留着传统文化的元素，尤其春节时期。并且传统的喜庆装饰与现在的房屋前面贴的白色瓷砖很受当地人的喜好。例如，在春节封门习俗中，每家门窗、窗垛子及大门上贴彩，彩一般有对联、福字及图画。彩上有祝福语和图案，祝福语有"招财进宝""福旺财旺""福星高照""家和万事兴"等都是美好的祝福词，图案有鱼、元宝、小孩，代表了多余、财富、儿孙满堂的寓意。此外，在街门口对着自己家大门在木板子、砌的墙或大石头上贴"出门见财"等祝福语的彩。彩的底色是红色，表示喜庆、红红火火，上面的字是黑色或黄色。其中，守丧的人家不贴彩，只挂灯笼。在除夕前几天或当天封门时家人必须都要在家才可以贴彩，如家中有从外地回来的成员会一直等到家后才贴彩。有的人家会选择除夕晚上贴彩、挂灯笼然后请神，"请神"意为在后门的位置挂族谱，摆供桌，请祖宗回家过年。请神的人家在院里摆放两排木棍和草，叫作"拦马棍"，这表示祖先是骑马坐车回来的，所以给马和车准备的场地。因此在春节时期农户家贴彩后村中的喜庆氛围很足并形成节日的景观。

D村在渤海东岸，属于温带大陆性季风气候区，四季明显，该地区正处于风口处，夏天东南风、冬天西北风较多，而且风力大。出于对气候的考虑当地房屋院落布局或位置安排有着当地的说法。从家畜圈窝的位置可知地方知识。前文提到几乎所有人家都会把家畜圈窝搭在院子的西南边位置。对此村民的解释是在西边的话早上太阳出来就能够照在圈窝，这样圈窝内会暖和家畜就不会冷，还有一种说法是搭在西边的话不会闹病灾，而在东边的话家畜就会闹病或者身体不会强壮。此外，有些人家考虑到猪圈味过大就把猪圈搭在院外紧挨着墙身，这样院内猪圈味会小一些。村民们搭建猪圈对于在院内或院外也有他们的风水理解，村民们认为，猪圈搭在院内西南部猪长得又大又肥，而院外养的猪并没有院内养的猪大。这种风水观念的影响在部分年轻人和中年人当中会较少，他们更希望院内干净又无臭味。

在市场经济影响下个人家的房屋院落的布局和装饰都与村民口中的"过去"有着明显的变化。但变化中村民们依然保留着传统文化和风水观念。因此，村民的居住景观既有现代性的元素也有传统的元素。这样的景观使村落的房屋条件与城市的楼房更接近又让进城的年轻人节假日回家感受田园生活。

（二）屯：行为活动的景观

屯在当地有着自然村的概念，是聚居的地方，但是并不等同于行政村的小组。D村一共有五个屯，其中四个屯子分东西两组，因此总共有九个村民小组。1963年按照人口和土地分小组时，其中一个渔民屯的人口和土地都少，所以没有分组。一个屯的两个小组之间没有很明显的差距，因此本章为了更容易陈述以五个屯作为基本单位。D村的五个屯中三个屯是靠山屯，两个屯是靠海屯，因此村中出现了两种生计模式，村民们也是靠山吃山和依海为生。

屯中的家户房屋都是连着，甚至一排十户人家的房子是连着盖的。从远处可以看到，所有房屋不是正南方向，而是偏西南或偏东南方向。村民们认为，寺庙的方向是正南方向，因此农户把房子盖正南方向会无后人继承家业或者对子孙不利。也有村民认为政府、学校等公共场所可以是正南方向，公共场所对个人家的子孙并没有影响。笔者在靠海屯子的一家门口看指南针时该房屋的方向显示西南230°，在靠山屯子的一家门口看指南针时显示东南150°。不管是农民村还是渔民村大家都坚信房屋不能够朝正南方向。无论是从远处还是近处看，能看到屯中一排排整齐的房屋和偶尔在中间夹杂的泥石房。

春节刚过完村民们便开始收拾田地，把前一年堆放在田地里的玉米秆运回家当作柴火。然后家有桃树和樱桃树的人家开始剪枝，把剪断的树枝也运在家门口，整齐堆垛。因此，在春天时屯中街道旁就堆着很多柴火，有玉米秆和树枝。这些是村民们一年取暖烧火的柴火。老人们回忆困难时期总说到柴火问题，当时村民都没有可以烧火做饭的木头和玉米秆，连山上的草及草根都抢着拔，拿回家烧火。自从栽果树以来，村民们的柴火越来越多，甚至家里树多的人家都不烧玉米秆了，只烧树枝。在种植物的变化中村民家门口堆垛的柴火种类也发生了变化，堆垛的量也多了。

屯中以前的泥路在2011~2015年变成水泥路，说到水泥路时村民最先说的是下雨后走路方便了很多，以前下雨后的街道不是雨水就是泥潭，都不好走路，这是村民最烦心的事情之一。2016年安装路灯后晚上街道明亮了，人们吃完晚饭出来在路灯下打扑克或者聊天。2019年市县级政府拨款后村里统一给每户盖环保卫生厕所，按照每户3000元的补贴标准盖厕所。因此，全村每户的厕所都是一模一样，厕所墙上标注"环保卫生厕所"的字样。新盖的厕所给屯子的整体面貌带来很大的改变，而且对于村民来说更卫生了。从 2020 年开始村委会决定选出每个村民小组的收垃圾人员后，屯中的街道变干净了，人人遵守保持环境整洁的规定。村民们也说：自从在路上没有堆放垃圾之后，苍蝇和蚊子减少了很多。街道是屯子的公共场地，尤其在农忙和夏天时更明显，人们在街道上互相帮忙、唠嗑、打牌，小孩子则嬉闹玩耍。街道的景观保留着乡土风情。

在房屋方向及街道景观上农业屯和渔业屯基本上一样。虽然靠海屯子承包的土地少，但是近几年也有很多家栽果树或者把地租给别人种。渔业屯的特点之一是"养船"，意为家里有渔船，在 9~11 月出海捕捞螃蟹。所以在渔业屯中的养船人家有着明显的景观，即院内挂旗和街门口堆放很多捕捞螃蟹的笼子。挂旗是因为要看风向及风级，对于养船人家来说海上的风向和风级是至关重要的因素。虽然风大捕捞的螃蟹会很多，但翻船的危险性很大。渔民说"不怕下雨就怕刮大风，平时最关注的是风级"[1]。渔船出海捕捞期间停靠在海边海水里，到二十四节气的霜降时大部分渔船就"上坞"，天气变冷不得不停下来。在冬天和春天时养船家除补螃蟹笼子以外，基本上没有工作。在家门口摆放笼子，按照能继续用、需要补一补和不能继续用分类出来。渔民村的渔船是自己造船使用，都是木头制作的船只，在船身上记着船号，每条船都有使用证，而且每年需要检验才可出海捕捞。这些船在海岸沙滩上停放，到夏天时维修。除捕捞螃蟹以外，沿海屯子的另一个特点是赶海，虽然农业屯的村民也会来赶海，但他们主要是为了自己吃，而沿海屯子的村民是拿去卖，对于一些村民来说赶海是家庭收入来源之一。走在沿海屯子会看到很多堆积的海蛎子壳，是村民退潮后去赶海捡回来海蛎子，然后剥海蛎子，卖海蛎子肉后剩下的壳。在当地人们饮食习惯中海蛎子可以生吃、包饺子、炒菜和煮面吃，是一种经常吃的海鲜。工作类型的不同从而家门口的摆放物出现不同之处。虽然农业屯和渔业屯在房屋方向及其他某些生活必需品上一致，但是在工作类型的不同也出现了不同之处。因此，从整体上能够辨认出农业屯和渔业屯的不同景观。

D 村村委会西边有一座土地庙，这是笔者第一次在当地看到的土地庙。之后听村民说每个村民小组都有自己的土地庙。笔者观察了九座土地庙后发现，它是一个矮小的房子型的建筑，有的土地庙会有小院和石板。并且土地庙都在路旁，有的土地庙在交叉路口旁。对此当地人解释没有什么说道。当有人去世时家人去土地庙前报庙、烧香、放鞭炮。逝世后的三天内家属去土地庙送饭，一天三顿都

---

① 2021 年 9 月在 D 村海域海岸采访渔民的第一手资料内容。

要送，意为给逝者送饭。除此之外再没有其他仪式在土地庙举行。虽然土地庙的作用只体现在逝者仪式当中，但是从每个村民小组都去土地庙来看，它的存在价值也很高，一直以来传承的是传统文化。

屯子的整个景观一年四季有着明显的变化。例如，春天街道旁边会堆垛很多柴火，人们拿着各种种植工具在家和田地之间来回走；夏天早上和晚饭前人们管理菜园子，傍晚人们吃完饭坐在路灯下打牌、唠嗑；秋天开始秋收了村民们开着电动车拉回农作物，房屋顶上或玉米篓子里晾晒各种农作物；冬天的街道很安静但春节时很热闹，进城务工的亲人们回来过年，人们互相串门，屯中就会热闹起来。每个季节因村民的不同实践而形成的景观也不同。屯子是村民的行为活动的空间，也可以认为是社会文化生计活动体现得最为显著的地方。因此可以观察到村民们行为活动而形成的景观。

（三）村：多样化的农业景观

进入 21 世纪后 D 村开始多方面发展，实行了果树栽培、海产品养殖和经营育苗室的工作，投资参与者有本村人也有外地人。果树栽培在南山山坡，山坡的土壤对樱桃树和桃树的生长非常有利，从而人们租用别人土地或者从村委会承包荒山改造后栽培果树。春季到果树花盛开时，山坡一片桃花和樱花，风景很美。海产品养殖主要在海边和村北部荒沙地。海边养殖海参，海参需要大量的海水，因此沿海建设了很多海参圈。村北部荒沙地主要养虾，养虾不需要海水而是需要沙子。北部荒沙地从一个不长种植物的碱沙地变成养殖海参圈、育苗室和养虾地，从而给村委会带来了收入。育苗室也是在与果树栽培和海产品养殖后开展起来的产业。本村人或外地人承包村北部离海近的荒沙地盖房屋做育苗工作，这个地方以前建立盐场失败，而且由于是盐碱地村民无法种植农作物，于是在建设育苗室的那几年成为了首选地。当地育苗室主要育海参苗和养螃蟹。在村中有了这些新兴的产业后村委会收入有明显的提高，这成为村委会给村民发放福利的基础，除此之外，村委会有了做基础建设的资金。在 D 村村委会出 1/3 的资金加上市县级发放资金的前提下，村落中的道路、路灯、绿化等基础设施有了明显的改善。这与大连市新农村建设"六化"工程① 衔接。在农村基础建设得到较好的改善后，D 村多次获得市级和省级的奖励，其中有"文明村""优胜村""先进单位"等。这与新兴的三大生产模式紧密相关。新的生产模式也给村民带来了

---

① 大连市人民政府办公厅关于印发大连市新农村建设"六化"工程实施细则的通知（大政办发〔2010〕84 号）[EB/OL].〔2010-04-30〕. http://m.law-lib.com/law/law_view.asp?id=318673.

工作机遇从而村中有了雇佣关系。

1. 果树的栽培

D村的果树栽培有一段历史了。据村民回忆：

1949年前，该地区已经存在果园，大多数家族都拥有自己的树林、果园和田地。这些果园后来被集体归并到生产队所有，其中80%的果树是旧社会遗留下来的，而剩下的20%则是生产队种植树苗后开始结果。在生产队时期，果园占据了整个种植面积的1/5，有专门的组员负责管理果树。果园主要种植苹果树，包括国光、黄元帅、红玉等四到五种不同品种。到了1983年冬天，实施家庭承包制度，每户都获得了一定的果树面积。然而，几乎所有家庭都选择砍掉了苹果树或者将其移栽到家门口。这是因为当时需要缴纳公粮和农业税，而果树又因为是经济作物，需要额外缴纳特产税。由于村民无法看到从果树中获取的利润，所以他们选择砍掉苹果树，转而开始种植粮食农作物。[①]

2006年，在D村前任村主任的带领下从复州城北面的村子引来桃树苗，村民开始栽培桃树。这时没有了农业税，农民可以按照市场的情况做种植种类的改变。由此，村里人种植桃树的品种开始增多，目前村中种植的桃子有毛桃、油桃7、油桃8等多种品种。村民把桃树栽培在自家地或租用的别人家的土地或者从村委会承包的荒山上。在4月末桃树花会盛开，在D村的南山上会开满桃树花，变成粉色花海。但花期很短只有4~5天。桃树无需传花粉，但是到5月末要掐掉过多的桃子，结得太多的果子树不利于果子的长大。到6月初时村民忙着套袋子，主要是为给每个桃子套一个袋，每个袋子均带防虫的农药，以免桃子被虫子吃或烂掉。桃子套袋还有一个原因是近几年市场更需要颜色好看的大黄色桃子，所以套袋子的桃子颜色不会变成红色而是金黄色，也会长得很大。到8月时摘桃了，村民会到果蔬市场（村民一般说集市）卖桃子或者有中间商到家门口收果子。桃子的行情每年都不稳定，2021年桃子价格很低，一斤卖3元左右，是近几年最低的价格。当地也有很多人家栽培了做罐头的黄桃，是毛桃的一种，村民到市场卖或罐头厂的人到D村收桃子。到摘毛桃时很多人家着手买来罐头瓶和瓶盖做桃子罐头。在节假日和日常的饭菜中会经常看到自家做的罐头，因为无任何添加剂，所以成为了小孩子能放心吃的美食，当小孩哭闹时大人总会拿出罐头来哄孩子。笔者多次碰到这样的场景。城里居住的孩子或者亲属节假日回来时会带走很多自家的菜、水果和罐头，因此罐头也成为带走的农家产品之一。

2010年前后，村中几户人家开始栽樱桃树苗。其中，在大连旅顺看到一家

---

① 2022年4月28日，采访D村前村主任L先生的采访内容。

卖樱桃很挣钱，几位朋友栽培樱桃树后收入可观，所以从附近的一个多年栽培樱桃树的村子买来樱桃树苗栽培。当他们买樱桃树苗时也不知道是什么品种的樱桃，等五六年后樱桃树结果子时才知道自己栽培了好几个品种的樱桃而不是统一的品种。他们一开始也不知道如何管理樱桃树，雇佣懂管理的人过来剪树枝、施肥等，看别人的管理方式慢慢自己也学会了，就不再雇佣别人了。村民们看市场上的樱桃卖得很贵，而且果小，栽培的人家慢慢也就增多了。目前村中栽培的樱桃树品种众多，最多的品种是美早樱桃，其次是俄罗斯 8 号、砂蜜豆、佳红、大红灯等多种品种混合栽培。后来村民就开始栽培反季水果，盖暖棚和冷棚，在里面栽桃树和樱桃树。暖棚里的樱桃 2~3 月就能下果，价格昂贵，一般 100 元 / 斤以上，冷棚里的樱桃 4~5 月就能下果，价格也很贵。按照 2022 年的樱桃价格来看，冷棚的特等果和一等果到批发市场卖 48~50 元 / 斤；也有村民包棚卖樱桃，好坏果平均卖 36~40 元 / 斤；零卖时 60 元 / 斤等有着不同的售卖渠道和价格。以上两种属于反季水果，那些在大地上的樱桃下果时间是 6 月，售卖渠道与大棚樱桃相似，只是在价格上卖得较低，批发价 8~15 元 / 斤，零卖时一斤 15~20 元不等。樱桃果身小因而可邮寄，所以村中不少人家也会通过网络售卖，但卖出的并不多，多数人家还是会选择果蔬市场和中间商。因此在 D 村有着暖棚樱桃、冷棚樱桃和大地樱桃。逐渐栽培樱桃树的人家越来越多，有人在自家地上栽培、有人租用别人家的土地也有从村委会承包荒山做改造再栽培樱桃树。村中一位村民说到她家樱桃树时说："大地樱桃栽树苗有 2000 棵，已有 7 年，从 2021 年开始才有了收入，7 年间投资有 100 万元了"，"这樱桃啊，就像个孩子一样，需要管理投资，然后才有回报或收益"。[①] 樱桃树在五六年的管理后才能有收成，村民经常说到樱桃果小所以下果时没有苹果和桃子那么累人，价格要比苹果和桃子贵10 倍。这也是有些人家逐渐把桃树换成樱桃树的原因。在屯中走时会经常看到有人家在街门口栽培樱桃树，在街门口栽培的树一般都是自家吃或送亲朋好友，并不是为了收益。

村民们栽培果树是一个尝试的阶段，这期间有成功也有失败的例子。除了桃树和樱桃树以外，村民中也有人试着栽培其他果树。村中有人在外打工时看到其他地方收成好的水果会买来试着栽培，但是因为气候或者土壤的原因有时会失败。村民 L 先生是一位常年去营口做碰参工作的人。2016 年在营口做碰参工作时看到营口市李子卖得很好，他就花 900 元买来 300 棵李子树苗栽培。等了两三年后树结果的情况不好，甚至有些树根本不结果，养了五年时间只卖出 700 元的

---

① 2022 年 5 月初在与 D 村四组村民的聊天。

果，这样的结果令他很是无奈。他说到树结果不好是因为气候问题，本地受海洋气候影响，风大温度不高，所以不适合该品种的李子生长。2022 年 L 先生把大部分李子树都砍掉，只剩下房子后面温度较高的地方的李子树①。

国家取消农业税后村中开始栽培经济农作物，以桃树和樱桃树为主。栽培果树也给村委会带来了收入，村委会开始把荒山承包给村民或外地人。因此村中的果树面积越来越多，村中的景观也开始发生了变化。全村不少人家栽培果树，并且通过果树栽培村民家庭的整体收入明显增加了。

2. 海产品养殖

D 村是靠海的村落，因此有着优越的地理位置。从 2004 年开始在该村实行了海产品养殖的工作。在 D 村做海产品养殖工作的人有本村人也有外地人，这些人与村委会签订土地承包合同后建设养殖场地。养殖地点是沿海土地和村北部的荒沙地，以前人们利用不了的地方（或土地）现在变成村委会主要收入来源。签合同的人们以建设海产品育苗室、海参圈和养虾池为主。海参圈一般都建在海边，海参只在海水里生活，如圈内的淡水多了海参会生病或者死掉。而育苗室利用的海水量不多，但需要建设大规模的房屋，一般养殖海参小苗或者养螃蟹。养虾池几乎都在村北部的荒沙地上，养虾时需要沙子和大量的水。每家养虾池旁边都会有水泵，一般从地下 200 米深的地方抽水，养虾池的水一定要很干净才可以。养虾池需要增氧机，尤其在无风晴天要一直开着增氧机，遇到刮风时，池中水被风吹动，所以可以不开增氧机。因此，进入 21 世纪后 D 村景观开始变化，新增了海参圈、育苗室和养虾池的海产品养殖的景观，并且这个农业经济景观对本村和村民的收入有了直接的影响。

沿海两个屯的土地上有很多海参圈，村民或外地人承包土地建设养殖圈。当地人说以前他们都不吃海参，甚至都不认识海参。20 世纪 90 年代初外地人来海边捡海参或碰参时人们才知道海参，也慢慢了解海参的保健功能。然后到 2000 年后人们开始建设养海参的圈，养殖海参后卖给中间商或者加工厂。在沿海的两屯中走时会看到一个接一个的海参圈，形成了海边新出现的景观。海参是春季和秋季出来的生物，夏天和冬天在石头底下处于休眠状态。因此，圈主在春季和秋季将把长大的海参卖出去，这时需要碰参（水里捞出海参的工作）的人和收参（中间商）的人。碰参的人们一大早到碰参的海参圈开始捞出海参，到中午时工作结束。在当地有很多碰参的人，甚至部分人以碰参为主要工作和收入来源。在村中看到骑着摩托车后面带着包裹的人，大多数都是做碰参工作的人。碰参的人

---

① 2022 年 7 月与 D 村 L 先生闲聊中了解的内容。

有时与海参圈圈主联系，有时与收参的人联系，一般会形成一个小团队，在本村、附近的村落也有去其他省市做碰参工作的人。有养殖的人，有捞出来的人，再有是收海参的人。在 D 村也有几位收参的中间商，规模大小的都有，他们是圈主和厂主中间的人。从事收参工作的人收入也很高，本村一位从事收参工作的人[①]在 2021 年挣了 4 万元，他做的规模并不是很大。本村也有个别人家是以家庭作坊形式加工海参后出售。村中有了海参养殖产业后给村民们带来了新的收入来源，并且收入较高。

在 D 村有着很多水泥材质而且房顶是半圆形的房屋，这便是育苗室。该村的育苗室多数为培育海参苗，他们会在屋里建设很多池子，里面培育海参苗。把海参苗卖给附近的海参圈主。由于培育海参苗时需要大量的海水的原因育苗室也是建设在沿海或者海参圈旁边，这是为了方便用海参圈里的海水。培育海参的育苗室里的池子中的海水需要一周换一次并且消杀细菌，所以育苗室长期雇佣工作人员，这些雇工多数是本村人。在育苗室打工的一位女士这样说：

在工作地点开始工作是我们的日常，通常从早上 5：00 开始，一直工作到任务完成。工资按照工作时间计算，因此一天的工资根据工作时间的长短而定。在育苗室工作的人可能会在一个育苗室完成工作后转移到另一个育苗室继续工作，这样一天就能挣几百元的收入。然而，育苗室的工作量很大，通常需要依靠体力，而且室内环境潮湿，对身体有一定的伤害。尽管如此，由于工资相对较高，许多村民仍选择前往育苗室工作。有时，村民可能会因为手头缺钱而前往育苗室工作挣取收入。在育苗室工作通常会组成小团队，并有一个小领导负责管理。工作时间相对灵活，如果在家有事情需要处理，那么当天可以不去育苗室工作，而等有时间再去。因此，村中建设的育苗室为那些无法外出打工的人提供了就业机会，为他们带来了额外的收入来源。[②]

除此之外，村中海产品养殖的另一种景观是养虾池。养虾池的投资费用并没有海参圈和育苗室多。因为它不需要建筑物，只需在土地上挖出大池子，里面灌水就可以。D 村村民一般会去营口拉虾苗回来放苗。从每年 4~5 月到 9 月末 10 月初是养虾时间段。D 村一位村民养虾已有六年的经验了，每次他会去营口拉回来虾苗，他家有三个虾池。2022 年 4 月末他到营口买回来 1 万多元的虾苗，一个池子里投放 15000 只虾苗，虾的存活率并不是 100%，而是 70%~80%。几乎每天都会喂养虾，晴天时虾吃得多，阴天时虾吃得少，而且经常需要杀菌，也需

---

① 2021 年 11 月中旬采访 D 村一位开商店的女士的采访内容（这家男主每年做收参工作）。
② 2021 年 12 月末采访 D 村在育苗室打工的 H 女士的采访内容。

要打药等管理方式①。虾是当地人很喜欢吃的海鲜之一，每个节假日家庭聚会或办喜事时虾几乎成为了必备的菜肴之一。因此虾的销售很广也很快。虾池不需要太多的工人，池主一个人就能管理好。

进入 2000 年后，以前村中不能利用的海边土地和北部荒沙地变成了很多海参圈、育苗室和养虾池。从而村中有了海产品养殖的景观。这个景观给村民们带来了工作机会和收入，村民多劳多得。

3. 海产品捕捞

D 村村民靠山吃山靠海吃海，沿海两个屯子的村民多以海产品捕捞为主。两个屯子中有出海捕捞螃蟹的"养船"人家，还有赶海捡海货卖的人家。这是沿海屯子村民们一直以来的工作形式也是主要收入来源，在冬季和休渔期村民也会养海参、出去碰参或打工来增加家庭收入。D 村渔户的渔船都是自己购买专用木头雇用造船师傅造船，此渔船型小马力小安全性弱，因此只在近海捕捞螃蟹。该村没有去远海打鱼的大型渔船。每条渔船都有渔船号和证，每年要检验，船上工作人员要有保险方可出海捕捞海产品。并且每条渔船都安装定位器，在休渔期，如果出海在渔政那里会有消息送达。当地出海打鱼时间是从 9 月初开始，D 村渔民从 9 月开始出海捕捞螃蟹一直到 10 月末，一般在二十四节气的霜降时结束出海捕捞工作。在出海捕捞螃蟹时该村渔民从凌晨 2：00 出海下午 14：00 回到海岸，即从半夜开始工作一直到下午，到 10 月末海水变得冰凉无法继续在海上工作时渔民一年的捕捞螃蟹的工作就结束了。出海捕捞螃蟹是出海前买好螃蟹笼子，开始出海那天把螃蟹笼子放到海水中，经过一天的海流螃蟹会钻进螃蟹笼子里面，螃蟹笼子中间有诱饵，这个诱饵每天准备充足。渔民出海后到达螃蟹笼子的地方从一边开始把螃蟹笼子里面的螃蟹往船上的大桶里倒，然后放进诱饵后放回原来的位置。渔船把所有笼子里的螃蟹倒完后回海岸，中间商会在海岸等着渔船回来，把螃蟹卸下来后中间商直接拉走。一般中间商都是提前定好的。2020 年海边螃蟹价格为 10 元 / 斤，2021 年海边螃蟹价格 12 元 / 斤。一条小型渔船一般拉回来 600~900 斤的螃蟹，螃蟹的量由风级来决定，风大螃蟹会多②。卖完捕捞的螃蟹后渔民回家休息，之后又再半夜起床工作。这样的工作形式持续一个多月后结束，渔民感叹说"出海是个遭罪活儿"。一个多月的辛苦钱基本上够用一年的日常消费，虽然来钱快但是危险性很大。渔民在出海时期最关注的是风级，大风天出海翻船的可能性很大，直接关乎到渔民的生命。一条渔船最少

---

① 2022 年 6 月中旬采访 D 村养虾的 C 先生的采访内容。
② 2022 年 2 月采访养船 Y 姓人家获得的第一手资料。

需要三个人来一起工作，所以船主会找伙计或雇工，这些雇工有些是本村人有些是外地人，他们的工资很高。一位村民家养船，他雇用了两个伙计，每年从5~11月末在他家做各种准备工作和出海捕捞，七个月的工资为每人80000元并且包吃包住。到10月末把渔船拉出来停放在海滩上，当地叫作"上坞"，这时出海捕捞螃蟹的工作就结束了。9~10月在海边出现渔船停靠海岸出售螃蟹的景观，从11月到次年8月海滩上停放的渔船和摆放的螃蟹笼子等出海工具的景观构成了渔民一年的出海捕捞工作的景象。

赶海是顺着海水退潮和涨潮的自然现象下在海边捡海货的一种行为。D村沿海的两个屯子的村民经常赶海，甚至部分村民会靠赶海来赚取日常生活费用。在当地盛产的是海螺、海蛎子、各类蚬子、海菜和少量鱼类。海边村民对退潮和涨潮的时间算得很清楚，因此在退潮时就跟着海水往里走，离海岸越远海货越多，等涨潮时赶海的人往海岸走。赶海的人手中拿着桶和捡海货的小工具，穿着水靴在礁石中来回找海货。经常赶海拿去卖钱的村民穿着下水裤在海水里捡海货。赶海时海边有很多人，男女老少都到海边捡海货。村民捡海货后拿到市场上卖或者送亲朋好友。近几年网络发达，村民们也开始利用电商卖海货。例如，一位村民赶海回来后把破海蛎子的过程拍下来发到个人快手或抖音上，附近城镇的人看到后下单，或者提前预订后村民发快递或者通过客车捎过去。在当地人的日常饮食中海鲜是常见的菜肴，尤其是节假日的饭菜中更是明显。海鲜的制作方法多样，生吃、蒸、煮、炒和做馅儿等。靠山的村民当中也有经常赶海的人，他们赶海捡海货主要是为了自己吃。

对于沿海的村民来说出海捕捞海产品和赶海是一个再熟悉不过的"活儿"。但在市场化影响下这个"活儿"变成了部分村民的主要工作，是收入的来源之一。海边的景观依然是村民记忆当中的以前的景观，但在市场运作、网络发达等情况下村民寻找更容易出售海产品的方式方法，以此来提高家庭收入。

4. 蔬菜种植

D村1~4组的田地间有韭菜地或韭菜棚。韭菜是该村村民在自家土地上种植的个人家蔬菜园，拉到市场上去卖。也是D村唯一走到市场上的蔬菜。韭菜的管理比起其他商品蔬菜和商品水果要省事，并且一年能卖2~3次。村民们认识到这点后开始种植韭菜，农业屯的土地面积相对海边屯要大一些，土质好一些，所以韭菜在农业屯中发展起来。只要韭菜的根在土里时就能生长，也有休息期，也就是说，当第一批韭菜长出来后卖给中间商，然后韭菜就不需要施肥等管理只需要它慢慢生长，生长到一定时间后全部割下来不要了，不再卖给中间商，这就是韭菜的休息期。之所以给韭菜休息期是因为考虑到下一批韭菜的质量。就这样轮流生长轮流卖，韭菜根 2~3 年更换一次。村民开始种植韭菜也是在取消农业税后的事情，大约在 2008 年村民开始种植韭菜。

韭菜棚比较矮小，占地面积小，一般是 1~2 亩地。D 村个体户的承包土地并不在一个地方而是分散在多块地，一户十多亩地分散在十个地方都是常见的。因此，农户在一小块儿土地上种植韭菜或搭棚种植韭菜，非常适合分散的土地利用。韭菜地面积小，管理简单，所以一个人就能够管理，与果树等比起来省事又省钱。并且卖韭菜时有专门割韭菜的人和收购的中间商，所以卖的时候也是与其他农作物比起来省事。本村有一位村民是从农学专科毕业，学的是关于韭菜种植方面的内容，在本村这位村民的韭菜地占地面积最大，是本村韭菜种植的"带头人"。

5. "养羊风"

走在村中 1~4 村民小组时，会看到养羊或养牛的人家。养羊的人家里有少则 10 来只多则 100 多只的羊，分奶羊和肉羊。养牛的人家较少养羊，一般是 10 头，是当地牛，主要是卖牛犊挣钱。与养牛比起"养羊这个事儿"比较有意思。因为养羊的生计方式可以称为跟风现象或"养羊风"。进入 21 世纪后 D 村的前村主任带头养羊，后来该村另一户做羊买卖的中间商也开始养羊。不久该村几户人家也跟着养羊，再后来其他人家看这些户养羊挣钱了就跟着养羊。据村民回忆：

2005~2008 年，我们村大约有 70% 的家庭开始养羊，他们在自家院内搭建羊圈，养了不同数量的羊。这次养羊潮并没有局限于靠海或靠山的村民，每个村民小组的家庭都开始养羊。在那个时候，村北的盐碱地尚未完全开发，还有一些放牧的草地，夏天我们会将羊赶到盐碱地上吃草。其他时间，我们主要以玉米、树叶或草为食物来喂养羊。当大家回忆起养羊时期，经常会提到羊身上的虱子。这些寄生虫会附着在羊身上，有时也会粘到人的衣服上，然后在屋内或被褥上被发现。许多人都对这些寄生虫感到反感。[①]

笔者之所以用"养羊风"这个词来讲 D 村村民的养羊情况，是因为多数村民养了两三年羊就全部卖掉了。有两个原因：一方面是羊价格不如一开始的价钱好了，另一方面村民认为在院内养羊很脏乱。所以养了两三年看不到挣钱的希望就陆续停止了养羊。到目前为止，一直坚持养羊的是前村主任家和做羊买卖的中间商家，并且这两家的羊是村中羊数最多的人家，有 100 多只羊。村中也有几户的羊数量较多，有七八十只，其中一家是等养羊风结束后才开始养羊，据说这家一年出售羊的收入还可以。

---

① 2022 年 5 月采访 D 村 D 姓家女主人的采访内容。

D 村的村民和外地人经营的这些第一产业，即果树栽培、海产品养殖和海产品捕捞的工作给村民们带来了工作机会，从而提高了日常收入。过去，村民多去外地务工或者种粮食卖粮食，而在 2000 年后村民在本村就能够找到工作，时间较为自由并且工钱不低。村中兴起的这些行业不仅为村民带来工作机会和利益，而且给村委会也带来了收入。D 村村委会对个人承包荒山、海边和北部盐碱地，地租一亩地 200~800 元不等，按照土地等级来计算土地租用的价格。这给村委会带来了很高的收入，村委会以福利的形式分红给村民。D 村每年给村民发放米面、食用油、鱼等日常食用品，每位村民的合作医疗费和每户有线电视费的一半费用是由村委会支付，除此之外，幼儿园和小学的校车费用由村委会统一支付。从 2016 年开始如果本村的学生考上本市重点高中村委会奖励 5000 元，在本镇上小学和初中后上大学一本奖励 1 万元，上大学二本奖励 5000 元[①]。以上所有费用都是从村委会承包土地的地租收入来出。因此，新兴的土地经营模式对村委会和村民带来了很好的利益。

三、结语

2000 年前后我国的农村、农业和农民面临的多个问题变得更加明显，对此专家学者提出多方面的疑问和方法。基于我国实情国家针对"三农"问题实施政策，如 2005 年取消了几千年的农业税和 2007 年提出了社会主义新农村建设等实际政策来改善"三农"问题。也是此时，多个地区的农民开始参与市场化过程中，以及后来的城市化中。因此，在国家政策和市场经济影响下，农村地区有了明显的发展。本章基于辽南沿海 D 村的田野工作，陈述 D 村家户庭院、屯子和村子三个方面的景观现状，其中以农民的日常行为和村落农业景观变化为主。本章从两条主线研究村落生态景观，由此总结出村落社会发展愿景：① D 村的社会结构可以从家、屯、村为三个层次来解释。其中家庭是以多数家庭为核心家庭，屯是由几个大姓氏家族组成，村是农村社会最基本的单位。② D 村农业经济以三种生产模式组成。D 村村民自发性地尝试投资果树栽培和蔬菜种植、海产品养殖和海产品捕捞以及牲畜养殖，因此形成三种农业工作或农业景观。

英戈尔德的新生态学视角去研究景观的观点是结合生物学、生态心理学和现象学研究人们对景观的感知的一种新的尝试。他认为"每一代人都在其先辈建立的环境中活动，同时为自己和后代建立了环境，这最终带来了人类的进化"

---

① 2022 年 1 月采访 D 村村委会会计获得的第一手资料。

（白美妃，2017）。同时，他还认为景观并不是"物"，而是应该看作是一个运动的过程。由此分析，D村在市场化过程中农业生产模式发生变化，从以前的种植粮食作物和出远海捕捞的两种农业活动慢慢转型到目前的种植业、渔业和牧业三种模式。这是村民在尝试和探索中转型的农业，是英格尔德指出的人与景观联系的永恒性。除此之外，D村村民的尝试和探索是在"带头人"的带领和互相学习的前提下逐渐扩大或形成的农业景观。D村农户多数是核心家庭，但一个屯中有几个大姓氏家族，因此一个屯中大多数家庭是有着亲属关系的社会网，并且每个屯中都有一两个村民集合交流的地点，这是他们互相交流信息的重要场地。屯与屯之间存在亲属关系和同学朋友的社会关系，这也使村民有了互相交流的渠道。因此，家、屯和村三个层面的社会网给村民们带来了信息的交换、学习环境和共同从事的社会关系。在家、屯和村社会网的大环境影响下逐渐建构了D村的农业经济景观，这个农业经济景观给村民带来了收入和生活水平的提高。总而言之，家、屯和村社会网的大环境和种植业、渔业和牧业的农业景观是双向影响的。"人"与"景观"既是一个整体，也是一个整体的生态。

附　　录

一、访谈资料

被访者1

访谈时间：2023年7月4日

访谈地点：大连市开发区

访谈对象：陈先生

性别：男

民族：汉族

年龄：32岁

文化程度：大学本科

从事职业：私企员工

出生地：瓦房店市红沿河镇D村出生

访谈主要内容：本次访谈主要围绕居住和工作在城市的D村年轻村民对家乡的感知认识等方面的内容。年轻人对自己出生成长的村庄有什么样的情节纽带以及这种纽带在城乡双向流动中如何体现等具体的内容。陈先生是居住和工作在大连市开发区的一位私企员工，32 岁，已结婚生子。他家一个月回家乡 2~3 次，他的儿子很喜欢在村中玩耍，他们也希望孩子能够在宽敞的环境中玩耍。陈先生的小孩由他母亲照看，因此照看小孩也是城乡双向流动的一个主要缘由。陈先生认为他的村庄近二十年有很大的变化，从房屋翻盖、水泥和柏油路、村中小道都配有太阳能路灯等有着很大的改变。他认为村庄的发展也很快，村民的生活水平也提高了。最后针对目前村中年轻人几乎都进城的现实问题讨论了一下，并且陈先生在未来退休后很想回家乡居住。在访谈中得知有不少年轻人在退休或者失业时会产生选择回到农村参与农业的想法。

被访者 2

访谈时间：2023 年 7 月 8 日

访谈地点：大连市甘井子区

访谈对象：王女士

性别：女

民族：汉族

年龄：32 岁

文化程度：大学本科

从事职业：小学教师

出生地：瓦房店市红沿河镇 Q 村出生

访谈主要内容：王女士是居住和工作在大连市甘井子区的一位小学教师，32 岁，已结婚生子。她家一个月回家乡 1~2 次。在王女士 7 岁那年她家搬到 D 村，她认为这二十几年 D 村和她生长的屯子有很大的变化，村民实现了房屋翻盖、村中铺水泥和柏油路、村中小道都配有太阳能路灯、屯中有健身广场等很大的改变。最后针对目前村中年轻人几乎都进城的现实问题讨论了一下，并且当问及王女士在退休后有无回村子居住的愿望时她表示不会回家养老，她认为城市更方便一些。

被访者 3

访谈时间：2023 年 7 月 20 日

访谈地点：大连市瓦房店市

访谈对象：赫先生

性别：男

民族：满族

年龄：37 岁

文化程度：大学本科

从事职业：私企员工

出生地：瓦房店市红沿河镇 D 村出生

访谈主要内容：本次访谈主要围绕居住和工作在城市的 D 村年轻村民对家乡的感知认识等方面。年轻人对自己出生成长的村庄有什么样的情节纽带以及这种纽带在城乡双向流动中如何体现等。赫先生是居住在北京市的一位私企员工，37 岁，未婚。他一年回家乡 2~3 次，每次回家都会住上一星期左右，并且回家期间帮忙做农活，他家人也很愿意让他帮忙。几乎每次离家时都会带上自家养的猪鸡肉或鸡蛋、黄桃罐头等。赫先生认为他的村庄近二十年来有很大的变化，从房屋翻盖、水泥和柏油路、村中小道都配有太阳能路灯等有着很大的改变。他认为村庄的发展也很快，村民的生活水平也提高了。最后针对目前村中年轻人几乎都进城的现实问题讨论了一下，赫先生认为在城市工作会开阔眼界，学习新事物，对个人提升有很大帮助。当问到在未来等他退休后有无回家乡的想法时他很坚定地回答他会回家乡，回到农业当中。

被访者 4

访谈时间：2023 年 7 月 28 日

访谈地点：大连市瓦房店市红沿河镇 D 村

访谈对象：董先生

性别：男

民族：满族

年龄：57 岁

文化程度：初中

从事职业：农民

出生地：瓦房店市红沿河镇 D 村出生

访谈主要内容：本次访谈主要围绕农民对现在的农业发展怎么认识、对村庄的发展怎么看、年轻人不在村中生活在农业发展上有无缺席等内容。董先生认为 D 村农渔业与 20 世纪相比有了比较大的变化，尤其在 40~65 岁的人身上能够清晰地看到。这些人很多都开始了商品农作物及养殖工作。一方面老年人失去劳动能力，另一方面老年人跟不上现在的种植形式，因此依旧保持着原来的农作物种植，如玉米、大豆、花生、土豆等粮食作物。政府也在大力支持农民尝试种植新的农作物及更专业化的种植方式。董先生是 D 村七位学习培训农民之一，他们在大连市进行培训，还给他们颁发了《国家新型职业农民培训证书》和《新型职业农民证书》等。农民在市场化和城市化中不断探索新的农业，他们在有限的田地上尽可能地去尝试种植栽培各种能够提高收入的农作物。这当中有时会有接受不到最新的信息或者使用新的设备，因此董先生认为在农业发展中年轻人参与会更好。但是他讲到农业是有风险的工作，收入不稳定，没有保障，因此很多年轻人会奔赴城市选择有稳定、有"五险一金"等社会医疗保障的工作。

二、调查相关照片

附图 1　村中土地庙
（2023 年 7 月 29 日笔者摄）

附图 2　最美庭院和门
（2023 年 7 月 30 日笔者摄）

附图 3　村中吃席（婚礼现场）
（2023 年 8 月 5 日笔者摄）

附图 4　防雨樱桃棚
（2023 年 7 月 30 日笔者摄）

附图 5 新型厨房与灶王爷挂画
（2023 年 7 月 30 日笔者摄）

附图 6 村民山上的果园
（2023 年 7 月 30 日笔者摄）

第五章

新巴尔虎右旗莫能塔拉嘎查
异地转场调研报告

旭日 *

【内容摘要】本章旨在研究传统游牧生活方式在现代社会中的转变，并聚焦于蒙古族游牧文化和本土知识在这一转变过程中的作用和影响。研究发现，在现代化和城市化的影响下，传统游牧生活方式逐渐减少，牧民们不再过着流动的游牧生活，而是开始定居并从事其他职业。这一转变引发了一系列问题，如经济、生态环境、游牧传统和本土知识流失等。本章通过深入研究内蒙古自治区新巴尔虎右旗莫能塔拉嘎查牧民的转场情况，探讨了牧民从传统游牧生活方式转变为定居生活方式后，转场方式的改变。

【关键词】本土知识；游牧文化；异地转场

一、引言

　　游牧迁徙是一种逐水草而居，四季转场，以放牧为主的经济活动，以流动为主的生活方式。世界上游牧的地域分布跨越了整个欧洲、亚洲大陆的广阔地区。牧民往往居住在没有固定居所的草原、戈壁沙漠等地区，随着季节和气候的变化不断地迁徙和放牧。在游牧生活中，牲畜是游牧生计的重要财富和生活经济来源。然而，随着社会的发展，游牧生活和传统文化的影响范围也在缩小，而城镇化和工业化对草原生态的影响使牧民的生计变得更加困难。

　　在经济发展和现代化进程的推动下，越来越多的牧民开始放弃传统的游牧生产方式，转而从事其他职业或定居生活。这一转变带来的后果影响着草原生态环境，并且也使大部分人开始定居生活。而前所未有的定居放牧的改变，使本就脆弱的草原生态环境也遭受了严重的破坏。本章重点讨论定居放牧对生态环境带来的正面及负面影响，以及人们寻求摆脱并解决困难而选择的新的畜牧方式。在现

---

　　* 旭日，内蒙古大学 2021 级民族学专业硕士研究生。

代化畜牧业发展的道路上，人们权衡考量各方面因素，试图找到新的方式畜牧，从而使一部分人开始异地转场越冬。重拾本土知识以保护草原环境和传统文化。无论是本土文化的再利用还是结合本土文化摸索新的畜牧生产方式，都是为了在推动经济发展和现代化的同时，保护生态环境和传统文化，重视本土文化，为我们保护民族文化和生态提供启示。

本章基于游牧转场的变迁，从民生和社会文化及生态平衡的层面上，展现了牧民们在社会和历史发展的道路上，对游牧转场方式的理解及认知上的变化。并进一步深化探讨了转场的运用在现代化社会遇到的瓶颈和问题。以实现在脆弱的草原生态环境下，为现代化畜牧业发展提供一个新的发展思路和探索方案。研究异地转场的意义在于认识到现代化畜牧定居方式和传统畜牧方式在各自所处时代遇到的局限性，并弥补当下所面临问题的不足之处和可挖掘出的互相之间存在的互补性。随着现代社会的到来，在草原上游牧转场知识经历了岁月的考验，游牧转场中涉及的草原生态、气象变化、动植物、水源利用等都是长期在实践和生活中逐步积累的，通过研究游牧转场中所涉及的本土知识，可以更好地理解和认识游牧民族的文化和生活方式，有助于更好地深入了解新巴尔虎右旗莫能塔拉嘎查牧民的生计变迁，从而更好地利用传统游牧的游牧转场结合现今现代化畜牧方式，来解决当前面临的诸多问题，对深入理解以生态优先、绿色发展为导向的高质量发展具有借鉴价值。

本章主要基于本土知识中游牧转场方式的再研究，探讨以内蒙古自治区新巴尔虎右旗贝尔苏木莫能塔拉嘎查牧民异地转场情况，并进行详细的田野调查，探究该嘎查牧民当前转场及经济状况，探讨环境、政策、经济等方面的因素对当地居民异地转场方式的影响。随着牧民对现代化畜牧业经济发展的进一步追求，牧民怎样利用传统转场方式及现代化畜牧，开辟新的畜牧发展道路，以异地转场越冬为例，实现创新经济快速发展的新方法。

二、田野点概况

本章主要对象为新巴尔虎右旗贝尔苏木莫能塔拉嘎查牧民及租地越冬的牧民。贝尔苏木莫能塔拉嘎查隶属于内蒙古自治区呼伦贝尔市新巴尔虎右旗，地处新巴尔虎右旗南部，东、东南与新巴尔虎左旗甘珠尔苏木隔乌尔逊河相望，南与蒙古国东方省哈拉哈河苏木接壤，西、北与宝格德乌拉苏木为邻，行政区域面积1848.33平方千米。1984年，贝尔公社改为贝尔苏木。莫能塔拉嘎查草场总面积为136万亩，属于纯牧业嘎查。截至2022年12月数据统计，该嘎查共有197户牧户，总人口达到 537 人，以蒙古族为多数，还有汉族、满族等。其中一部分人在嘎查内租赁草场季节性转场，另一部分人一年四季基本不转场迁徙，还有少数一部分人在秋末开始向农业地区如内蒙古兴安盟南部以及黑龙江、吉林与内蒙古接壤的地区等地进行转场。田野调查对象以跨省或跨盟牧民为主跟随进行调查和访问，以在嘎查内转场和不转场的牧民为辅，主要针对草场植被，经济收入等进行调查访问，并收集整理近几年嘎查内草原生态环境变化状况、植被生长情况、降雨量、自然灾害以及经济和市场情况。总结分析收集游牧生态等相关内容书籍和论文增强理论知识进行归纳。

三、现状与分析

（一）异地转场越冬现状

呼伦贝尔大草原地势平坦开阔，以平地草原为主，冬季长而寒冷，从每年的 9~10 月开始，天然草原牧草枯黄，气候严寒。而农区相比较冬季温暖，灾害性天气相对较少发生，正值农作物收获且田地闲置时节。所以近年来呼伦贝尔地区牧民每年 10 月末 11 月初自发将牲畜转移到邻近农村或跨省跨市农区，以租赁玉米秸秆地和稻田为主的田地放牧，直到次年 3 月春耕期再返回自家牧场，确保畜群安全越冬保膘，因此这种在农区季节性放牧的生产方式称为异地转场越冬。其转场范围主要集中在呼伦贝尔市阿荣旗、扎兰屯市，市外集中在吉林省白城市、黑龙江省齐齐哈尔市、兴安盟、通辽市等地。

笔者从小在莫能塔拉嘎查牧区长大，曾多次参与过自家和亲戚家的嘎查内转场过程。而在 2020 年 11 月到 2021 年 3 月，切身体会到了从莫能塔拉嘎查牧户到吉林省白城市镇赉县大龙波村异地转场越冬。2023 年从 11 月初开始又一次跟着牧户参与到异地转场过程。

JRGL① 是莫能塔拉嘎查的牧民，有一个女儿，其草场面积为 3300 亩，位于嘎查的中东部区域，家庭主要经济来源为畜牧，养有 30 多头大牲畜和 400 多只小牲畜，2023 年秋本打算在自家草场过冬，但由于当年夏天嘎查范围内区域性干旱，JRGL 家受到了些许影响，所以决定到异地转场过冬。于是与自己的两个大舅哥 TM 和 MH 在 9 月中旬开车去往乌兰浩特市扎赉特旗巴彦高勒镇寻找放牧过冬的农地。经过两天的寻找，在巴彦高勒镇的建设村五队与当地队长商讨了关

---

① 访谈对象：JRGL；访谈时间：2023 年 11 月 17 日；访谈地点：JRGL 家。

于冬季在农地放牧的事情。由于当时农田还没有收割，三人便与队长口头商定未来再做决定，之后便回到了莫能嘎查。一个月后三人再去建设村五队与队长讨论租地问题。由于当时临近收地，JRGL 三人和队长商榷了要租用农田的时间、方位、大小以及种类。最后商定租用 5000 亩由未打包秸秆的玉米地和水稻地及少量的黄豆绿豆地。租用期为 11 月到次年的 3 月中旬。三人回到莫能塔拉嘎查后，便开始寻找和联系运输大量牛羊的货车并等待农区收地。2023 年冬季的初雪下得比往年早一些，于 2023 年 10 月 31 日便下起了大雪，导致道路积雪结冰，货车很难行驶。从贝尔苏木到巴彦高勒镇距离约 660 千米，沿途经过新巴尔虎左旗、罕达盖苏木、阿尔山市伊尔施镇、乌兰毛都苏木及科尔沁右翼前旗，而从伊尔施镇开始到驶离阿尔山市界的路段每年冬季冰雪覆盖最为严重，由于 2023 年提前降雪，JRGL 三家人没有在 11 月初就开始转场。之后气温稍有缓和，到 2023 年 11 月 10 日 JRGL 家的 98 头牛（其中包含 JRGL 亲戚的牛）、TM 家 22 头牛、骑乘马 6 匹、牛圈及 TM 家蒙古包经过一整天的装载直到晚上才由两辆大货车开始运输。经过一夜的路途到 11 日早晨 5：00 才到达巴彦高勒镇的建设 5 队村租下的农地，JRGL 和他的侄子 MGBYE 也随即开车赶到。之后便开始搭牛圈，待天亮太阳升起时将牛群卸下圈了起来（为了不让牛群在陌生环境乱跑）。随后便搭起了蒙古包，在炉中烧起自己带来的干羊粪，取暖烧茶，稍息之后便开始了一天的工作。

2023 年 11 月 19 日 JRGL 和 MH 从天亮起就开始将各自的 400 多只羊和 800 多只羊装载货车，JRGL 的蒙古包和羊圈等各种物品也被装上货车，装满了两辆货车，直到傍晚货车才出发，MH 一路跟随货车。与上次一样在早晨货车到达后便开始等待日出，JRGL 和 MH 也搭好羊圈，在羊群被卸下后以便圈起来。蒙古包也随后搭建了起来（见图 1、图 2）。

由于 2023 年莫能嘎查的降雨比往年要少且成不规则形式，所以当年入冬时节往农区过冬迁徙的牧民数量不少，TM 家虽然 11 月初就定好了货车，但由于当时道路积雪取消了预定，从而导致在道路放开后转场的牧民数量剧增，一时间很难找到货车。直到 21 日 TM 才找到一辆货车开始了这一年的冬季转场。JRGL、MH、TM 三家原本打算以自家带来的牲畜数量来分租来的 5000 亩农地，起初打算将整个农田按比例围栏，但在到达农地后，由于农地内步行难走加上租赁的农地界限不规则，而且牲畜需要一定的时间适应农地，可能使羊群分散或者牛马走远，所以羊群到达农地的几天后 JRGL 和 MH 的羊合并为一群，三家总计两群羊过冬。

图1　正在装羊群的货车和工人，从早一直持续到晚上（2023年11月19日笔者摄）

图2　11月19日装车于20日在农区卸车景象（2023年11月20日笔者摄）

　　和往年相比，2023年在农区过冬的牧户相对较多，但有些家庭由于劳动力缺少，且购买过冬草料的经济压力大所以会承包给要去农区过冬的牧户代牧过冬，JRGL和TM分别承包了500只和800只羊（包括之前承包的400只羊）。这些羊由其家主单独找货车拉运过来。到了25日JRGL又从莫能塔拉嘎查自己家拉来了28匹马。

　　至此，JRGL、MH、TM三家人总牲畜数量达到2700多只小畜、150多头大畜，他们以这5000亩田地作为冬季牧场度过严冬，直到次年3月中旬。早在2017年JRGL就因为过冬问题而寻求其他方法，了解到有人将牲畜带到农区过冬，于是将自家300多只羊承包到了农地。又在2020年和MH一起雇佣大货车将牲畜拉到农区过冬的方法，租了位于乌兰浩特市扎赉特旗二龙山村的一处农地，当年JRGL 只将家里和亲戚家的 60 多头牛带到了农地，而 MH 也将 900 多只羊带了过去。在 2021 年 JRGL 又将自己家的羊群以承包的方式转场到了农地。TM 家也在 2020 年冬季转场到了农地，与亲戚家一同在位于吉林省的镇赉县大龙波村放牧过冬，两家共有 1200 只羊和 13 头牛转场。每年像这样转场农地的牧户数量在不断增多，从 JRGL、MH 和 TM 三家可以看出他们的转场频率也在增加。

牧民 SYL 与丈夫育有一女，草场位于莫能塔拉嘎查中部，面积约 7700 亩，家庭主要经济来源为畜牧，现有 500 多只羊以及 3 头牛。从 2017 年开始已连续7 年每年冬季到农地转场过冬。从第一年转场到吉林省洮南市到 2023 年转场到兴安盟突泉县的这几年转场时间、地点、牲畜种类数量如表 1 所示。

表 1　SYL 家近七年异地转场时间地点详细情况

异地转场 时间 / 地点	2017 年	2018 年	2019 年	2020 年	2021 年	2022 年	2023 年
转场地点	吉林省洮南市双胜村	吉林省白城市平台镇	吉林省白城市四段二队窝棚村	兴安盟乌兰浩特市都尔本新苏木	黑龙江省齐齐哈尔市双岗村	黑龙江省齐齐哈尔市胜合村	兴安盟乌兰浩特市突泉县
转场距离	638 千米	620 千米	654 千米	723 千米	662 千米	780 千米	621 千米
牲畜种类 及数量	牛 98 头 羊 600 只	羊 800 只	羊 1200 只	羊 2550 只	羊 1600 只	羊 1500 只	牛 45 头 羊 1000 只
转场时间	11 月 15 日	11 月 1 日	11 月 8 日	11 月 10 日	11 月 6 日	11 月 10 日	11 月 9 日
返程时间	3 月 15 日	3 月 1 日	3 月 8 日	3 月 10 日	3 月 19 日	3 月 9 日	3 月 20 日

资料来源：根据 SYL 提供的数据资料制作。

过冬逐渐变得困难，促使 SYL 在生活和经济上寻求新的出路，2017 年她通过多人的传达和介绍找到了吉林省洮南市农区的一处农田并决定在此放牧过冬。在 SYL[①] 的回忆中提到第一次长途转场的经历是困难艰辛的，由于经验不足，与联系的农户在电话交涉过程中只是粗略了解到农地的基本情况，但转场到达农地之后对方只提供了一处非常破旧的砖房，遇到了房门锁不上、取暖不便利等诸多基础条件差的问题。尽管如此相较在嘎查，牲畜有暖棚、水源近、有常电等便利之处。通过第一次异地转场的经验，SYL 在之后几次转场时在考虑到

---

① 访谈对象：SYL；访谈时间：2023 年 7 月 28 日；访谈地点：SYL。

当地基本情况的基础上决定只带上简单生活用品进行转场，而最后两次转场由于农地离当地村落远并且考虑到电源和取暖等问题，便带上蒙古包进行转场。与当地的牲畜相比，第一次到达农地的牲畜出现不适应农地的情况，生活环境和饲草料的更换需要一段时间才能适应，以玉米地为例，转场的牲畜在玉米地停留不宜超过 2 个小时，在不同种类的农地连续转移不宜过多停留在一处农地，以此达到使牲畜逐渐适应农田。农区的气温相比较莫能塔拉嘎查也更加暖和而且又有暖棚，新生的牛犊在暖和的环境中也不会出现冻死等现象，所以整个冬季牲畜基本没有损失。

暖和的环境加上农地丰富的农植，牲畜受自然环境影响的损失非常低，但也有其他原因导致 SYL 的牲畜受到了损失。在春季羊群下羔之际莫能塔拉嘎查的牧民会将即将产羔的母羊留在原地而将其他羊群继续放牧的习惯，以便母羊能顺利留在原地产羔。有一次 SYL 将准备下羔的母羊留在原地，当时天色已晚，将羊群提前赶回了羊圈，晚些时候走过寻找母羊时，发现母羊已经不见踪影，于是便想到母羊可能已经混进羊群，但在次日数羊时发现少了一只，并在当日发现远处有人在驱赶一只领着小羊羔的母羊，过去一看便发现是自己丢失的母羊，于是 SYL 过去询问为什么驱赶她的羊并由此发生争执，SYL 向此人解释在自己家乡发现即将产羔的落单母羊会帮助其主人带回的习惯，此人也回应在附近从来没有见过这只羊从而引发了误会，由此才带回了自己的母羊和羊羔。由于留下母羊的位置离当地一个村落较近，所以难免被当地人发现并认为不属于当地的牲畜而带走，因此产生了的误会。2020 年 SYL 转场到兴安盟乌兰浩特市都尔本新苏木，这年 SYL 承包了多家牧户的羊群同自家羊群总计 2550 只。接羔时节由于羊群数量过多，对 SYL 来说这一年也是格外忙碌的一年，据 SYL 回忆有一次回头找即将产羔的母羊时只发现羊羔而未找到母羊的情况出现，SYL 便抱着叫唤的羊羔在附近村落中寻找母羊以盼望能听到母羊的回应，最后在当地一家羊棚中发现了母羊并与该羊棚主人进行沟通顺利接回了母羊。由此可见当地人对长途异地转场情况的不了解和对陌生牲畜的误认导致此类事情时有发生。

不仅是当地人对异地转场的不了解，莫能塔拉嘎查牧民对农地环境了解不足产生的损失也有不少。SYL 在几年的异地转场过程中积累了许多宝贵的经验，也从同样异地转场的牧民口中收获到许多经验。除此之外还有反刍类牲畜在短时间内过度采食玉米导致牲畜肠道阻塞引发瘤胃鼓气、积食、酸中毒等疾病从而受到损失。这些事件都是由于牧民对当地环境以及农作物的陌生及不认识导致的，从而有些牧民受到了经济上的损失。

尽管 SYL 近七年的转场每年都会在农地度过冬季，但其中 3 年的越冬转场在同一年就转场了 2 次，最长时间为一个月，最短时间为 3 天。转场的原因各不相同。在转场农地后农地被打包导致牲畜没有足够的农作物采食而转场其他农地，又或是转场后当地被列入保护区不能进行放牧而不得不转场其他农地，还有转场到有生产药材的农地里导致再次转场。尽管这样，SYL 也没因为越冬离开过农区，而是再次寻找可以过冬的农地。

随着牧民们异地转场越冬的数量逐年增加，嘎查领导也更加重视牧民们的异地转场情况，并在 2023 年 12 月 27 日对所有远赴异地转场的牧民进行了慰问和关切，领导询问了牧民们在异地适应情况以及牲畜的情况并表示理解异地转场的不易，且表示嘎查对异地转场的支持以及关切，每户牧民都对嘎查领导的慰问感到欣慰，对领导不远千里前来慰问表示肯定和认可（见图 3）。

图 3　慰问的领导和牧民（2023 年 12 月 27 日孟根巴雅尔摄）

每年牧民们异地迁徙转场时都会向嘎查报备，从苏木综合保障中心对将要转场的牲畜进行检测并发放动物检疫合格证，且牲畜都要打疫苗，到达转场地后需要在当地报备并出示苏木开出的证明。牧户回迁落地后，要提前告知苏木并让苏木镇政府工作人员对返乡牲畜进行隔离观察，小畜不少于 30 天、大畜不少于 45 天。

（二）为什么跨省转场

1. 自然灾害

新巴尔虎右旗年降雨量一般在 300 毫米以下，且降雨分布不均匀，加之受气温低、无霜期短、土层薄等因素影响，新右旗草原生态系统存在着脆弱性和不稳定性。由于降水量的不稳定性，一年四季均可能出现干旱，干旱导致新巴尔虎右旗草场沙化现象越发严重，水资源供需矛盾凸显，给新巴尔虎右旗牧业生产造成不利影响。

由于莫能塔拉嘎查地域广阔，其域内包含的草原生态类别有所不同，有些地方邻近河流水草茂盛降雨量大，有些地方则以盐碱地为主植被和草的种类也有所不同，因此出现每户牧民家草场植被生长不均衡的情况，到了冬季家家户户都需要备草料，过冬时有些牧民可以从自家草场整备，而有些牧民则需要购买。但对于整个嘎查来说一年所储存的草料多与少也是个未知数，其影响储量的直接因素与自然灾害有关，近十年，影响较大的分别是 2013 年春季草原火灾、冬季遇到的雪灾、2020~2021 年夏天遇到严重的鼠灾和旱灾、2021 年春季遇到的沙尘暴等，还有很多起局部干旱、沙尘、鼠灾等。自 2017 年开始莫能塔拉嘎查就遭受鼠害加旱情，直到 2020 年才开始爆发（见图 4）。

图 4　2020 年鼠灾导致的干旱和遍地鼠洞（2020 年 6 月 1 日笔者摄）

　　据调查，2018~2022 年，呼伦贝尔草原布氏田鼠种群数量从低谷期逐渐上升到高峰后又下降，完成了种群波动周期的三个阶段。主要分布在新巴尔虎右旗、新巴尔虎左旗、陈巴尔虎旗三个牧业旗，合计危害面积占全市危害面积的 90%。新巴尔虎右旗布氏田鼠鼠害危害面积从 2018 年的 18 万亩逐渐上升到 2021 年的 998 万亩，增长了 55.4 倍，占所旗可利用草地面积的 30.1%。害鼠有效洞口平均密度从 2018 年的每公顷 795 个提升到 2021 年的 1959 个，增长了 2.4 倍。[①] 2018~2021 年危害面积、害鼠有效洞口平均密度均呈上升态势，种群数量在周期波动中处于上升期，鼠害发生区植被破坏严重，草场退化明显。

　　鼠灾的泛滥和持续的干旱导致莫能塔拉嘎查草料储量骤减，难以维持供应，所以导致一部分牧民决定异地迁徙。据牧民回忆 2013 年大雪，每捆草料售价高达 550 元，而 2020 年每捆草的售价是 400 元。对于有水草丰盛草场的牧民来说

---

　　① 鼠害信息网.呼伦贝尔草原布氏田鼠鼠害发生情况及防治对策［EB/OL］.［2003-07-06］. http://www.chinarodent.com/index.php?id=653.

或许还能储备足够的草料，但对于必须购买草料的牧民来说，负担草料的经济支出也是个大问题。而且随着近几年整个活畜交易市场的低迷，牛和羊的价格持续下跌导致牧民收入减少，使很多牧民负担不起昂贵的过冬草料，迫使一小部分牧民目视远方选择异地转场在农区租地转场越冬。

2. 重拾本土知识和再利用

常年的定居放牧大大地降低了本就脆弱的草原生态的承载能力，草场承载能力的下降不仅在经济发展的道路上造成阻碍，也对生态环境造成了破坏，过量承载的放牧已经问题重重，追逐短期经济效益的后果就是没有可持续利用和发展的根基，只有保护好草原才能另寻出路谋求发展。于是人们重新发现、弘扬和应用已有的本土知识和传统智慧，以解决现代问题或促进可持续发展，通过传承和应用本土知识，不仅有助于保护和传承游牧文化的独特传统和价值观，也有助于维护文化多样性防止文化遗失，还可以在解决区域性问题时提供有价值的见解，本土知识可以为创新和可行的解决方案提供灵感。本土知识的再利用有助于社会经济的可持续发展。可以通过更好地管理自然资源、改进农牧业实践，促进经济持续发展。

连续七年异地转场越冬的 SYL 每年 9 月末到 10 月初期都会去农区租地，11 月初把牲畜用大货车运输到越冬地，待到来年 3 月初返乡到自家草场，由于整个冬季不需要额外购买草料，而且农田租金也相对较低，使 SYL 家从 2018 年开始长途转场迁徙坚持至今。在跨省迁徙之前，尽管 SYL 家已经在自己草场上定居生活，但由于保留着过去迁徙游牧的传统，每季度更替都会在除自家外嘎查内其他地方迁徙放牧，或是在集体草场或是在别人家草场，以租的方式进行转场以便保留自己家里草场过冬。从 2013 年开始每年气候变换不稳定难以预测来年生态健康情况，在这种情况下为将突如其来的灾害带来的损失降到最低，像 SYL 一样的牧民们秉持着传统的同时在现代化畜牧的道路上摸索着可行的方法，而不是一味地守在定居放牧的围栏里，也没有顽固地遵循着旧迁徙样式，而是逐步开拓新的、可持续畜牧的方式。

四、转场遇到的困境及应对策略

（一）环境本土知识的匮乏

在当下环境及草原退化的趋势下，自然草地迁徙转场的空间也变得越来越小，尽管之前在莫能塔拉嘎查有小部分牧民相对维持着以租赁草场保护自然草场资源的方式，但对于这部分牧民而言只是在保存自家草场，这是其租赁转场的主要动机，从整体的生态保护来讲，也并没有起到明显的保护作用，这不仅是因为转场空间的缩小，也是因为牧民们面对草原生态环境的本土知识匮乏。SYL 在第一年异地转场时其亲属朋友都表现出不理解，认为是丢下现有的生活远赴他乡受苦受累，甚至对 SYL 哭诉阻止其转场，但经过多年的努力，人们逐渐对异地专场开始接受并给予肯定和支持，起初 SYL 为增加越冬时的收入想承包羊群，放出广告时没有人予以理会，但近两年人们会主动找上门来承包给羊群到农区转场过冬。这也体现长期的定居生活对不定居式的生活方式的否认和误解，随着牧民们异地转场数量的增加，也使人们重新认识到转场和本土知识的重要性。而且对于草场退化而言，人们更多强调降雨的重要性而忽略了生态复苏的机制在于自然的平衡，牧民对降雨的迫切性焦虑主要体现在敖包祭祀等活动和仪式上，人们只在意祈雨祭祀而忽略祭祀和仪式背后更加深刻的生态环境保护意识。传统游牧或者异地转场越冬，都是为能长期利用草原生态资源而产生的生活生产的实践。本土知识的匮乏影响着牧民们畜牧时的决策，有些牧户在短期租赁嘎查草场后只为一味地利用草场，这种操作远超草场可承载的牲畜数量，导致其他牧户没有有效地利用草场资源，结果是部分草地沙化加速，影响到往后几年的草场复苏。如果同时伴随灾害气候变化对草原生态更是加速进一步的退化。2021 正值鼠灾旱灾肆虐的一年，3 月 10 日 SYL 从越冬的农地返回嘎查后，本应在自家草场利用 2020 年冬季保留的草饲度过春季，但由于鼠灾和干旱导致的返青推迟以及无法租到嘎查的集体草场，使 SYL 不得不购买草料坚持到6 月中旬。

（二）信息渠道及异地农区环境

获取在农区租赁农地信息困难是阻碍牧民异地转场的原因之一，每个为过冬异地转场的牧民都是通过多种渠道打听甚至只身前往农田才能找到合适的越冬场地，由于没有完善和便捷的信息平台，牧民们往往会打消异地转场的念头转而投入更多的资金购买草料来使畜群过冬。信息渠道的不完善不仅导致无法及时获取农地的信息，而且对已经去往农地的牧民也有弊端，没有系统性的农地在冬季利用条例和规定导致很多不确定的因素，所产生的结果便是一个冬季需要在农区转场多次，而多次的转场对牧民产生了额外的生活负担和运输牲畜带来的经济负担。而且对农区环境的陌生也使牧民对此产生不信任以及因环境而受到损失。由于在农区转场的畜群及地点每年都不固定，租赁地及信息渠道少，牧户去已经收割的农区闲置地好几趟才能找到冬营地。还有就是转场运输成本过高，莫能塔拉嘎查是北疆边境地区，与越冬农业地区距离较远，起码六七百千米，所以在转场时不能以传统的方式赶着牛羊迁徙，而是租用大货车，由于畜群数量大，运输费用很高。随着在农区租地越冬牧户数量的增加和畜群的增多，农业地区租赁费用逐渐增长，牧民自发组织转场的影响力低，有些牧户承包别人家牛羊到农区越冬，收取一些费用，来年春季回到自家草场就返还，这期间使牲畜达到增膘的效果。然而有些牧民为增加收入承包多户人家畜群异地转场，而聚集大量的牲畜对转场牧民的各自劳动力成为了考验和压力，在去往农区放牧的牧民数量较少的基础之上，冬末春初正是牲畜开始产崽的季节，劳动力不足使牲畜受到损失，接羔困难也是牧民不愿异地转场的一个原因。尽管如此，异地转场有效地提高了羔羊的成活率，经济效益也有所提升，但能接受把羊群拉到农区越冬的牧户还是很少。

（三）牧民自发组织转场的影响力欠缺

从最初的一牧户异地转场开始至今，嘎查牧民之间缺乏有组织和规模的异地转场，零散的几户牧民各自寻找农地越冬转场，在农区也是各自放牧，使牧民在农地的寻找利用和转场中处于被动，从而导致长途异地转场的影响力欠缺。制定组织管理条例和建立一套系统性异地迁徙转场的方式也是牧民当下所需求的。有序和系统的异地转场不仅能保护草原生态及缓解草原退化，而且还能充分利用冬季闲置的农地使农牧两方都能获益，既能提高经济收益，而且又对草原生态资源可持续利用起到积极的作用。

还有过冬取暖，与当地社会的融入，畜群安全隐患，没有网围栏容易丢失，牛羊在田地适应性等诸多问题有待继续研究，总的来说，异地长距离转场有可继续探讨研究的价值，其带来的利益价值不仅在经济上且在人文上为各地民众团结一致、繁荣富强提供了一条可供选择的新道路。

（四）应对策略

重视异地转场让异地转场成为一种新的农牧文化交流是当下要解决的问题，将异地转场工作细化到具体的流程和规模，使农牧地区转场和租赁土地的信息需求传播及推广对异地转场有着重要作用，信息化平台化能使跨省转场的行为更便捷高效，从租赁土地承包畜群以及道路运输方面构建出适应现代化畜牧的新模式，使农牧民更能积极参与到将闲置土地租赁及越冬转场的行动中，从而促进农牧地区的文化交流和经济互赢互利。

五、结论及影响

（一）结论

从过去土地承包之前牧民以传统方式游牧迁徙到今日经济最大化的个人承包草场，每种畜牧方式都各有利弊，过去转场迁徙体现的是一种人类在大自然中生存的适应性，游牧迁徙允许人们根据季节和气候的变化，寻找最适合放牧的地点。这种灵活性有助于避开干旱、草原过度放牧等环境问题，从而增加生存的机会。而在现代化进程的道路上游牧也面临着诸多问题，本土知识的流失以及人口城镇化导致游牧人的数量减少。烦琐和频繁的游牧以及极低的经济效益也是游牧很难弥补的问题，还有现代社会土地所有权以及全球气候变化，已经没有广袤的土地任意游牧迁徙了。尽管定居式放牧使草原生态在不断沙化退化，但可观的经济效益已经给予了人们一定的成果。莫能塔拉嘎查牧民中有绝大多数人在迁徙的选择上还是秉承着过去式的流动，即在小范围内，如嘎查内租赁别人草场或者少数有迁徙去其他嘎查租赁短期草场来维持草原生态的平衡，所以在可持续发展和经济利益最大化中牧民们似乎找到了平衡，从2017年异地迁徙开始直至2023年，每年跨省的牧民逐渐在增加，这并不一定只是意味着由干旱大雪等灾害的原因导致的，而是为有为来年着想的远虑所带来的结果。过去农牧结合是在一块固定的区域既放牧又种地，充分利用土地资源，但毕竟土地承载有限终有承受不住的时候，而这种结合北方农区冬天休耕的特点在结合牧区冬季需要大量草料越冬的特点，使新一种农牧结合的方式或是农牧互补的方式能有效地缓解草原生态疲惫的态势，也能充分利用农区冬季不耕种的特点促使农牧互相在经济和文化交流上更进一步，土地利用和保护最大化及经济上"双赢"的结果。

异地转场是一种策略性的应对措施。牧民通过租赁农区土地越冬，以确保牲畜有足够的饲料，并减少了经济负担。这种策略性的转变有助于应对草原生态环境的不稳定性。而重拾本土知识和再利用是一种积极的发展趋势。部分牧民在异地转场过程中重新发现和应用了传统的游牧知识和经验，以适应现代环境。

（二）影响

异地转场迁徙的策略有助于减轻草原生态环境的压力，并通过减少过度放牧，保护草原植被，减少草原沙漠化和土地退化的风险。重拾本土知识和再利用传统文化不仅有助于传承游牧文化的独特传统和价值观，同时也为牧民提供一种可持续的生计方式；既有助于维持他们的经济稳定性，又有助于草原地区的可持续发展。通过重拾本土知识和再利用传统智慧，有助于将这些知识传承给新一代，以维护游牧文化的传统，并为未来的草原生态资源管理提供有价值的见解。对于推动牧区经济可持续发展、促进各地农牧民共同富裕、增进民族团结、维护社会稳定及构建和谐繁荣新时代现代化牧区具有十分重要的意义。

总之，异地转场不仅是一种应对自然灾害和经济挑战的策略，还反映了游牧文化在现代化进程中的适应和变革。它既有助于保护草原生态环境，又有助于传承传统文化，为社会经济的可持续发展提供了新的思路和机会。这一现象需要继续深入研究和监测，以更好地减少其影响和挖掘潜在的价值。

第六章

内蒙古多样化养畜方式之民族志调研报告

萨仁托雅 *

【内容摘要】自 21 世纪以来，内蒙古放牧地区社会环境变化越发加速，其中养畜方式的变化尤为明显。本章对固日班毛都嘎的民族志调研发现草场退化及相关政策制度的实施、牲畜结构的大幅调整以及耕地面积的迅速扩大等因素促使形成了以选择放养或舍饲、喂养天然草或人工饲料、人工劳动或机械化工作为特征的多样化养畜方式。本章认为，这种养畜方式既非"集约化"养殖模式，也非粗放型放牧，而是一种注重短期利益、耗费资源的高投入型"过渡式"放牧经营模式。这种现象反映了牧民对变化的对应策略，但也预示着在实现可持续、高质量畜牧业发展道路上的困难。

【关键词】固日班毛都；多样化养畜方式；牲畜；草场

一、引言

内蒙古牧区主要生产方式为畜牧，人们通过畜牧获取资源、维持生计。随着现代化进程和市场化的深入，内蒙古传统放牧方式受到很大冲击，使其养畜以及草场管理活动变得复杂多样。在计划经济时代，内蒙古放牧社区完成了社会化建设，牲畜和草场归集体所有。后来，随着"草畜双承包"制的落实，先是牲畜被承包到各户，随后草场又被分配，完成了草畜私有化工作。目前，内蒙古牧区呈现出多种复杂的养畜方式和方法。内蒙古是我国四大牧区之一，也是畜牧业重要输出地和北方重要的生态安全屏障。然而，该地区在生态环境保护、实现畜牧业高质量发展等方面仍面临多种挑战。近年来牧民养畜成本不断提高，加上贷款压力大，高强度的劳动以及牲畜价格不稳定等使牧民面临前所未有的挑战。主流经济学或单一学科在牧区发展问题分析上常表现出说服力不足或无法全面看待问题。而人类学通过民族志方法，以超越市场的视角来寻找问题根源，对牧区生态

* 萨仁托雅，内蒙古大学 2021 级少数民族经济学专业博士研究生。

保护、人和牲畜的健康持续发展都具有积极的意义。

人类学对游牧社会的探索始于 20 世纪 70 年代，1969 年在美国人类学学会年会上举办的"游牧社会研讨会"成为这一领域研究的重要里程碑（彭兆荣等，2010）。然而，针对社会环境变迁的研究，直到 20 世纪末 21 世纪初才开始。Humphrey 和 Sneath（1999）通过案例比较研究俄罗斯西伯利亚、蒙古和中国西北部的游牧业，分析了这些国家游牧民族为应对不断变化的世界形势而采取的不同策略。此研究强调游牧的"流动性"特征，认为牧场破碎化和围栏导致畜群流动性降低，进而导致草场退化和牧民贫困，并主张流动性可以与现代城市化世界共存。威廉姆斯（Williams D. M，2002）认为，草场私有化以及网围栏的使用是"土地退化的催化剂"，加剧了牧民生活的不平等。

随着内蒙古生态环境问题逐渐凸显，国内众多专家学者纷纷投入到牧区和草场进行深入研究。尽管牧区问题的微观研究在学术界显得较为边缘，但却提供了一手资料，并且赋予了牧民真实表达自己的机会。这种接地气的研究方式，切实有助于我们更全面、深入地理解内蒙古生态环境问题的本质和根源。李文军和张倩（2009）通过研究"草畜双承包"政策，试图运用非平衡理论解决内蒙古牧民面临的困境。同样的想法也被王晓毅等（2010）采纳，他们尝试通过非洲草原等国外草原管理经验，为国内草原管理提供一种与主流观点不同的解决思路。韩念勇（2011）的《草原的逻辑》（共四辑）以朴实、客观的方式记录了牧民管理草原的日常活动和想法，发现问题并质疑家庭承包制度在牧区的适应性，强调本土知识的重要性，同时也呼吁全社会关注牧民面临的问题和困难。他认为，目前草场不应该被允许转租，因为这会加速草场退化。但李文军（2022）则认为，草场转租是目前牲畜转场或合并草场的有效途径。此外，荀丽丽（2012）努力呈现目前草原社区草场管理的混乱状态，张雯（2016）则审视草原社区的环境和社会变迁，发现人与自然脱嵌的情况。以上研究可以说是草场退化加重以来的主要反思性研究，他们在微观层面，全面地寻找草场退化的原因，呈现和分析牧区面临的各种问题，并试图解决牧区困境。然而，尽管这些研究颇有启发性，主流观点却仍在坚持原有的牧区发展观念。例如，郝益东（2013）始终认为，内蒙古牧区的变迁是历史的必然结局，建设型畜牧业是迈向现代化的坚实基础，将内蒙古牧区经历的定居、草场确权、轮牧围栏等现象视为畜牧业发展的标志。因此，反思牧区发展的学者与持有主流观点的专家学者经常意见不一，争论不休。

事实上，内蒙古牧区现状并没有像一些保守观点希望的那样，发挥其传统优势。但也没有像郝益东他们预想的那般乐观，牧区资源、环境、气候问题日益突出，畜牧业经济一直"徘徊"在传统与现代之间。

内蒙古牧区如何在保护生态环境与发展畜牧业之间实现"双赢"，值得深思。本章旨在提供内蒙古翁牛特旗格日僧苏木固日班毛都嘎查的一个客观真实的多样化养畜管理实践，并试图找出其形成原因及可能带来的影响。

二、田野点概况

固日班毛都嘎查隶属于内蒙古赤峰市翁牛特旗格日僧苏木，位于北纬 43°15′、东经 120°05′，北与格日僧苏木人民政府所在地相邻，东、南和西分别与格日僧苏太本艾勒嘎查、乌日根塔拉嘎查和布日敦敖包嘎查接壤。该嘎查土地总面积为 16.5 万多亩，在格日僧苏木各嘎查中排名第二，仅次于布日敦敖包嘎查。

格日僧苏木是翁牛特旗蒙古族聚居的四个苏木之一，自古以传统放牧为主，直到 20 世纪末 21 世纪初，其畜牧业经营方式才发生翻天覆地的变化。固日班毛都为该苏木极具代表性的一个社区。一方面，它保持了传统的养畜特色；另一方面，它采取了"集约化"养殖方法，这是由其土地性质所决定的。固日班毛都的草场兼具草地和沙地两种类型，它不像布日敦敖包嘎查的草场几乎全部是沙地，也不像赛罕塔拉嘎查的草场大多是草地（现已被开垦种地）。因此，一方面它具有开垦种地的"优越条件"，另一方面又受制于沙地，只能通过牲畜来转化资源。因此，固日班毛都同时具备当前"能种地"和"无法种地"的所有特点，其养畜方式也呈现出多样化，成为该研究的对象。

根据 2022 年的统计数据，固日班毛都嘎查共有 16.5 万多亩土地，其中包括 9500 亩耕地、3500 亩林地和 15 万多亩草牧场。嘎查现有户籍人口 216 户 489 人，常住人口 96 户 310 人，其中蒙古族占据多数。嘎查的主要产业是种植业、养殖业，主要种植玉米和水稻，其中玉米种植面积约为 6500 亩，水稻种植面积约为 2600 亩。养殖业主要以牛和绵羊为主，家畜存栏的大畜共计 1549 头，小畜存栏共计 4484 只。①

从 2022 年下半年起，笔者开始收集和整理格日僧苏木以及固日班毛都嘎查相关的文献资料，以了解格日僧苏木一带的放牧生活历史。在此基础上，笔者于 2023 年 2 月和 7 月两次赴格日僧苏木进行田野调查，重点关注固日班毛都嘎查，深入了解该嘎查的成立历史、人口发展、开垦种地过程以及畜牧业养殖方式的变迁等，并对嘎查内的老人、中年和青年牧民进行了抽查式深度访谈。该研究主要

---

① 资料来源于固日班毛都嘎查委员会。

结合文献法、田野调查研究法以及数据分析法等研究方法。

三、传统的放牧方式

（一）畜草平衡的游牧形态

翁牛特旗历史悠久，境内发现的旧石器时代人类穴居遗址和新石器时代红山文化遗址足见其底蕴。"自春秋至隋，旗境先后为东胡、乌桓、鲜卑、库莫奚、契丹等我国北方民族游牧地"（范郁森，1993）。到了元朝，翁牛特旗为蒙古族居住地。即便在清朝，翁牛特左翼旗（翁牛特旗的前身）仍是蒙古族聚居的重要放牧地。

包括蒙古族在内的欧亚草原一带的游牧民族，由于自然条件的限制，随着草场和水资源的变化不断移动，并经过长期的磨合，形成一整套与自然资源协调稳定的游牧文化。在干旱和半干旱地带，由于无法进行耕种，人们只能通过饲养牲畜来获取资源，过着一种被"大地母亲"所恩赐的，相对自给自足的生活。

1. 五畜的功能

牲畜是游牧民族将自然资源高效转化为财富的重要手段。蒙古族在很早以前为了满足基本生活需求开始驯养牲畜，经过多年的努力，最终把牛、马、骆驼、绵羊和山羊"五畜"变成了家畜。在过去，蒙古族居住地几乎能看到五畜齐全的景象。

传统五畜中的牛、马、骆驼都属于大畜，其中马是最重要的交通工具之一，能够承载人和货物，帮助人们在草原上移动和迁徙。此外，马还是重要的战斗力量，以其耐力和战斗力闻名，因此也成为游牧民族与内陆交换的最具价值的商品之一，对游牧民族的生活起了至关重要的作用。蒙古高原上的牛则擅长适应寒冷的环境，在高原、山地、草原等多种自然环境中都能很好地生存，体质结实、肌肉发达、力量强大、吃苦耐劳，能够承担繁重的劳动任务。最重要的是，它们是游牧民族获取肉食和奶食的主要来源。

过去牛吃得少，而沙地里的草种又多，所以牛容易吃饱，也能补充营养，不像现在的大个子牛吃得多。①

相比马和牛，骆驼经常被养在沙漠草原地区。骆驼的脚掌较大，有助于减

---

① 与受访者 HY 的谈话。

小对地面的压强，使其在沙地中行走时不会陷入沙中。骆驼的驼峰可以储存大量的水，使其在缺乏水源的沙地环境中得以生存，其耐力很强，能够在沙地中长时间行走，是沙地地区重要的运输工具。此外，蒙古族也习惯食用骆驼肉和奶食品。

我们这边主要是沙地，过去每家每户都得养骆驼。①

绵羊和山羊都是游牧生活中重要的肉食和奶食来源。虽然绵羊和山羊的奶产量比牛低，但它们的肉质鲜美，营养价值高，而且它们的皮毛也是制作衣物等的重要材料。蒙古高原的绵羊和山羊更是如此。

"五畜"在蒙古族生活中具有极其重要的作用。它们不仅是直接和间接地获取资源的主要来源，能够满足自给自足的生活需求，还能很好地适应蒙古高原的恶劣环境，对草场的保护起到了重要作用。例如，绵羊在传统的放牧模式下，会吃掉杂草，同时还会在粪便中散播草籽，起到施肥的作用。

2. 天然草场利用方式

对于传统放牧来说，好的草和水无疑是牲畜生存最为重要的天然资源。因此，过去的游牧民必须根据可供的草场情况进行牲畜和牧草的管理，以实现畜与草之间的平衡。

据受访老人回忆，在固日班毛都以前只有七户人家生活，牧民们无须每天跟随畜群，只需要在适合的草场上驱赶放牧。② 但前提是草场丰富、水资源及盐碱地等其他资源也容易获得。

在格日僧苏木一带生活的牧民，过去通常不会频繁地搬家。他们只有在草场不足时才会考虑搬到别的地方。这恰恰说明过去格日僧苏木一带的土地肥沃，牧草生长茂盛，水资源丰富。只要有足够的水和草等自然资源，牧民就不会带着牲畜去很远的地方。关于牧民的迁移，拉铁摩尔（2010）曾提到，并不是几百千米那么远，有些甚至就在附近。游牧的目的是让牲畜吃到优质的草，同时也给退化的草场一定的恢复时间。在访谈中，很多老人表示，过去在固日班毛都沙地里长出的草是吃不完的，所以第二年会烧掉那些没吃完的草，以便长出新的草。

过去的固日班毛都，拥有近万亩优质草地。由于植物长得又高又密，牲畜很少进入此地。夏天苍蝇和蚊子非常多，牲畜不敢靠近，它们只在边上喝完水后便返回。

过去牧民依赖天然草场的程度极高，其实冬季也很少储存干草。生态环境保

---

① ② 与受访者 HR 的谈话。

持着原始状态，植物和牲畜均多样化，在牧民的经验知识的管理下一直保持平衡状态。

3. 邻里互帮合作制

在过去人少地广的年代，邻里间的合作具有重要的意义。蒙古族历来十分重视邻里间的关系，在畜牧业生产和其他工作中都会习惯于与邻里合作完成。另外，过去很多人家的邻里其实就是同一个部落（姓氏）的亲戚，形成了以血缘为基础的邻里关系。采访中一位老人说，他的部落叫独孤茹查干，是翁牛特台吉的一支，小时候他们家附近住的都是他们同部落的，生活中经常相互帮忙照顾。[①]

在传统生活中，蒙古族人家习惯按性别和年龄来分配家里的劳动。放牲畜的活儿通常是成年男性负责，女性负责挤奶、准备食物和衣物等。儿童一般跟着大人较早地参与劳动，例如放小羊羔、小牛犊等。不过在恶劣的环境中管理牲畜只靠一家的力量很难完成，所以通常需要与邻里间合作完成。

过去我们在沙地里居住时吃水必须自己挖井，于是就邻里合作打一口井，虽然不需要挖那么深，但全靠人工挖，所以费劲，需要合作。[②]

除此之外，邻居之间还会互相关照。例如，当有人生病或年老时，邻居们会给予帮助和照顾。邻里之间也会分享食物、衣物以及其他生活必需品，这是一种常见的互助形式。总的来说，过去邻居之间互相帮助是非常普遍的现象，这种互助关系成功解决了游牧社会的环境疾苦、劳动缺乏等问题，并对他们的发展和稳定起到了重要的作用。

（二）集体化对养畜的影响

内蒙古自治区成立初期，翁牛特旗隶属热河省管辖。1945 年 10 月，中共翁牛特旗委员会在乌丹成立，归属热中专属地委领导。随后，翁牛特旗政府成立，归属热中专属。直到 1956 年热河省建制撤销，翁牛特旗划归内蒙古自治区昭乌达盟管辖。其间，该地区还曾短暂归属于辽宁省，但在改革开放后，一直划归内蒙古自治区（范郁森，1993）。与中国其他地方一样，翁牛特旗也经历了社会主义改造运动，在生产合作社的基础上进入人民公社时期。

翁牛特旗在全国范围内起到了建立生产合作社的模范作用。1952 年，全国第一个牧业社——乌兰毛都牧业生产合作社在翁牛特旗成立，采用牲畜入股、按股分红的运行方式。于是十几家牧业合作社在翁牛特旗如雨后春笋般成

---

①② 与受访者 DT 的谈话。

123

立，《翁牛特旗建立了十二个畜牧业合作社，使牲畜大为发展起来》的文章也受到毛泽东的批示。其中三个合作社属于格日僧人民公社，体现其对合作社化运动的积极响应。1957年底，翁牛特旗全旗基本实现了农业和畜牧业的社会主义合作化，入社农户占农户总数的99.4%，入社牧户占牧户总数的89%（范郁森，1993）。

1. 集体管理牲畜

在牧区，加入合作社，主要是由牧民把家里的牲畜入股给生产大队。当时格日僧公社是按照成年马159元、成年牛130元和小畜10元的价格进行入股，并决定每年按照3%的利率还给牧户。直到1957年，格日僧公社的初级合作社共有20个，入社户数达到373户，人口1885人，牲畜19090头（布和朝鲁，2004）。

中华人民共和国成立初期，各地区主要任务是大力发展生产力，因此在内蒙古牧区的首要目标是增加牲畜的数量，同时要强化牲畜检疫防疫工作。从数据来看，固日班毛都的牲畜在人民公社时期初期和中期均有增长，有时出现数量下降主要是因为与自然灾害、瘟疫等有关系（见表1）。

表1　1958~1980年固日班毛都嘎查牲畜数量部分统计

年份	1958	1965	1970	1975	1980
牲畜数量（头、只）	3982	6805	4777	5773	4312

资料来源：固日班毛都嘎查委员会。

虽然牲畜不再是私家的财产，但放养方式基本保持了原有的走"敖特日"模式。过去，一个努图格就是一个大型牧场，各努图格之间可以借用草场等，在旗的范围内，草场的使用比较灵活。在公社时期，每个公社都有明确的草场边界线，除非有灾害等无法在自己的公社界内放牧时，才可以跨苏木或旗搬去临时借用的草场。虽然牲畜的移动范围比以往缩小了，但草场基本够用，未引起草场严重退化。

大队会将苏鲁克划分成几个部分，牧民就可以承包苏鲁克，这样就可以得到足够的奶制品。[①]

相比过去，管理单位更加重视牲畜改良工作。"草原红牛"就是最好的例子。虽然当时对改良的态度相对保守，但在牲畜数量、种类和品种等方面还是出现一

---

① 与受访者HR的谈话。

些变化，为今天的改良热打下了一定的基础。

2. 尝试种植农田

在新中国成立初期，内蒙古地区被禁止开垦，目的是保护草原生态环境。然而，为了提高粮食产量，一些牧区开始尝试小面积种地。流经固日班毛都的人工河被命名为吉日格拉河，这是在 1958 年，也就是格日僧人民公社成立的那年开挖的，并在当年选定两块耕地进行试种。

1964 年，在全国范围内兴起"农业学大寨"活动。同年，翁牛特旗举办了一次共有 2800 人参加的学习大会，包括固日班毛都大队在内的格日僧公社所有大队积极参与。1975 年，第二次"农业学大寨"活动再次开展，格日僧公社设定在两年内使 1/3 的大队转变为大寨式大队的目标，为扩大耕地提供了政策支持。

开垦种地的积极性还可从农业机械化的重视程度上看到。1969 年，翁牛特旗政府决定将所有农具下放给社队使用，然后又兴办了农机学校，培养了农机管理、驾驶、维修人员等（范郁森，1993）。1974 年，翁牛特旗各公社陆续成立农牧机械管理站，148 个大队设立机耕队（范郁森，1993）。尽管人民公社时期，固日班毛都嘎查的耕地面积并未快速增长，但附近其他大队的种地面积逐步扩大，这为日后的大面积开垦提供了一定的条件。

3. 加速定居化

自 20 世纪 60 年代开始，使牧民定居化的尝试就一直在进行。新中国成立后定居点的建设，包括住房与棚户建设被视为社会主义建设的核心部分，为此投入了巨大的人力物力。为了激励牧民选择定居，政府和地方机构制定了一系列策略，以加速畜群的定居。

固日班毛都的牧民在驻扎草地以前，一直栖息在沙地里。他们的居所名为"崩布各"（意为球状的房子），形如蒙古包。该屋舍的建筑材料皆源于当地，以草皮砌墙，内侧刷泥，顶部覆盖草料，且设有"套敖"，墙壁中间设有半圆形炕。还有一种由柳条编织而成。显而易见，这类圆形房屋的建造材料均来自当地。以前，牧区多为无脊梁的屋舍，但随着社会主义建设的推进，牧民也逐渐构建起脊梁式房屋，这些房屋通常坐北朝南，以草皮砌墙，屋顶上铺设长条木和柳条，并用泥土密封。牧民畜栏的栅栏通常也由柳条编织或草皮堆叠而成。

实际上，牧民曾居住的这种圆形房屋可视为较为固定的住宿形态。新中国成立后，随着政策的指引和资金的扶持，这一趋势得到进一步强化。牧民借鉴农区的居住模式，达到较"规范性"的定居。在后来的生态移民搬迁中，原本居住在沙地里的少数牧民也搬至现今的居住地，至此完全实现集约化定居。

近年来，多项研究开始讨论游牧民定居的优劣。20 世纪 80 年代末以来，一些观点认为定居化政策忽略了牧业的流动性，不利于草原生态环境的保护和牧业的发展。不可否认，定居确实对牲畜的流动性产生了直接或间接的影响。

四、"草畜双承包"后的嬗变

党的十一届三中全会后，中国全面推进改革开放，告别计划经济时代。1980 年 9 月 29 日，中共中央下发《关于进一步加强和完善农业生产责任制的几个问题》，肯定了包产到户的社会主义性质，赋予其合法地位。至此，农村改革进入全面推广阶段。同年，中央出台政策，鼓励长期依赖"贷款、返销、救济"的"三靠队"率先实行包产到户，于是常年靠赊账和救济的固日班毛都大队最早实行包产到户，将牲畜以五年期限承包给牧户，走在了私有化的前列。

（一）畜群构成及类型转变

将牲畜承包给牧户意味着牧民需要通过经营自家的家畜来获取收入。牧民会根据市场需求和经济效益，调整畜群的种类和结构。在这个过程中，一些传统的牲畜品种逐渐被其他品种所替代。

由于固日班毛都嘎查属于"三靠队"，所以牲畜承包任务提前完成。

> 我们这边很穷，当时分配牲畜时，每人只能分到一头半牛，而我们全家只分到一头带着牛犊的母牛，你可以想象有多穷。①

包产到户政策激发了牧民的生产积极性。刚分到牲畜的牧民，为了提高经济收入，努力让牲畜繁殖，因此出现了牲畜头数快速增长的现象。

从表 2 中可以看到 1980~1990 年牲畜头数增长率约 18%。不过有意思的是，从表 1 可以发现，其实 1965 年时固日班毛都大队的大小牲畜头数达到过 6805（头、只），只是这期间的大小畜群种类和结构没有太大的变化。

表 2　1980~2020 年固日班毛都嘎查每五年牲畜增殖情况

年份	1980	1985	1990	1995	2000	2005	2010	2015	2020
牲畜数量（头、只）	4312	3725	5087	4903	3593	6503	7325	8024	6972

资料来源：固日班毛都嘎查委员会。

---

① 与受访者 HW 的谈话。

1. 畜群种类调整

人民公社时期，翁牛特旗牧区许多生产大队曾有过"五畜"。然而在牲畜到户后，一些并不符合市场需求的畜群逐渐消失。首批遭到淘汰的便是马和骆驼。

随着现代化交通工具的普及，人们越来越倾向于机动车，包括摩托车、三轮车、四轮车乃至汽车。这对传统交通工具马和骆驼造成了严重冲击。过去骆驼在诸如固日班毛都地区发挥着重要的交通运输作用。由于该地区处于科尔沁沙地西部，若没有骆驼许多地方无法进入。然而，随着公路的修建，机动车可在沙地中通行，骆驼就逐渐淡出历史舞台。在这种情况下，牛、绵羊和山羊因其市场经济效益得以幸存下来，而马和骆驼则在此竞争中首当其冲被淘汰。

"草畜双承包"后大量养殖的山羊后来被认为是草场退化的罪魁祸首，再加上羊绒价格下降以及山羊破坏性强等因素，21 世纪初山羊数量在牧区急速下降。有统计以来，格日僧苏木马匹数量最多的时候超过 5000 匹，骆驼最多的时候超过 600 头，山羊最多的时候超过 40000 只。虽然近两年出于旅游开发或养殖赛马的需要，马和骆驼数量呈现小幅增长，但早已失去传统功能。据 2022 年的数据，格日僧苏木马匹数量为 1794 匹，骆驼数量为 205 头，山羊数量为 3627 只（布和朝鲁，2004）。经过多方因素影响，牛和绵羊最终成为固日班毛都牧民持续养殖的主要畜种。

2. 牛羊比例变化

牛在经济效益方面具有多重价值。首先，它们提供了肉类和奶制品，是食物资源的重要来源。其次，牛也是重要的经济资产，可以用来交易和积累财富。然而，与小畜相比，牛的繁育速度相对较慢，同时，承包牲畜后的头 20 年牲畜价格并未大幅度上涨。因此，牧民往往更倾向于选择繁育迅速且具有较高经济价值的绵羊和山羊。

我们小时候的牛主要是用来产奶食品，不像现在这样，现在养牛都是为了卖钱，都不舍得挤奶。[①]

在牲畜承包到户的最初 20 年，至少在固日班毛都地区，小畜成为赚钱速度最快的牲畜。如果一家拥有数百只小畜，便可视为富裕家庭。尽管牛数量众多的家庭也被视为富有家庭，但由于当时牛肉市场价格并不高，营利能力较弱，牧民往往更愿意用稀有的牛来交换小畜，而非增加牛群数量。在牲畜品种上，也未见频繁更改，大多数家庭持续饲养公社时期改良的草原红牛，直至 21 世纪初开始引进其他品种的肉牛。因此在"草畜双承包"制落实后的头 20 年里，小畜在许

---

① 与受访者 TW 的谈话。

多牧民家中更受青睐。

翁牛特旗的绵羊改良始于 1952 年，人民公社时期主要引自苏联品种，而后双承包时期敖汉细毛羊成为主要的改良品种。该品种毛产量多且白，成年羊平均体重为 45 千克，羊肉和羊毛均为牧民提供可靠的经济收益。到 1983 年底，翁牛特旗绵羊总量达到 41.82 万只，其中良种、改良种绵羊占 36.53 万只。1985 年 6 月底，翁牛特旗绵羊数量减少至 41.1911 万只，但良种和改良种绵羊数量仍高达 36.1 万只，占总数的 87.83%。直到 20 世纪 90 年代初，绵羊数量仍居翁牛特旗各类牲畜之首（范郁森，1993）。

翁牛特旗山羊的改良自 1982 年展开，引进辽宁省营口市盖县绒山羊进行杂交。据说此类杂交山羊平均每只产生最高可达 515 克的绒，比本地山羊多出 188.3 克。1985 年底，翁牛特旗山羊数量共计 10.96 万只，其中良种、改良种山羊 1317 只，占比 1.2%。相较于绵羊，山羊的改良工作起步较晚，推广速度也缓慢。这主要归因于翁牛特旗东部的纯牧区主要养殖绵羊。1984 年底，翁牛特东部地区大小畜存栏 34.4480 万头（只），其中牛占大畜总数的 74%，绵羊占小畜总数的 66.4%（范郁森，1993）。这表明当时牛和绵羊成为翁牛特旗东部放牧区域主要养殖的畜群种类，而绵羊尤为受到重视，整体情况与现阶段相比存在较大差异。

在固日班毛都地区，牛和羊始终是主要的牲畜种类。虽然"草畜双承包"后，牧民一度倾向于养殖小畜，以便迅速提升牲畜数量进而提高经济收入，但近年来，牛逐渐受到更多人的喜爱，绵羊则成为次选，甚至部分家庭已放弃养羊。尽管许多牧户仍在养绵羊，但数量并不多，主要原因在于满足家庭日常肉食需求以及仪式献礼等文化习俗的需要。

（二）草场私有化及网围栏的涌现

1. 草场私有化

1984 年，内蒙古自治区率先在全国实行"草场公有，承包经营，牲畜作价，户有户养"的"草畜双承包"责任制。同年，格日僧公社对各大队草场进行划边界。1989 年又实施落实草原所有权、使用权和承包经营责任制的"双权一制"。于是固日班毛都在内的行政社区从 1990 年开始实施草场到户工作，把草场划分给具体的牧户。

为了公平起见，首先把草场分档次，例如，草地和沙地。其次根据牧户可以承包到的亩数，把每个档次的草场都均分，以便防止有的人家分到的全是好的草场，有的人家分到的全是次的。

我们家的草场不在一块儿，有一块草场在西边的沙地里，我们把牛放到那里，东边有一小块儿草场放羊。还有一块儿比较大的草场，太远了，如果需要用就过去住，那儿有几家一起弄的敖特日，不用时就租给别人。①

如果把 1984 年承包到草场的牧民视为第一代承包使用者，那么经过 40 多年的更新换代，草场不断地被新使用者继承。在继承的过程中，难免也会有重新被分化的情况。我们可以从牧户数量变化上掌握大概情况。

表 3　1980 年以来固日班毛都嘎查每五年人口统计情况

年份	1980	1985	1990	1995	2000	2005	2010	2015	2020
户数（户）	86	91	99	96	108	118	130	198	212
人数（人）	501	435	475	433	432	432	432	461	478

资料来源：固日班毛都嘎查委员会。

从表 3 可以看出，固日班毛都嘎查户数从 1980 年的 86 户增长到 2020 年的 212 户，几乎增长了 2.5 倍。长此以往，草场分化的情况会加剧，其使用价值也会越变越低，除非牧民愿意与其兄弟姐妹或他人合并管理草场。但是目前在固日班毛都合并草场的情况不多见。

2. 围栏广泛应用

在草场承包到户的初期，一些牧民并没有对草场进行围圈。这种情况后来被一些人认为，草场有界限，放牧却无界限，牲畜在任何地方走动，吃草场的"大锅饭"，养殖大户"吃"小户，有畜户"吃"无畜户。

这种划了界却没有明确圈起来的草场很快引发了很多矛盾。私有化后的牧户家的牲畜数量快速增长，但能够使用的草场面积却比以往缩小，因此草场纠纷很快就出现了，草场退化也越发严重。

为解决这些矛盾，牧民开始用铁丝网将自家草场围起来。这不但能避免自家的牲畜到他家的草场上觅食，也能防止他家的牲畜来到自家草场。与此同时，一直认为草场退化是一场"公地悲剧"的相关部门，在政策和资金上对建设网围栏一事给予大力支持。截至目前，内蒙古草原围栏建设面积已达 4 亿多亩，其中 2.8 亿亩是通过国家项目建设的。如今，内蒙古自治区已有 4 亿亩草原被铁丝网、水泥桩切割成数万个藩篱，占全部可利用面积的 40%。②

---

① 与受访者 HY 的谈话。
② 央媒聚焦内蒙古 | 人民日报：建设草原网围栏　如何护绿又增收［EB/OL］.中共内蒙古自治区纪律检查委员会网站 . https://www.nmgjjjc.gov.cn/single/2023/06/27/230627153639057 14580–180428135608130 10017. html.

对牧民来说围栏解决了草场边界争议，还节省了部分劳动。对决策者来说已经用科学的方法控制了草场的过度放牧，应该皆大欢喜。但事与愿违，网围栏并没有解决草场退化的问题。有不少人认为网围栏是加重草场退化的罪魁祸首。Humphrey 和 Sneath（1999）提出，网围栏是导致草场破碎化并退化的主要原因。刘书润（2012）认为，网围栏会阻碍野生动物迁徙和草种传播，对动植物多样性产生影响。

现在草场上除了车轮子能走的地方以外全是网围栏，200 亩也要围起来，牲畜放进去了，草没被吃掉前就被踩没了。牲畜得动呀，没地方动，几乎在原地打转，肯定踩烂草呀。[①]

尽管主流观点坚持看好网围栏的积极作用，但近年来，一些地方在相关部门的支持下开始尝试草场整合利用的项目。虽然敖仁其和艾金吉雅（2018）的研究透露这种合作社的发展并不尽如人意，但此尝试无疑是对流动性放养的肯定。

总之，草场承包到户后，网围栏进一步推动了草场私有化和破碎化。在固日班毛都除了嘎查的公路和通到自家门前的小路之外，其他地方都被密密麻麻的围栏围了起来。草场保护工作到底需要继续使用网围栏还是拆除它，将来也会是热烈讨论的问题。

五、多样化养畜方式兴起

自 1980 年以来，内蒙古的社会环境发生了巨大的变革。进入 21 世纪后，这种变化似乎加速了步伐。其中，促使养畜方式发生变化的原因主要有三个：由于牧区草场退化问题越发严重，2001 年中央开始实行"围封禁牧"政策，对传统的养畜方式带来了巨大的挑战；随着国民消费结构的变化，2003 年牛肉价格大幅上涨，对牧民的畜种及结构改革产生了很大的影响；在饲料需求以及较高收入的刺激下，2005 年开始，固日班毛都等地的耕地面积迅速扩大，对草场管理和养畜方法等都产生了深远的影响。这一系列的事件和变化，使固日班毛都的牧民在养畜方式上发生了巨大的变革，进而影响了他们的生活环境。

（一）多样化养畜方式成因

1. 草场退化及政策引导

1988 年的数据显示，在翁牛特旗的 1042 万亩草场中，有 904 万亩出现了

---

① 与受访者 HY 的谈话。

不同程度的退化，占草原总面积的 86.73%。轻度退化的草场为 502 万亩，占草场总面积的 27.36%；重度退化的草场为 117 万亩，占草场总面积的 11.2%。其中，沙地草场的退化最为严重，退化面积已达沙地草场面积的 97.95%（张哲，1988）。

草场退化在整个牧区上演。20 世纪 90 年代末的一次沙尘暴使这一危机更为突出，并引起社会各界的广泛关注。对于草场退化的原因，各方意见不一，至今未能达成共识。其中，"过度放牧论"占据主导地位，并直接影响相关部门的决策制定。自 2001 年起，中央对牧区实施了"围封禁牧"政策，其中包括围封转移、禁牧休牧、退牧还草以及草原生态保护补助奖励等（布仁吉日嘎拉等，2019）。

从 2002 年 4 月 1 日开始，内蒙古赤峰市翁牛特旗逐步实施了禁牧封育，截至目前已经进入第八个禁牧期。格日僧苏木等放牧区域实施季节性禁牧，每年 4 月 1 日至 6 月 30 日禁止牧民在草场上放牧。

禁牧政策导致牧民将传统的放牧方式改为舍饲，固日班毛都的牧民在每年三个月的禁牧期间将牲畜圈养起来。由于购买优质饲草料的能力有限，许多牧民在春末夏初会给牲畜喂头年的秸秆或干草，这期间牲畜生病的风险也会提高。

牲畜夏季放出去后比较省事。在此之前，圈养期间牲畜可能会上火，需要经常在水里加入药物来预防疾病。[①]

尽管当前的禁牧政策已经进入到第八个轮回，但草场退化问题仍然严重。在固日班毛都，牧民在 30 年前能看到的多种植物现在已经消失无踪，草场的生产力何时才能恢复到原来的水平仍然未知。特别是在干旱年份，即使禁牧结束，放牧的牲畜也未必能吃得饱。草场资源的匮乏性日益明显，没有资金的牧民无法为畜群提供其他饲料，于是导致"生存性过度放牧"，进而形成一种恶性循环。

尽管对禁牧政策的利弊讨论尚未停止，但禁牧政策每年都在实施。有一点肯定的是，禁牧使饲料和饲养成本等都有所增加，并且改变了牧民传统的养畜方式，给他们带来了极大的挑战。

2. 市场需求与肉牛引进

随着我国居民消费水平和对食物营养追求的不断提高，牛肉价格出现上涨的趋势。2000~2016 年，我国市场牛肉价格从 12.88 元 / 千克上涨到 64.20 元 / 千克，特别是在 2008 年和 2013 年，价格上涨幅度分别达到 43.3% 和 30.3%（森巴提·叶尔兰等，2023）。这是新中国成立以来牛肉价格上涨幅度最明显的一个时

---

① 与受访者 SG 的谈话。

间段。这对于依靠市场交易来调节牲畜群的牧民来说，既是一次机会，也是一个挑战。原本以小畜为主要收入来源的牧民开始转向养牛，并对改良牛品种上下了很大的功夫，以迎合市场需求。

直到 2000 年，固日班毛都牧民还在养草原红牛，但现在几乎都已改成西门塔尔等肉牛品种。这个品种肉产量高，但投入成本比过去高很多。从牧民的介绍来看，这种肉牛每头牛每日喂养成本平均 20～30 元，不包括人工成本。无法自给自足精细饲料的牧民常年需要购买各种饲料。而且新品种在干旱、半干旱、寒冷的高原上适应需要较长时间，容易生病。虽然牧民们承担一定风险，但他们还是把主要精力投入到养牛中。

根据官方数据，内蒙古肉牛存栏量由 2002 年的 301.11 万头稳步增长至 2016 年的 854.90 万头（苏日娜和乌云花，2022）。在 2022 年，翁牛特旗的肉牛存栏量为 35 万头，该地区现有肉牛改良站点 312 个，改良员 382 名，改良率达 98% 以上，每年完成冷配 15 万余头。①

从 2022 年开始我学习了配种技术，2023 年我已经成功给 50 多头牛进行了配种。配种成功一头牛的价格在 300～500 元。我们这里有一位牧民，他现在已经不再养牛，而是专门从事这项工作，一年能给 1000 多头牛进行配种，非常赚钱。②

这种肉牛的养殖模式在一定程度上改变了牛群主要依靠天然草场放牧的传统管理方式，导致放牧和喂养相结合的新管理模式的出现。但这并没有实现集约化养殖模式，近年来快速发展的"新型游牧"反而证明牧民对于粗放型放牧方式的依赖程度。对于新品种肉牛在内蒙古牧区的适应性以及长远性等问题，人们的看法也存在争议。然而面对市场需求，牧民似乎并没有其他选择。即使疫情过后牛羊肉价格大幅下降，甚至出现亏损的情况，但牧民并没有更好的替代方案，依然在坚持。

3. 耕地的快速增加

1992 年，翁牛特旗政府倡导农区大量养殖畜禽，牧区大面积种植农作物。1995 年，内蒙古自治区民政厅出资 60 万元，格日僧苏木政府出资 59 万元，共计投资 119 万元，计划用六年时间开发水稻。固日班毛都的水稻田也正是那时候被开发的。不过，值得注意的是，固日班毛都耕地面积的快速增长是在 2000 年后才出现的。这与草场退化、养殖成本的增加以及快速赚钱等密切相关。

---

① 内蒙古自治区农牧厅.翁牛特旗"七种模式"助推肉牛产业高质量发展［EB/OL］.［2022-06-07］. http://nmt.nmg.gov.cn/xw/msdt/cf/202206/t20220607_2067485.html.

② 与受访者 NL 的谈话。

从表 4 可以看出，固日班毛都嘎查的耕地面积从 1975 年的 280 亩增长至 2020 年的 6941 亩，增长了近 25 倍，且近两年持续增长。原本固日班毛都嘎查除沙地外还有近万亩优质草场，但现在这些草场几乎都变为耕地。更令人惊讶的是，随着在沙地中拉电和挖电井的实现，固日班毛都部分沙地也开始种地，水资源充足、草场条件良好的那些区域几乎都变成了水稻田或玉米地。

表 4　固日班毛都嘎查每五年耕地面积变化情况

年份	1975	1980	1985	1990	1995	2000	2005	2010	2015	2020
面积（亩）	280	224	410	375	1150	429	1313	4180	6367	6941

资料来源：固日班毛都嘎查委员会。

这两年，牛的价格下跌，大家都在赔钱。如果在两年前就开始承包土地，多种地，就能多挣一些钱。[①]

在干旱半干旱草原上大规模开垦，会破坏草原生态环境，威胁到生态系统的稳定性和持续性。耕地面积增加，草场面积缩小，加速了草场的退化。另外，过度抽取地下水资源会引发新的生态问题。在干旱半干旱地区，不可持续的水资源管理方式不仅导致地下水位持续下降，还会引发地面沉降、土地退化和生态系统破坏等一系列环境问题。随着地下水资源的枯竭，当地社区的饮水安全和农业生产都面临巨大的威胁，加剧食物安全和经济稳定的风险。此外，这种过度开采会影响地区间的水资源分配公平性，加剧区域水争议，对社会的可持续发展产生长期的负面影响。

我们这不下雨都得浇水，水稻也浇水，玉米地也浇水。于是家里的电水泵抽水变得困难。[②]

现在，固日班毛都的土地除了沙地和草场就是水稻田或者玉米地，而水稻田几乎都被承包给了外地人，当地牧民自己种植得很少。每户分到的水稻田面积不多，只有几亩地，如果自己种，投入劳动多而产出少，还不如直接买着吃。因此，为了当地的发展而开发的水稻田，却为外地人提供了机会，牧民一亩地租金能拿到 500~600 百元。

牧民种地的目的是为牲畜提供饲料，并将剩余的出售获取收入。使牛羊加速繁殖，牧民普遍采用青储饲料、秸秆、玉米和其他合成饲料喂养牲畜。这种高强

---

① 与受访者 WL 的谈话。
② 与受访者 SL 的访谈。

度的饲养方式已经在牧区普遍化，使牧区的养畜方式逐渐向农区模式靠拢。

（二）多样化养畜特点解析

固日班毛都的养畜方式可谓是复杂多样。如果说往集约化靠拢，但是明显加强的流动性说明粗放型存在的必要。再与传统方式比较，两者也截然不同。其主要特征表现为采取放养还是舍饲、喂食天然草还是人工饲料、人工劳作还是机械化等方面。

1. 放养或舍饲

通过观察发现，固日班毛都既有放养方式又有舍饲的情况，两者结合的情况也很常见。

按照季节来看，牲畜的放牧通常在夏天、秋天进行。而完全舍饲则主要出现在禁牧期，即每年的4月1日至6月30日。两者结合情况，通常在冬季出现。冬季是牲畜掉膘的时候，牧民为了牲畜保持膘情并快速繁殖，在冬季白天把它们放牧到收割地里或者草场上。下午或晚上则赶回家，并喂人工饲料。

根据畜群的类型，牛羊群在禁牧结束后通常会被放出去。但是对于即将出售的牛羊羔等，仍然以精饲料为主进行喂养，因此需要进行圈养，以防止其掉膘。由于常年需要喂养饲料，有关部门对棚圈等舍饲设施建设提供一些支持。

调研发现，牧民家门口除了有牛羊圈外，还有暖棚、喂饲料地和储存饲料库等。这种饲料库主要用于防止饲料发霉。可见，牧民为应付禁牧期和干旱天气，即使是夏季仍需储存饲料。

按照放养的距离可以分为短距流动和远距流动两种情况。在家草场放牧距离较短，因为自家草场在嘎查界内。稍远的距离是几十千米，虽然需要住敖特日，但牧民可能每天晚上或几天回家一次。牲畜的长距离移动通常在外地租草场时发生。近年来，固日班毛都的牧民往阿鲁科尔沁旗、巴林右旗、克什克腾旗及锡林郭勒等地租草场，并用货车把牲畜运送。格日僧苏木越来越多的牧民夏天把牲畜送到外地，秋天再拉回来，因为他们的草场变成了耕地，夏天种地没有地方放养。

我们家草场很小，所以只能把牛送到外地。今年我家的牛去了克什克腾旗，那里的草场很好，每月每头牛收取30元的费用。①

随着牲畜送往外地的数量增多，出现两种管理方式：自家管理和他人管理。对于劳动力充足的牧户来说，一般会有一个家庭成员来管理牲畜，而那些缺乏劳

---

① 与受访者 SQ 的谈话。

动力的牧户会直接将牲畜承包给草场主。然而，这种方式存在一定的风险，因为通常只有口头协议，并没有书面合同。例如，当牲畜的生长状况不佳或出现损失时，如何进行赔偿等就成为难题。类似的纠纷常常发生在发包人与承包人之间。因此，牧民更愿意通过熟人寻找可靠的发包人来避免这种麻烦。

2. 原生草料或饲料

草原曾是牧民养畜的唯一资源，牲畜除了自然生长的草以外，再无其他饲料。然而，随着固日班毛都等地开始种地，稻草、秸秆、青储和玉米等随之成为牲畜的食物。随着新品种的引进，燕麦草、苜蓿草、合成饲料等更多粗饲料和精细饲料也被经常购入。

以前的牛吃得很少，冬天也很少割草屯草。但现在的牛得使劲喂，还得时常补充营养才行。去年我们家一头牛每天的花费至少 60 元，包括治疗费用。①

现在的固日班毛都牧民既需要依靠天然草，也离不开人工培育的饲料。首先，对天然草的依赖主要源于其成本低，其次，通过在天然草场进行放牧，可以降低牲畜患疾病的风险。而人工饲料的需求，一方面源于草场的退化，草资源的匮乏；另一方面也因为对改良牲畜喂养的要求。

按季节来划分，禁牧结束后牧民就会将牲畜放到天然草场里。夏季时，牲畜主要以天然牧草为食，除育肥中的牲畜外。秋天收割后，就会把牲畜放到饲料地放牧。而春季和冬季，则会结合放养和饲料喂养。当然，禁牧时期较为特殊，只能选择饲料喂养。

从饲喂成本来看，羊群饲料消耗要比牛群少很多。首先，近几年牧民减少了养殖小畜的数量；其次，小畜的食量比大畜小；最后，新品种的肉牛食量通常比传统牛大。因此，羊群的饲料消耗比牛群少很多。

在集约化、现代化畜牧业发展的语境下，尽管采取牲畜改良、草饲料种植等一系列措施，但许多牧民仍无法放弃粗放型放牧模式。这主要有以下两个原因：首先，集约化和现代化畜牧业对干旱半干旱地区的牧民来说成本过高，风险极大；其次，环境不适应、牲畜患病等问题也不容忽视。

3. 人工或机械作业

过去，邻里间的合作成功解决了牧区的劳动缺乏问题。然而，自从市场经济深入后，找人帮忙更多地演变成雇佣关系，而非互助。近年来，因各种原因，牧区出现了劳动力缺乏的问题。

早晨起来要清理牲畜的粪便，大约花 1 个小时，完成后赶紧进屋喝早茶。接

---

① 与受访者 TJ 的谈话。

着出来继续给牛群喂干草，我爱人负责给羊群喂食。然后再给它们放水，需要2~3个小时。下午再给牛羊群喂不同的饲料，根据牲畜的情况喂不同的饲料，这个过程也需要2~3个小时。中间有空就清理棚圈，还需要加工饲料，如渣玉米、切秸秆等。如果牲畜有异常情况还得用药，或者去咨询兽医买药等，几乎没有多少休息时间。可能只有在夏天雨天时才能休息。[①]

机械化被视为现代畜牧业发展的另一个重要标准。在市场上，我们常见到拉粪便、拉草、拉货的机动车，还有渣料机、切割机、打草机、收割机、打包机、剪羊毛机、监控器等各种设备。为了支持机械化，有关部门为购买机械设备提供少量补贴。为减轻劳动负担，牧民时常会选择贷款购买一些机械设备，但这也增加了他们的生活成本。

机械化可以大幅提高牧区作业效率、降低劳动强度，同时还可以提高饲料的利用率。然而，机械化需要大量的初期投资，如购买设备、维护和修理等，这对于一些小规模牧民来说，是一项不小的负担。此外，机械化设备的操作和维护需要专业知识，这就要求牧民接受相应的技术培训，这无疑增加了额外的时间和经济成本。除此之外，机械化作业可能会对草原生态造成一定的影响，如机械过度压实土壤，影响草原的自然恢复能力等。因此，在引导和推动内蒙古牧区机械化时，需要关注其可能带来的社会和环境问题，并寻求平衡发展的策略。

六、结论

维持千年的游牧畜牧业在现代化的推广和市场经济的深度发展下发生了天翻地覆的变化。虽然新中国集体化经济在牲畜改良、加速定居化等方面起到了很大作用，但当时的牧区畜牧业经营还是以传统的放牧为主。"草畜双承包"责任制的落实导致牲畜结构变化，如草场私有化以及网围栏的普及等诸多问题。并在21世纪初开始实施的中央"围封禁牧"政策、牲畜结构大变化和耕地面积快速增长等督促形成牧区复杂多样的养畜管理模式。

本章认为，固日班毛都多样化养畜方式的特征主要体现在放养还是舍饲、喂天然草还是人工饲料、人工喂养还是机械化喂养等。最终可以看到固日班毛都既存在放养又存在舍饲、既要喂食天然草还要喂人工饲料，并且高强度劳动力结合部分机械化的现象。因此固日班毛都现阶段的畜牧业既不是集约化，也不是粗放型。从其参与市场的情况来看，牧民属于被动的角色，发展中的弱势群体。在这

---

① 与受访者 MG 的谈话。

里看到牧民往农村畜牧业发展模式靠拢的"决心",但同时也看到了无法摒弃甚至具有增加趋势的传统意义上的"流动性"。这种模式是不稳定的、以短期利益为目的的,甚至有时是与当地环境资源条件相反的。因此本章认为这种混杂的养畜方式只是应对变迁中的"过渡式"放牧方式。面对这样的情况,需要以牧民的经验为基础,以目光长远的政策为引导,以体现产品质量的市场为依托,结合当地特色,发展出资源节约型、绿色健康的畜牧业是解决问题的关键。

第七章

人类学视域下的民族地区旅游景观调研报告

开花 *

【内容摘要】五角枫作为一种具有观赏价值的自然景观，曾经在当地人的日常生活中起到重要作用。然而，随着旅游业的发展，五角枫从自然景色转变为旅游景点，引发了空间变化和多元主体对资源的争夺。在这一过程中，当地人赋予五角枫的意义逐渐被忽视。本章首先进行田野调查和文献查阅，收集了五角枫的历史传说、变迁历程以及旅游开发前后的空间变化和当地人赋予五角枫的意义等。随后，通过整理和分析第一手资料，运用景观人类学的知识，探索五角枫景观背后深层次的文化意义。从景观人类学的角度来看，历史上不同的社会群体对五角枫景观有着各自的理解和建构。然而，在旅游业的发展背景下，一些人对五角枫所赋予的意义的理解不到位。因此，挖掘人与景观之间的美美与共的和谐关系变得尤为重要。

【关键词】五角枫；景观人类学；空间

一、引言

在以往的人类学研究中，景观往往是作为背景来呈现的。日本学者河合洋尚和周星（2015）介绍："人类学家逐渐认识到景观不仅是客观存在的物质，更是人为赋予文化意义的环境。"基于这一认识，研究者开始探讨不同群体如何根据其价值观和思维方式赋予环境文化意义的过程。通过"五角枫"的案例，可以看到文化景观是如何在相应理念的指导下被创造和建构的。政府、运营商和当地居民基于各自的经济文化背景，对这一新兴文化景观表达着多元主体的多样认知，旅游景观的多义性正是由此产生。要理解景观多重性，不仅需要从政治经济视角进行现实分析，还需要回归到历史情境中，以明确不同主体的历史记忆、实践和

---

* 开花，内蒙古大学 2021 级民族学专业硕士研究生。

感知如何塑造了景观的形成过程。历史上的多元主体对这一景观有着独特的理解和建构，并以各种方式进行表达。

在发展的整体脉络下，地方政府肩负着推动地方发展的重要责任，然而市场经济的运作使其从社会福利的提供者转变为市场化的经营者。民族地区的文化旅游资源成为重要的商业资源，然而在旅游开发过程中，常常会出现以历史关怀为名而造成的历史误读。历史以精心选择的方式被加工，只呈现符合游客口味的故事。在这种发展主义和道德语境下，当地居民深藏的文化理性很难真正表达出来，因为经济理性在短期内占据了支配地位，快速催生出新的景观，与资本逻辑一起导致景观同质化。接着，景观逐渐"窄化"，基于多元社会记忆形成的多元叙事也趋向单一化。然而，普通人的记忆模式是基于更具体的生活实践，如个人经历、幸福与苦难、家族迁移等，他们对特定场所的认知是基于个人实践和感知。因此，形成了一种"差序化"的记忆模式和叙事方式，多元的历史主体在各自的记忆领域中，对现实文化景观的打造应该给予不同的解读和历史记忆。然而，在强大的经济理性逻辑面前，这种多元性很难真正发挥作用。最终，只"生产"了空间，却缺乏景观的"建构"。而人类学者利用他们所学的知识去挖掘景观的深层文化意义，正是研究的意义所在。

五角枫具有独特的特性。与其他地区的枫叶叶片通常为三裂不同，科尔沁草原上的枫叶为五裂，因此被当地人称为五角枫，是该地区独有的一种景观。五角枫不仅具有观赏性，还具有重要的生态价值，是生态白鹳、金雕等珍稀鸟类栖息和繁殖的场所。

全球内景观人类学领域的研究成果丰富，但对于中国乡土社会的研究相对较少，特别是将景观人类学、空间理论和乡土知识相结合的研究成果更是寥寥无几。正因为如此，笔者对研究民族地区旅游景观中的"五角枫"产生了兴趣。中国正前所未有地走近世界舞台的中心，中国民族地区景观研究也是推动景观人类学发展的重要方向。

从有关国内外景观人类学研究现状来看，主要研究成果有以下两个方面：

（1）国外研究。河合洋尚（2013）在《景观人类学：中国广州城市环境的表象与再生》一书中，根据多年在中国广州地区的人类学研究，构建了"景观共生"的独创性概念——"多相"。并将其定义为"两种以上的景观在一定条件下保持平衡并融合为一体的动力学"。一个景观既有"空间"相，又有"场所"相，换言之，一个景观既有政府、媒体或学者所生产出来的具有地方特色的景观，又有当地居民生活实践形成的景观。河合洋尚从"空间"与"场所"视角对景观进行了分析，并通过实例揭示两个不同面相景观之间共存的条件，由此建构了独创的"多相"概念。河合洋尚（2015）在《景观人类学的动向和视野》一文中简单概括了景观与风景的区别、"场所"与"空间"的区分及景观人类学的"空间"分析的基本问题和景观生产论的概念分析等，强调观察景观的显现方式。河合洋尚（2021）还在《人类学如何着眼景观？——景观人类学之新课题》一文中写到：景观人类学的"空间"研究目标是解读"他者"的凝视与其背后宏观政治经济结构（全球化、旅游开发）的相互关系。考察上述关系如何影响人们的生活舞台——"场所"的。"场所"并不是单纯的微观研究，而是与宏观的视野相结合的。不仅是"场所"，"空间"的存在方式也不是一成不变的。"场所"和"空间"不仅相互竞争，还可以相互转换。针对这种现象，景观人类学首先讨论了"他者"意象被塑造，投影在"空间"上，在物质与视觉层面上形成对应自然或人工环境的过程。所以，理解"空间"的意象（文化意义）、生产体系同样也十分重要。

（2）国内研究。葛荣玲（2014）在《景观人类学的概念、范畴与意义》一文中认为，景观人类学是指用人类学整体观的视角、比较的方法以及田野调查的细致工作，对人类景观的多元形态、样貌、性质、结构等做系统的考察，以探求景观在人类社会中的缘起、功能与意义。人与环境的互动、人类学的整体观、本地人的视角是景观人类学的重心。徐桐（2021）在《景观研究的文化转向与景观人类学》一文当中认为，作为文化现象的"景观"处于一种永恒的变化状态，为了理解景观和文化之间的映射关系，必须在具体时间的变化中进行研究，而不能把他们看作是时间尺度上的静态现象。由此，解析作为文化现象景观的文化意义，只能回到建构其文化意义的群体本身。翟淑平（2022）在《景观与历史：民族地区旅游景观建构的人类学分析——基于四川松岗"天街"的田野调查》一文中，主要从景观人类学与历史人类学角度对四川松岗"天街"景观进行研究，从一种过程论的关系主义视角出发，通过在"多相"和"多元"之间建立关联，化解景观的"解域化"困境。在现实和历史的关联中寻找景观作为文化的本体意义，尊重多元主体的表达，以寻求促进民族地区文化景观的可持续发展。苏和巴特尔（2020）在《景观人类学视角下的巴拉巴其矿泉研究》一文中主要从景观人类学的角度，通过田野调查方法，收集相关巴拉巴其矿泉的历史传说、了解用矿泉群体的信仰状况，并对圣泉的枯干和恢复的历史以及建设的过程等进行了研究。

目前学界关于景观人类学的研究多是以空间组织视角作为切入点，而关于空间组织跟地方记忆相结合起来研究的案例寥寥无几。本章以多次田野调查为基础，深入挖掘当地人的地方记忆并且研究对"当地人"及"当地资源"开发利用过程中空间格局如何变化、各方权力如何运作等。揭示其村落景观空间在文化时空环境中的构成和变迁，希望在旅游现代化的背景下，能在满足当地居民自身发展的同时实现传统村落空间形态健康协调发展的愿景。文章注重对景观被改造前后各空间的流转及变化、该过程中各权力关系的置换与重组及其内部的权力运作原因。

二、田野点概况

（一）"五角枫"的介绍

代钦塔拉五角枫保护区位于大兴安岭南麓，科尔沁沙地最北缘。代钦塔拉，蒙古语意为"英雄的草原"。是一个以保护五角枫、榆树疏林系统和珍禽栖息地为主要保护对象的自然保护区，保护区总面积 61641 公顷。地处代钦塔拉苏木境内，位于霍林河和额木特河之间。保护区成立于 2003 年，属于自治区级自然保护区，保护区因生长着斑斓绚丽、多姿多彩的濒危稀有树种沙地五角枫而出名，根据保护区资源分布特点及生态保护功能与其他功能协调统一的需要，将保护区划分为 3 个核心区、3 个缓冲区和 2 个实验区。保护区的核心区由 3 部分组成，总面积 16066 公顷，占保护区总面积的 26.5%。其中，位于保护区西北部塔布陶勒盖核心区面积 2763 公顷；位于保护区南部的巴彦吉鲁和核心区面积 10911 公顷，位于保护区南部哈敦哈拉山核心区面积 2392 公顷。在 3 个核心区外围分别划出缓冲区，形成保护缓冲地带。缓冲区面积 8689 公顷，占保护区总面积的 14.3%。保护区边界以内，缓冲区界限以外的部分区域划为实验区。实验区面积为 35972 公顷，占保护区总面积的 59.2%。实验区生态旅游资源类型丰富，组合度高，被纳入代钦塔拉休闲旅游区，重点打造了五角枫林与疏林草原景观区、翰嘎利湖、图什业图赛马场 3 个旅游景区。目前主要还是以生态观光为主。2018 年接待旅游者 7 万余人，旅游收入 47.6 万元；2019 年接待旅游者 8 万余人，旅游总收入 53 万元。

自 2021 年华侨城北方集团与科右中旗人民政府、科右中旗文旅公司分别签署《资金拨付协议》和图什业图亲王府——五角枫生态景区《委托管理协议》以来，由华侨城北方集团和欢乐谷集团联合组建的派驻管理团队深耕科右中旗文旅产业，为科右中旗景区运营管理"赋能加力"。近两年，他们将五角枫生态旅游景区（枫林营地）硬件提档升级、管理制度梳理与景区高质量运营管理有机结合起来，助力科右中旗实现巩固拓展脱贫攻坚成果与实现乡村振兴的有效衔接。以"一处美"引领"处处美"。2022 年，华侨城北方集团以"节庆覆盖全年、强化核心品牌"为目标，围绕"枫林马镇"核心旅游品牌，策划落地春季露营季、暑期研学、秋季赏枫、冬季花灯游园会等节庆产品。增强五角枫生态旅游景区的辐射带动能力，强化"一站式、沉浸式"旅游体验。

五角枫的旅游开发围绕的关键词有两个：一个是特定的地理区域空间——五角枫景区；另一个是特殊的社会群体空间——五角枫文化。旅投公司在村里划定了一个区域，通过修盖大门、规定景区入口和出口、设置人工检票关卡、提供免费导游引导等措施，选择有代表性的建筑、场地和空间设置若干参观点，构建了一个景区范围，并绘制了景区游览路线示意图。

（二）"五角枫"的特点

秋霜过后，五角枫依其树龄不同，树叶的老嫩不同，树叶也就各异了，就是同一株树的老枝和新梢，上面的颜色也大不一样，常常是一棵五角枫叶片可分为深红、大红、浅红、橘红、橙黄、大黄、鹅黄、嫩绿、深绿等十几种颜色，树冠一般呈馒头形状，枝丫浓密，枫叶厚实饱满，独具特色，是科尔沁草原最具有代表性的树种之一。

五角枫如同动物中的鹿一样浑身是宝，它不仅树种珍贵，色彩绚丽，造型优美，而且枝干是做家具和农具的上好材料，用五角枫做马头琴琴箱，其音质远好于其他木料；嫩叶可当茶饮，也可做菜吃；用五角枫种子制成的保健油系列产品，被誉为肿瘤患者的"生命之油"。

三、历史传说中的"五角枫"景色和现今的"五角枫"文化景观

（一）历史传说中的"五角枫"景色

1. "五角枫"的由来

关于五角枫，在当地流传着一则美丽的传说。据说，顺治二年（1645年）由孝庄皇太后做主将固伦永安公主下嫁图什业图（今科尔沁右翼中旗）亲王巴雅斯呼朗，孝庄皇太后亲手把北京香山的枫树种子交给固伦永安公主，并嘱咐图什业图亲王将枫树种在亲王府所在地代钦塔拉，以示满蒙两族永结同心，世代友好。处于历史交界地带的人们在历史上都经过持续地交往交流交融，这就是费孝通先生所说的"你来我去、我来你去、我中有你、你中有我"的混融格局。

2. 当地人赋予"五角枫"的意义

景观意义的发掘可以从景观的独特性和价值两个方面入手。过去，人们过于

关注景观的独特性，但实际上发掘景观的意义更为重要。

对于当地村民来说，他们与景观融为一体，很难将其分离开来。五角枫不仅具有独特的形态，还具有景观价值。虽然五角枫的形态独特，但并不是每个人都会远道而来到代钦塔拉看五角枫。驱动人们前往参观和体验的动力来自于对五角枫文化价值的判断，人们对五角枫的文化认同程度较高，旅游驱动力也就相对较强。

通过访谈，了解到当地居民主要通过"待出来""旅出来"和"流动出来"这三种途径来发掘景观的意义。

"待出来"是指人们在一个地方长期生活和居住之后，对于该地方或景观的时空秩序和美感有所体悟。例如，刘某在家中放置了一张五角枫的照片。当问及这张照片的由来时，刘某深思熟虑地说道[①]：

"这张照片是我们这里刚开始流行照相机时我拍的第一张照片，为了纪念它，我将其洗出来。当时五颜六色的景象非常引人注目，将它拍下来放在家中也是一种美的享受。更重要的是，这幅照片给我带来积极快乐的感觉，仿佛能够源源不断地注入我生命的活力。看到它，我感到自豪。"

从中可以看出，在老人的心中，五角枫具有特殊的意义，无法用言语传达，它如同灯塔一般照亮着老人的人生道路。尽管五角枫只是一种普通的树木，但对当地人来说，它具有独特的意义，因为当地人赋予它不同的意义，让它显得与众不同。

所谓"旅出来"，是指人们通过旅行比较不同地方景观之间的差异，从而发掘每个地方景观的意义。据孙某[②]所说：

"我之前是代钦塔拉小学的老师，现在退休了，平常总喜欢出去走走看看不同地方的风景，也会每天记下自己的所思所想，走过的地方越多就越发觉得家乡的五角枫是大自然的馈赠，无须雕饰最本真的样子就很迷人，我有一次跟我的孩子说，就像每个花都有自己的花期一样，五角枫也有特定的时间绽放它的美丽，我们的人生又何尝不是那样的呢，我们不可能一直都有高光时刻，所以要学会自洽才是最重要的。孩子听完后表示很认同，万物皆有灵，五角枫树也有灵性，只要我们善待这片树林，它们也会以自己的方式保佑我们世代平安，繁荣昌盛。"

可见，在当地人心中，五角枫具有无比神圣的意义，赋予了它们与其他物体不同的意义。五角枫也被用来教育孩子们。五角枫已经渗透到每个人的日常生活中，在每个人的童年中扮演着独特的角色。自然景观是不依赖于人类的客观存

---

① 访谈对象：刘某，男，71岁，当地退休干部；访谈时间：2023年6月19日；访谈地点：受访人家中。

② 访谈对象：孙某，男，62岁，当地退休老师；访谈时间：2023年6月20日；访谈地点：受访人家中。

在，不隶属于任何文化，但却可以为任何文化背景的人所利用。即使是未经改造的自然景观，当它成为当地人精神生活的一部分时，就被赋予了文化的意义。

所谓"流动出来"，是指景观的意义永远处于流动状态。一方面，这是因为景观的开放性导致了构成景观元素的流动性；另一方面，人们观念的流动性导致了景观意义的不断变化。据郭某[①]所说：

"我发现现在人们的消费观念产生了很大的变化，十几年之前人们是很抵触借贷款之类的行为，但现在迥然不同，村里大部分人都借贷，而且跟之前不同的是他们觉得享受当下就好，生活观念产生了很大的变化，伴随着对本地景观的重视程度也大大缩减了，现在你问有些年轻人景观对他们意味着什么，他们可能会回答没什么实际意义，只要能带来些经济利益就行，我个人认为现在的年轻人缺失掉一些生活仪式感和意义了。我觉得这种现象是值得重视的。"

人似乎被实用主义的旋涡所裹挟，不再考虑意义等观念性的东西，总是被短期利益所左右。甚至有些人认为意义这个词本身就很空洞抽象，无法言说。笔者认为这可能是时代变迁的结果，人们的生活观念发生了巨大的改变，怀旧情感逐渐缺失，赋予景观的意义也变得虚无。

（二）现今的"五角枫"文化景观

1. "五角枫"景观的生产过程

在过去，五角枫所在的地方是当地村民的草场，他们的生计主要依靠农业和畜牧业。村民们在五角枫树林里放牧牛羊，并随意砍伐树枝作为柴火使用。政府意识到这种情况后，认为有必要保护这片地方，并禁止牛羊进入。因此，政府与当地村民进行协商，将这片地买下来，并分摊给每户 15 万元。2003 年，这片地正式成为保护区，五角枫与当地村民在空间上产生了隔离。随后，当地政府认为可以将部分场地用于发展旅游业。

然而，可能是因为当地政府的宣传力度不够，而且缺乏旅游发展方面的经验和知识，即使在五角枫叶最美丽的 10 月，也没有游客前来观赏，导致旅游业发展停滞不前。当地政府意识到，继续这样发展下去不是长久之计，有必要寻求专家的指导，并加大宣传力度，才能带动旅游业的发展。仅仅依靠当地政府的力量是远远不够的，因此决定向有意愿的企业抛出橄榄枝，让它们参与代钦塔拉五角枫旅游业的发展。

不出所料，一些企业得知消息后纷纷前来。在经过层层筛选和经济方面的考

---

① 访谈对象：郭某，男，58 岁，当地村民；访谈时间：2023 年 6 月 20 日；访谈地点：受访人家中。

量后，最终选择与国有企业合作共同发展代钦塔拉旅游业。2020年9月，北方集团在中宣部和华侨城集团的领导下接手帮扶工作，并与欢乐谷集团合作，以"战兵协同"的方式共同承担起帮助科右中旗文旅产业高质量发展的重任。他们在代钦塔拉村成立一家分公司，名称为旅投公司。初期是通过合作关系共同发展代钦塔拉旅游业，但后来企业管理层认为合作收益微乎其微，决定以每年一次的方式来承包五角枫营地。

经过与旅投公司工作人员的访谈，了解到他们决定不再与当地政府合作承包五角枫的原因是，每当盟里的政府人员、当地居民或尊贵的客人来访时，当地政府总是要求免费进出五角枫林，展示当地独特景色。然而，这种情况导致公司几乎没有收入，维持员工生计都成一项艰巨的任务。因此，旅投公司向总部提出申请，决定承包五角枫。承包之后，政府不再干涉或过问公司的任何业务，公司完全自给自足，当地政府也无权了解利润和经营模式。自旅投公司承包五角枫以来，管理方面变得更加严格，经营模式也得到了进一步完善。北京总部还调派一部分人员协助经营，在分公司内部设立多个部门，如宣传部、财务部、客服部和后勤部等。

旅游业面临的一个问题是，景区采用观光式游览方式，游客停留时间仅有一两个小时，除了门票收入、少量餐馆和纪念品销售外，很难实现其他旅游效益的发展。如何延长游客停留时间，增加消费内容，成为旅游发展的一大难题。最直接的方法是增加更多的游览项目，以吸引更多的散客。因此，图什业图亲王府中影制作基地和"枫趣童年"草原亲子主题乐园等项目相继建设起来。尽管有资金和地方政府的支持，但在执行过程中，遇到了村民的反感和抵制。地方政府、旅游公司和当地村民三方都抱怨不已。地方政府认为旅游公司执行不力，旅游公司认为村民眼光狭隘，缺乏全局观，而村民则觉得自己始终处于弱势地位。根据镇政府的说法，规划的目标是"发展地方经济，实现村庄富裕"。矛盾的出现源于村民对利益分配不公的焦虑，并上升到了民居改造权和话语权的层面。正如一位受访者黄某[1]所说：

"我不否认发展旅游业会给这个村落带来一定的经济效益，但当大部分收益流向外来人，并且在这个过程中村民们失去了发言权，心里难免感到荒凉。自从发展旅游业以来，每个人进入五角枫营地需要支付30元，只有年过七旬的当地老人能以半价进入，而其他当地居民的收费标准与外地游客相同。"

由此可见，旅游业给代钦塔拉带来了社会矛盾。一个根本原因或许正如欧挺

---

[1] 访谈对象：黄某，男，41岁，当地村民；访谈时间：2023年6月22日；访谈地点：受访人家中。

木（Tim Oakes）总结的那样，即"村民失去了对景观的所有权"，因此产生了一种"被剥夺的感觉"（Tim Oakes，2007）。

代钦塔拉的景区部分实际上是村落中最原始的公共区域，记录了代钦塔拉村民共同的记忆和社会价值观，是他们的共同遗产。将这样一个区域转变为景区，实际上是将生活空间转变为集体资本。尽管只有区域集体共同投入才能产生效益，但是关于具体投入多少、所做牺牲以及平衡这些投入所需的补偿问题，需要进行精确的计算。尽管没有人确切知道如何计算，但每个人心中都存在着模糊的期望和诉求。

对于代钦塔拉村的领导班子来说，村民的心理存在着矛盾。一方面，他们钦佩领导班子能够采取大胆的措施，带领整个村落进行转型；另一方面，也有很多人对领导班子的某些行为表示不满和不适应。在经济方面，问题尤为敏感，也最容易引起质疑。村民们怀疑领导班子可能会为了自身利益而暗中损害村落的利益。他们敏锐地意识到空间可以转化为资本的可能性。在空间资本的开发过程中，村民、旅游公司和地方政府三方不断进行合作和争夺。旅游公司为村民提供了一些直接的就业机会，包括导游部经理、基层员工导游、检票员、保洁员和保安。对于基层员工的雇佣也存在一些约定俗成的规则。例如，负责清扫垃圾的人原则上是村里的困难户，年龄一般在 50~60 岁，男性，除了务农之外没有其他收入。此外，一些孤寡老人或者没有子女或子女较少、赡养能力低的人也会得到优先雇佣。雇佣的方式是，旅游公司向村委会说明需要雇佣多少人，村委会根据统计信息推荐符合条件的人应聘，然后公司进行选择。检票员和保洁员的雇佣方式基本相同，多为本村的女性。在过去，妇女结婚后一般不再外出打工，而是在家务农、照顾公婆和孩子。现在即使结婚了，在旅游旺季也会到旅游公司工作，成为家庭经济收入的贡献者。这在一定程度上改变了她们的家庭地位、生活方式和生活态度。

在访谈过程中，笔者遇到一位本村的女性导游。她表示，在游客数量多时，她会去旅游公司担任导游的职务，并将孩子交给公婆照顾，有些孩子则直接送到镇上的托儿所。旅游公司雇佣 4 名保安人员，年龄在 30~40 岁，负责维护景区秩序，工资由旅游公司支付。旅游公司已成为村里最大的经济实体，五角枫旅游景区的发展也带动了代钦塔拉的交通发展。村里的水泥路和土路都被铺设成了柏油路，村里的健身设施也越来越多，新式公共建筑也逐渐出现在村落中。自来水管道、道路和桥梁的修建方便了村民的生活，专人负责垃圾清扫，使村民变得更加自觉，公共卫生得到了很大的改善。旅投公司和村委会共同负责村落的公共建设和服务责任，对村民的生活和行为规范产生了影响。

随着景区的建设，代钦塔拉村的邻里关系发生了一些变化，居民的生活空间也需要与游客分享。对于本地居民来说，这既是机遇也是挑战，同时还需要适应新的规则。在这样的环境下，村民们创造了新的生活智慧和相应的解释系统，建立了自己独特的价值体系。

2. 政府与当地人的互动

在这里，"政府"主要是指代巴彦呼舒镇人民政府，作为国家政治管理体系中最底层的行政单位，政府全力支持旅游业的开发，在预算分配、招商引资等方面提供有针对性的政策倾斜。然而，在土地问题上，政府希望划拨一部分土地进行建设，而这些土地大多归村民所有。无论是让村民之间协调还是政府补偿征地，都会引起争议。

最初，当地政府从当地人手中购买五角枫地块，在发展旅游业时，承诺提高当地人的经济收入并促进就业。然而，实际行动未能完全落实，这不可避免地引起当地人的不满。政府与当地人之间的互动关系产生了一些隔阂，政府似乎心有余而力不足，而当地村民对政府的做法不理解或对补贴金额不满。在访谈中，地方官员和村民都表达了自己的苦衷。自五角枫被列为保护区以来，村民的自由受到了限制，例如，不得随意建造牛棚、猪圈，许多建造房屋的事情也需要向嘎查政府报备并经过审批。这些由发展旅游业带来的不便引起了居民的不满。村民、旅游公司、村委会和镇政府之间因此产生了矛盾和纠纷。代钦塔拉似乎已经成为一个"社会矛盾体"，这是一个令人苦恼的问题。几乎所有的矛盾都围绕着景区规划展开，在利润分配是否公平的质疑背后，是"空间权力"的较量。无论是旅游公司和地方政府对代钦塔拉五角枫景观进行规划或保护的管理策略，还是居民采取的各种合作或抵制策略，种种迹象表明，这个村落社会正在经历某种结构上的转变。

对于原本以家庭为经济合作单位的代钦塔拉农村社会来说，旅游经济的引入打破了原有的社会格局，人们需要以新的身份和方式参与其中，可能成为旅游业务工人员，或者出租自己的房屋给从事旅游经济的人。有些人选择不参与，或者没有资源参与，但他们的生活仍然受到影响。村落社会被重新调整和整合，历史记忆、文化传统、建筑和居所、生活街区以及村民自身成为既可以被观光的资源，也成为人们参与或抵制这种社会变迁的资本。本章认为，在扩大发展乡村旅游的同时，应该关注提高乡村旅游目的地居民的生活水平和生活质量，使他们成为乡村旅游发展的真正受益者。然而，可以想象，当地居民并没有成为当地旅游业发展的主要受益者，反而因为设立保护区限制了他们的生活和谋生方式。虽然有些人在营地中可以找到一些工作，但旅游业是季节性的，无法保证持续的收入。当地政府应通过相关政策和措施，保障和扩大当地居民对乡村旅游发展的参与。例如，在选择和决定乡村旅游发展方案时，应确保其目标与当地村民的长期利益一致。此外，还应维护和弘扬乡村旅游目的地的历史文化传统，培养当地居民的自豪感。真正传承民族传统文化离不开本土文化生态环境的支持，也应该由当地居民自己来完成。让当地居民系统、全面地了解和学习本土民族传统的地方知识，增强他们对本土文化的信心，培养他们对本地传统文化的自豪感，增强社会凝聚力，从而有助于当地居民自觉地表现出东道主而非商业服务者的心态，展示当地社会的"好客文化"。

四、"五角枫"文化景观的空间变化

（一）旅游开发之前的空间格局

1. 物质空间

村落可分为各个部分，学校、住宅、广场等，道路将各个部分联系起来，组成村落的有机整体，各个部分与村民分别发生着关系，为村民的日常生活起着功能性的作用。作为社会关系得以建构和日常生活的主要活动空间，村落也由不同家屋、公共建筑及连接各部分建筑的道路所构成。村落因生活于其间的人的活动而获得价值和意义。据被访谈者佟某 ① 所言：

"那时的代钦塔拉还是一个传统的村落，村中央建有一所小学，大部分都是砖房，还有一小部分是土房，房屋位置排列没那么整齐划一，每家每户挨得很近，而且房屋里面的布局也有讲究，西屋一般都是老人居住，东屋留给年轻夫妇居住，尽管村里之前就有活动的小型娱乐场所，但也没有健身器械，我们基本上也不去那边溜达，那时的道路还是崎岖不平的土路，每到下雨时简直是一言难尽，对于人畜都不太友好。总的来说，那时的生计方式单一，道路交通也不发达，还有建筑模式基本上也都一样，村里人互相模仿，生活方面也都不会想着标新立异，那时的人们思想也特别传统。"

物质空间是历史积淀而成的空间。在这一空间中，不同历史时期相互叠加、不同历史事件彼此共存，蕴含着多种时间指向的可能性。"村落的地方、方位命名系统，不仅能够体现出地方的地理地形特征和参照物的物理特征，也体现出不同时代的话语特色，或者村落发展的历史记忆"（葛荣玲，2014）。经过与村民访

---

① 访谈对象：佟某，女，69岁，当地退休教师；访谈时间：2023年10月4日；访谈地点：受访人家中。

谈后得知，在旅游发展之前人们每年都会举行祭敖包的活动，每位村民都会认真对待这个集体活动，而且每个人对于家乡的一草一木都有无比深刻的感情跟信仰，并且认为在故乡的土壤当中长出来的每个植物都可以放心地品尝，故乡的五角枫树就像一个慈爱父亲的肩膀一样，当村民们乏累时可以随时依靠，那时人们的精神世界也无比丰富，追求内心的片刻宁静，远离城市的喧嚣，日出而作、日落而息，人们似乎很满足那时无人烦扰的生活状态。笔者清晰地记得当地村民白某[①]说过：

"之前人们很少以金钱为导向做自己不喜欢的事情，往往把内心感受放在第一位。"

2. 社会空间

社交景观不光是人们与人们相互交换物品的场所，还是空间的结合，这种组合方式如何影响人们的思考及行为是我们研究社交景观的重点。笔者采访了村里的若干人，被访者陈某[②]说：

"之前的房屋任意排列，户与户之间的距离还挺近的，那时一家有事全村帮忙，比如一家杀猪杀羊，会邀请全村人过来，而且像建新房子上梁之类的，不用求帮忙，村里人会自愿过来帮这帮那的，每当过年时还挺热闹的，每家都会挨家挨户地串门，大年三十两三家人聚到一起吃饺子，吃完饺子一起打扑克，或者是一大家子人围坐在一起唱歌、回忆往事、有说有笑、气氛很是热烈，这一晚上基本上不闭灯，人们都以守岁为由整宿不睡，等到初一早上五六点，每人都会穿上崭新的衣服来迎接新的一年，并且每家都会带着新年礼品挨家挨户地串门，给长辈们磕头祝新年，去迎接美好的下一年。那时人与人的关系很亲近，但是这也仅限于同一个村庄，对于外来人或是外村人，村民们不会那么热情，他们只会对同一个地方的人有认同感，不会特别想跟外来人交流交往。"

由此可以知道，在同一个地方土生土长的人会对彼此有依赖，而且由于信仰跟生活方式一样，他们对彼此的认同度比较高，而对于外来人口，他们有一些排斥情绪，对于未知事物，往往伴随着机遇与风险，他们也许害怕承担风险，就可能觉得维持原样就是最好的选择。

一般而言，在中国传统的农业社会里，土地与社会关系是紧密联系在一起的。正如费孝通（1988）在《乡土中国》中所说，乡土社会最重要的就是土、土地。在中国农村，土地遵循"平等继承的原则"，"兄弟分别继承祖上的遗业，使

---

① 访谈对象：白某，女，57岁，当地村民；访谈时间：2023年10月4日；访谈地点：受访人家中。
② 访谈对象：陈某，男，51岁，当地村民；访谈时间：2023年10月4日；访谈地点：受访人家中。

人口在一地方一代一代地积起来，成为相当大的村落"。乡土社会的生活是富于地方性的。地方性是指他们活动范围有地域上的限制，在区域间接触少，生活隔离，各自保持着孤立的社会圈子。土地是农业的资本，农民的生活依赖于土地、定居在本村、流动性低、依赖经验。费孝通所讲的这些农村社会特征，如果我们反过来理解，就是说在中国传统的乡土社会里，"陌生"的、"外来"的经验之外的事物，在进入乡土社会时很可能会刺激村民的不安全感、不公平感。

（二）旅游开发之后的空间格局

1. 物质空间

旅游的发展不仅是当地为发展经济而实行的一种手段，旅游还使当地人将自己原有生活空间中的景观或加强或打破或重塑，这一过程并不仅仅是对呈现于游客面前的可直观观赏的"景观"的重塑与改造，还是对村民们内部生产生活空间、文化空间的一种打造。

村落整体的布局性规划变得更为常见。之前，村民往往只需要根据祖先的经验教条来建造自己的居所，根据邻里关系、家族位置的情况对自己的生活空间进行适时调整。近年来，原先按照神圣／世俗或者辈分／年龄等秩序进行空间区隔的观念已渐渐被打破。根据旅游发展的需要，村民的居住空间被管理和"保护"起来。

当地政府认为可以利用这种独特的景色去吸引外地游客，以此促进当地经济也是一个很好的举措，但光靠一方的努力显然是远远不够的，于是便把保护区缓冲区一带外包给北京国有企业，具体的承包金额当地政府不便透露，只是说旅投公司以每年一次，每次结清的方式支付承包费用，然后每年旅投公司的经济利润当地政府无权过问，旅投公司是一种自给自足的状态，这就是为什么当地人要进五角枫林里头也要收门票的原因了，但是对于当地七旬老年人可以收半票，也就是15元就可以进入到枫林里。访谈过的一位七旬老人包某[①]说：

"即使是半价，我也基本不去了，因为五角枫最原初的样子早已印在我的脑海里，没必要再花钱进去看，我也能理解政府的做法，把五角枫保护起来也许是对的，一个东西要是一直都属于公共资产，很少有人会一直保护珍惜，我想现在五角枫树长得比之前更好了吧，没有砍伐索取，被保护得很好，也算是我们当地的一个明信片了，随着新进的旅投公司不断地宣传，更多的外地人也闻讯赶来，在某种程度上带动了本地的经济，平时村里的一些妇女也会去景区找点儿活干，

---

① 访谈对象：包某，男，72岁，当地村民；访谈时间：2023年10月5日；访谈地点：受访人家中。

如保洁员、宣传员、礼仪等。在旅游旺季时工作上三四天挣得也不少呢。有的人会在院子里种各种各样的果树、蔬菜，还有的开小商店、宾馆，每到十一月假期，他们的收入也相当不错。村里的道路也都铺成了柏油路，之前哪儿都崎岖不平的，下点儿雨就没法走路了，现在生活条件多好啊，家家都有车，去哪儿都方便，总的来说，给本地带来的好处是比较多的。"

由此发现，虽然说包某比较怀念之前那种无拘无束的生活，但面对如今的局面，包某愿意相信家乡的未来只会越来越好，村民们只会越来越富有，后辈们会有更好的发展机会，这或许是老一辈人的美好期许吧。

随着旅投公司的入驻，村里的房屋排列格局也跟之前截然不同，因为要发展旅游业，房屋排列格局被重新设计，一些老旧房子推倒重建，有了所谓的秩序美感，还有村里的公共娱乐场所也是宽敞无比，听当地人说这两年旅投公司计划要在当地置办养老产业，从村民手中买下一大片地，现在楼房在盖造中，现在村里也都铺了柏油路，交通很便利，就像当地人戴某[①]所说的：

"近几年旅游业发展后我们这儿真是有了翻天覆地的变化，不管是在村容村貌上，还是在生活方式方面都有了改变，道路四通八达、近两年也有比较多的外地人来这边经商之类的，村里新潮的房子都是他们开始建的，随后村里人也跟着建那种房子，房屋内部空间布局也没有之前那样分得那么细了，现在的年轻人也不愿跟老人们住在同一个屋檐下，都选择在旁边再建个有独立卫生间的小房子，不过这样也好，毕竟老年人与年轻人在生活方式方面有很大的不同，分开住也不失为一个好的选择。还有我认为比较好的一点就是咱们这个活动场所变宽敞了，安置了一些健身器械，吃完饭可以去溜达健身，晚上还组织跳广场舞，极大地丰富了我们的日常娱乐生活，我挺满足的，有种过上了小康生活的感觉。"

由此看来，戴某对于家乡的变化是比较满意的，对于外来人员也抱有一种欢迎的态度，认为外来人员给当地带来了新颖的事物跟思想。

正如葛荣玲（2014）所提及的，随着旅游开发进程的前移，原本对于当地人来说相对私密生存空间的界限逐渐模糊，外来人员相继涌入。景区发展前期大都是一种相对"内部"的计划，而随着旅游发展进程的加快，外来人员的参与度逐渐趋于明显。外来者如商人、游客、手工艺人等与本地人一起分享景区的空间，各自根据自己的观察和实践构建自己对于村落景区的理解、经营、判断与记忆。并在公共的、家庭的、信仰与禁忌的空间里制造出新的形式、秩序、价值与意义。

---

① 访谈对象：戴某，男，56岁，当地书记；访谈时间：2023年10月5日；访谈地点：嘎查活动室。

2. 社会空间

景区形成之后，不仅带来物理空间的改变，更带来社会空间、家园纽带的变迁。在村落到景区的转变过程中，原先由乡土纽带连贯起来的地方，逐渐变成被剥离原生纽带的"非地方"（non-place）（葛荣玲，2014）。家族的、信仰的、公共的、私密的等各种有意义的空间，则需要新的价值观来衡量。村民们在这一社会转折中开始摸索新的应对策略。

从社会交往层面来说，随着旅游业的进入，社交网络比之前变得庞大，更多的以金钱为导向，与外来人员交涉与交往，就像在五角枫营地工作的当地人程某[1]所说：

"现在很少跟家里人围坐在桌前讨论往事了，基本上没什么事，与村里人聊天的次数也少了，现在更多的时间跟同事、上司谈业务、景区发展之类的话题了，我感觉现在村民们之间的交流也比之前少了很多，现在逢年过节也没人互相串门了，杀猪宰羊也不会张罗全村人过来了，现在像有些节日村主任就象征性地组织大家一起出去聚餐之类的，不然大家聚到一起的时间好像真没有。"

随着旅投公司进入代钦塔拉，当地人的社交网络扩大了，但同时也导致邻里关系不如以前密切，变得比较疏离，人们更专注于自身事务，每天都在努力改善生活水平，对精神层面的关注似乎减少了。旅游资本的发展势头越强劲，乡土社会的凝聚力似乎就越弱化。曾经一起生活成长、彼此分享文化的乡民似乎已经失去了彼此之间的信任。老年人可能会根据自身经验对祖先记忆进行判断和选择，但年轻人则不确定口述历史和大众媒体叙事哪个更可信，对自己祖先的历史感到迷惑和不确定。当问及五角枫的来历时，他们往往首先根据媒体和旅游宣传材料上的知识回答，然后又会质疑其真实性，提出："这些是真的吗？有些只是为了旅游而编造的，你认为是吗？"村里也出现了许多围绕旅游存在的新事物和问题，如人口迁入、房屋和土地的租赁和交易，新的土地纠纷，地方政府、旅游公司与村民之间的利益协商和矛盾，外来资本的投入，以及为了开发旅游而进行的新村落规划和居住政策的改变等。原有的乡民社会中各种交换和合作关系也迅速发生了变化。

在旅游开发之前，村中备受尊重的老人和族中的长辈在邻里和家庭纠纷处理上有很大的影响力。随着社会经济的变迁，传统的社会关系解体了。老年人失去了影响力，年轻人未必能够取而代之；家族失去了影响力，家庭和个人也未必能

---

① 访谈对象：程某，女，41岁，当地景区务工者；访谈时间：2023年10月7日；访谈地点：景区办公室。

够取而代之；虽然旅游公司获得一些经济效益，但并未获得村民对村落事务的委托。现在的代钦塔拉既具有大量的整体组织管理规划方案，同时又是一个松散的社会，人们各自为营，或者想方设法加入空间的资本化过程。自上而下的管理和旅游经济开发使代钦塔拉地方社会认同和基础越来越薄弱。

五、景观生产当中的关系分析

（一）当地人与政府

海外人类学非常重视景观与权力关系的探索。一是达比，二是米歇尔。达比（2011）在《景观与认同：英国民族与阶级地理》中明确指出，景观是一个动词，它不仅是文化权力的工具，而且是各种社会身份赖以形成、阶级概念得以表述的文化实践。米歇尔（2002）认为，景观并非天然地、自然而然地"在那里"，我们只需去看、理解、阅读其表征。景观常常"非其所是"，它有着更为复杂的过程，尤其是各种权力关系的争夺，景观不仅意味、表征或象征着权力关系，它本身也可以是权力的工具，甚至成为权力的代理者（agent）。

按照政府的说法，规划的目的在于"打造地方经济，实现村庄富裕"。矛盾的显现，源自于村民对利益分配不均的焦虑。在代钦塔拉人的村落社会中，住房和土地是他们的生活之本，也被视为村民不可侵犯、不可让渡的权力。对于住房，村民的基本要求是安全和舒适，如果从祖先那里继承来的房屋过于老旧狭小，或者住户的经济水平有明显提高，他们就要求重建或者新建。随着经济的发展，人们对旧房的改造愿望越来越强烈。自从五角枫被列为保护区之后，村民们的自由受到了一些限制，例如，很多房屋翻新之类的事情也都要上报给嘎查政府，一定要经过审批才可以。这种由于发展旅游业带来的各种不便让人们颇为不满。据被访者王某[1]所说：

"一旦涉及经济方面政府总是吞吞吐吐的，就是不会答应下来，关键是我们用自己的钱盖房屋也有一堆限制，问及理由时总会大体地说，因为有保护区，所以一切从简才行，对于这样的理由，我认为并不能服众。"

由此看来，当地人对于政府的作为也有很多看不惯的地方。政府人员觉得因为建立保护区和发展旅游业可以使当地生活水平直线上升，享受着各方面的待遇补贴，村里的基础设施也比原来先进，村民们应当满足现状，珍惜眼前的一切才

---

[1] 访谈对象：王某，男，44岁，当地村民；访谈时间：2023年10月9日；访谈地点：受访人家中。

是最重要的。可见，笔者认为部分村民与政府人员的沟通错位导致相互之间的关系并不那么融洽。

（二）旅游服务提供方与游客

旅游者在与乡村社区族群的接触过程中，由于其旅游方式、旅游目的、停留时间等方面的影响，可能会带来双方的文化冲突、文化认同、文化整合等文化的互动。在旅游活动的过程中，诸多关系反映着文化的不同侧面。无论是在旅游的物质基础方面，还是在旅游者的精神过程中，都不可避免有着文化的印迹。旅游活动使主客两个群体发生临时性的接触、"凝视"和互动，而由于接触极为短暂，与邻里族群之间的互动不同，旅游中的主客双方相互之间产生的多是臆想。一方面，旅游是沟通内与外的桥梁，甚至会抹杀内外之间的差异性；另一方面，又建构内与外的界限，通过对旅游地"异文化"的包装和展演，观赏与消费，从而使旅游活动得以延续。这是一个矛盾的过程，但无论是游客还是东道主，对于这种界限似乎都有一种维护的义务。

一方面，从旅游者角度而言，任何旅游者所面对的不是本体文化作用结果或影响，就是非本体文化的作用结果或影响。对此，旅游者势必会做出基于自身文化修养的反应。旅游者关于旅游的理念形成于本体文化规范的基础，其所遵从的文化模式，如价值观念、生活习惯以及体现个人社会政治经济地位、生活经验、文化素养等的行为，表现于整个旅游活动过程中。旅游作为人的短期的、采取不同于平时（至少是不完全相同）生活方式的一种生活经历，主要是通过时空变换对人的精神生活发生影响。在旅游行为过程中，旅游者涉身于与自身文化背景相同的或不同的文化环境之中，在客观方面，承受有形和无形的文化熏陶；在主观方面，在旅游动机和旅游期望的驱使下，相对灵活地按照预先的安排进行并有目的地从中寻求某种身心满足。旅游者的行为过程能够引起对社会、经济、文化和环境的影响，特别是促成了不同文化背景的人的接触和交流。

另一方面，作为旅游服务提供方，包括旅游媒体、旅游客体和当地人群。旅游媒体自身文化背景所决定的组织、运作方式、价值观念等体现在整个旅游服务过程中，既会影响旅游者，又会成为旅游相关因素的影响源。当双方发生密切频繁交流，包括语言和行为的交流及接触时，双方对彼此便有了更进一步的了解，能够客观看待彼此之间的文化和经济差异，达到"文化认同"阶段。当地居民对旅游者的态度由最初的抵触发展到谅解和接受，而旅游者也能够正确认识旅游地居民的本位文化价值。而文化接触的最佳境界是文化的整合，旅游者与当地居民之间形成"美美与共"的和谐境界，双方对对方的文化都给予充分的肯定。此时，旅游者会成为乡村文化的保护者或宣传者，能够给乡村注入更多的经济增长因素，乡村社区也会从旅游者那里学习新的科学知识、良好的卫生习惯，为自己的乡村社区的发展进步做出贡献。

旅游还为传统亲属制度提供新的发挥空间。游客暂时离开自己生活的社会，到另一个世界中去旅游，这看似脱离既定亲属关系的行为，却正为一种新的亲属关系的符号化建构提供一个实践的场域和可能性。有的旅游行为本身就是一次寻根之旅，游客通过对祖籍地的访问、寻找和确认自己的认同归属。不过，很多人类学案例表明，寻根旅游的经历和体验，其结果往往是使游客确定自己对目前长居生活地的认同，反而很难认同自己本来要去寻求的认同之根"祖籍地"。有的游客专门通过旅游寻求传统的家庭关系，例如，一些背包客去乡村与当地人一起过年过节，他们试图融入当地人的扩大家庭、联合家庭建构的亲属关系之中，从而体验一种久违的亲情与被接纳的喜悦。分享社会空间，不仅沟通代钦塔拉人与游客的互动关系，这种将游客接纳为本社会成员的方式，也鼓励代钦塔拉人对外来游客者开放胸襟，从心理层面来说，也可以看作是一种调试策略，避免过分感到被外来者打扰的心理应对机制。

六、人与"五角枫"景观双重互构过程

（一）人与景观的互构过程

在人类学的视角之下，景观研究难避"人"之因素。景观呈现便是人与环境互动之结果，因而景观本身也从两个视角来理解：一个是从内部视角来看本地人按照文化和传统养成的对本地的认知以及建设出来的"地方"（place，生活空间）概念；另一个是从外部视角进行的对于地方的考察、描述和相应景观意象的塑造，从而形成的空间（space）。空间与社会文化是一种相互建构的关系。现代发展经济及当代生活习惯的冲突、发展的压力等迫使当地人对于景观，即社会文化进行相应的改造，社会文化空间也必然发生相应的变迁。景观不是一种单纯自然或者物理的形态，而是人类观念系统的外在表达方式，是解读人类思想和认知信息处理程序的一把钥匙。景观可以说是一种"文化意象"（cultural image），是人类思想活动的画面方式，不同的文化群体，通过对周围环境的适应、改造等实践，表达出自己的意识观念、认知结构，生产出独具一格的景观语言和景观符号（葛荣玲，2014）。

当地人对所居之处有着基于历史和现实的丰富认知和真情感悟，他们与地方

历史景观已经形成持续性的互动和关联。原先五角枫那片土地是当地人的草场，当地人可以随意使用，据当地村民赵某^①说：

　　"在五角枫被列为保护区之前，我们村民可以随意使用那片地方，有的村民还去那边牧羊牧牛，每当孩子们放学就会到五角枫林里玩耍嬉闹，每到冬天还有人把湿漉漉的五角枫树枝拿回家当柴烧，虽然是湿的，但出乎意料烧得很猛呢，跟其他树木有所不同。还有的拿树叶沏茶喝，村民们各取所需，五角枫对于村民们来说就是取之不尽的自然资源，当然村民们也深谙保护珍贵树木的重要性，一些村民会自发地号召大家保护五角枫树林，取之有度，不能乱砍滥伐，更不能让大型牲畜去踩踏破坏树木，并且村民们会在每年10月1日到五角枫附近聚在一起祭敖包，祝愿丰富的雨水能滋养家乡的一草一木，让其茁壮成长，这是村民们每年都要举行的仪式。即使在物质条件不好的年代，村民们每到重要节日也都会拿出家里最珍贵的东西来祭敖包，村民们齐聚一堂，其乐融融地举行这项集体活动。"

　　显而易见的是，当时的村民对于所处的生活环境非常满意，尽管有些清苦，但他们对于生活环境有着绝对的自主权。他们可以自由出入五角枫树林，触摸树干，享受五彩斑斓的树叶带来的视觉享受，尽情欣赏大自然的壮丽景色。

　　然而，2003年保护区的建立导致村民的权力逐渐被剥夺。当地政府意识到五角枫的独特性，认为如果不好好保护，总有一天会遭到人为破坏，而那时将无法挽回。出于这样的初衷，政府在五角枫树林周围建起了栅栏，将当地村民与五角枫隔离开来。据当地村民称，当征收这片土地作为保护区时，政府以一次性结清的方式给予村民补贴。据估计，约有385万元的资金用于征收，当村民收到补贴费用时，也意味着他们与五角枫多年来的空间联系被断开，村民们再也不能像之前那般毫无限制地游走于五角枫林之间。就像被访者王某^②所说：

　　"在我小时候，每到端午节我跟我爷爷总会到五角枫林里去野餐，爷爷总会给我讲各种各样的故事，我听着听着便会在树荫下睡着，那里有太多美好的回忆。可现在我们要想进去就必须交门票钱了，真是今非昔比啊！"

　　可见成立保护区后村民们与五角枫的联结被人为地阻断，本着保护自然生态资源的目的，围绕五角枫林展开的当地生产娱乐活动也都被明确禁止。

　　一位受访人李某^③说道：

　　"关于五角枫的记忆可以说是很久以前的事了。我爷爷当时在王府担任要职，

---

①　访谈对象：赵某，男，54岁，当地村民；访谈时间：2023年5月19日；访谈地点：受访人家中。
②　访谈对象：王某，男，48岁，当地村民；访谈时间：2023年5月19日；访谈地点：赵某家中。
③　访谈对象：李某，男，65岁，当地村民；访谈时间：2023年6月15日；访谈地点：受访人家中。

他经常给我讲述他与五角枫相关的有趣故事。他每天早晨都会用五角枫的叶子沏茶喝，不知道是不是心理作用，喝完茶总会感到精神清爽，工作效率也很高。如果有一天早晨因公务无法喝茶，他总会觉得没有精神。那时的五角枫树确实有很多用途，有些人用它的树枝制作鞭子，这些鞭子的质量比其他树枝制作的要好得多，可以使用很多年。我爷爷当年制作的鞭子至今仍然可以使用，我并不是夸大其作用，这的确是它的质量好。我认为五角枫树不仅在日常生活中有很多用途，而且具有一种超自然的力量，似乎保佑我们这个地区的人免受天灾和人祸。我爷爷曾告诉我，自从固伦永安公主把这棵树种植在这里之后，我们这个地方的风水似乎发生了变化，虽然不知真假，但似乎这就是所谓的信仰吧。村民们选择相信这棵树能给他们带来好运，能够保护他们免受灾难。有些村民每隔几天都去看望五角枫树，触摸树干，相信这样会带来好运。对我们老一辈的人来说，五角枫树可以说是我们的精神图腾，因此我们非常珍视它。还告诉你一个故事，我和我老伴就是在五角枫树林里认识的。那天我正好去后山狩猎，返回的路上远处看到五角枫树叶呈五彩缤纷的颜色，很吸引我，于是我走向五角枫树林，想近距离感受五角枫的美丽。那天我老伴也正好去那里写生。她年轻时特别擅长绘画和刺绣。我们在那里相识，后来我让我父亲找人做媒，就这样因为在五角枫的美好交会，我们找到了美好的姻缘。我和我老伴偶尔还开玩笑说是五角枫树让我们相遇。我真的觉得五角枫世世代代保佑着本地的人民，成为我们心灵的图腾。"

笔者津津有味地倾听着李某的故事，感觉似乎还有更多故事等待着被发掘。在李某的心中，五角枫已经不再是一棵普通的树木，而是像一股细流般滋润着当地人的心灵，给予他们精神上的慰藉。当然，一个人的记忆无法代表整体的记忆。为了更全面地了解情况，笔者还采访了当地的其他居民。尽管他们没有分享自己独特的故事，但他们都表示与五角枫已经形成不可分割的关系。因为自他们出生以来，五角枫一直在那里屹立不倒。在这片土地上，五角枫见证了当地人美好的童年记忆，似乎每个成长瞬间都被它所见证。这些独特的记忆属于当地人与五角枫，相信在人们漫长的人生旅程中，能给予每个人无形的心理力量。

"五角枫"打造和运营时的单一性和标签化，的确能够在短期内带来经济效益，但在某种程度上也是一种单一化、扁平化发展。从景观生产论和建构论来分析，被"生产"出的五角枫景观很大程度上隐去了多元主体在历史进程中对五角枫整体景观的"建构"。五角枫"景观"内部存在着多元性，历史上的多元主体对这个景观都有着自身的理解与建构，并以不同的方式加以表达。

（二）人与景观的互惠模式

村委会和旅游公司的人都认为，旅游对于村民产生的影响，除了生活设施方面的改进和新经济方式的出现以外，村民的"意识"也提高了。首先卫生观念有了很大的改进。村支书相信，村民现在已经了解到旅游是一项能为村子带来好处的事业，它能够带动全村的整体性发展，带来村民生活的最终富裕。村支书高兴地看到，旅游对于代钦塔拉的改变是"全方位的"，包括政治、经济、文化、教育、精神文明等，都受到旅游开发的影响和改进；政府人员觉得："虽然村民现在可能有点意见，但是这个很正常，这个我们都在逐步推进，逐步解决。这个矛盾随时都有，旧的矛盾解决了，新的矛盾出现了；新矛盾解决了，又出矛盾了。解决、出现，解决、出现，就推动了整个旅游地向前发展。"

七、结论

景观在某种程度上正如文化，是一个变迁的过程，旅游的介入加速或者说更改了这种变迁。人们重新将自我生存的空间进行布置，以往家庭权威表现的区域在新的生活空间中被弱化，新的规则在这一新的空间中重新树立起来。村庄原本就是一个合理而充满深意的"空间"，而地理空间上的划分除开其本身的合理性外亦充斥着各种文化要素，它们共同构成村庄动态平衡的"景观格局"。这种相对稳定的"景观格局"在旅游介入之后进行了一系列的重组与建构，权力关系被打乱并进行重新划分，而这一过程也在一系列的动态变化后达到一个暂时的平衡。

附　录

代钦塔拉嘎查工作汇报

代钦塔拉嘎查按照"产业兴旺、生态宜居、乡风文明、治理有效、生活富裕"的总要求，以增加农牧民收入为核心、以壮大集体经济为突破口、以推进环境综合整治为着力点，全力推进嘎查各项工作的开展。现将半年工作开展情况汇报如下：

一、嘎查基本情况

代钦塔拉嘎查位于代钦塔拉苏木所在地，辖 9 个自然屯，共 519 户，总人口 1442 人，少数民族占总人口的 98%。现有"两委"班子成员 7 名、党员 38 名、村民代表 18 名。嘎查面积 21.1 万亩，耕地总面积 1.98 万亩、草地面积 14.6 万亩、林地 2 万亩，专业合作社和家庭牧场 10 家。现有脱贫户 39 户，82 人。监测户 2 户，3 人。低保户 39 户，83 人（其中脱贫户 23 户，42 人），五保户 5 人、孤儿 3 人、残疾人 40 人（持证）。

代钦塔拉嘎查在 2017 年被评为内蒙古自治区级文明村、盟级乡村振兴示范嘎查、旗级美丽乡村建设示范嘎查、2018 年荣获盟级脱贫攻坚先进党组织、2020 年度旗级先进基层党组织荣誉称号、2020 年度盟级最强党支部、2021 年被认定为首批自治区乡村旅游重点村、自治区级"一村一品"示范嘎查（牛产业）。

二、上下联动，深化落实，精准推进五大振兴

（一）做强特色产业建设，加快实现产业振兴

（1）做大"牛"产业，实现农户稳定增收。畜牧业是代钦塔拉嘎查的主导产业。为壮大"牛产业"发展，2022 年申请"助农贷"620 万元，支持"贷"动 67 多户农牧民发展养牛。目前，嘎查培育养殖专业合作社 8 家、家庭牧场 2 个、养牛大户 52 户（牛头数 50 头以上）。同时加大技术培训，引进的中农兴安种公牛公司向养牛户免费提供优质冻精，现在改良率达到 85%，西门塔尔成了肉牛养殖的主要品种。目前嘎查牛存栏 3873 头，年可出栏 1692 头，年产值达 1178.3 万元。

（2）念好"文旅"经，练就致富"真"功夫。代钦塔拉嘎查辖区内有图什业图亲王府、五角枫生态景区及脱贫攻坚电视剧《枫叶红了》取景地、中影制作基地等。代钦塔拉嘎查党支部依托辖区景区景点优势和人文优势，通过给游客提供"吃、住、行、购、娱"等服务，促进艾里村民增加收入。目前，北好老艾里村民 18 人在图什业图亲王府从事保洁、保安等工作，每年每人增收 1.2 万元。10 户在五角枫景区经营骑马、勒勒车、骑骆驼等民族特色体验项目，每年增收 2 万元。有 8 户从事奶制品制作、水果采摘等，每年每户增收 1.8 万元左右。

（3）做"活"庭院经济，释放农村新活力。为实现农村一二三产业深度融合，推动代钦塔拉嘎查农牧业经营模式多样性发展，结合嘎查实际，充分利用现有土地资源，大力发展农村庭院经济，拓宽嘎查农牧民增收渠道，美化乡村人居环境。目前，嘎查有 57 户栽种果树，其中北好老艾里有 5 户农户依托景区经营

水果采摘等项目，每年每户增收 1.2 万元左右。

（二）抓住本土关键少数，加快实现人才振兴

培育新时代乡村建设人才。积极组织畜牧业实用技术培训班，让本土人才为我嘎查的乡村振兴工作添砖加瓦。目前，我嘎查有 3 名乡土人才在苏木乡土孵化中心进行培养。嘎查有大学生后备干部 2 名、致富带头人 12 名，并有 6 名"致富带头人"充实到了嘎查"两委"班子中。2023 年 6 月，确定了一名大学生重点发展对象。

（三）培育乡风文明之魂，加快实现文化振兴

不断满足群众的精神文化需求。我嘎查有一支广场舞队、一支四胡表演队，结合节日等开展文艺文化活动。促进思想观念转变培育文明乡风。深入开展星级文明农户、文明家庭评选等精神文明创建活动，2022 年上半年度表彰美丽庭院户 10 户、"好媳妇好婆婆" 12 人、文明家庭 5 户。

（四）推进生态环境整治工作，加快实现生态振兴

建设生态宜居的美丽家园。目前已深入开展农村人居环境整治 27 次，以垃圾清理，村容村貌提升为主攻方向，全力推进村庄清洁行动，确保辖区内环境治理有效、平稳、有序。张贴环境卫生整治相关标语 15 条，每天循环播放"人居环境卫生整治""三禁"工作、疫情防控等广播内容，并取得了较好的成效。

（五）夯实基层党建基石，加快实现组织振兴

（1）筑牢基层组织基础。自全面启动实施乡村振兴战略以来，嘎查"两委"高度重视，始终把乡村振兴作为脱贫攻坚之后最大的政治责任、最大的民生工程、最大的发展机遇。并通过规范落实"三会一课"制度、主题党日活动等，提高了党员的思想认识和责任担当，使党支部真正成为教育党员的阵地、攻坚克难的堡垒。制定了《代钦塔拉嘎查乡村振兴工作实施方案》《代钦塔拉嘎查五年规划》，成立了以支部书记为组长的、"两委"班子为成员的乡村振兴工作领导小组。

（2）集体经济实力发展壮大。嘎查集体经济 20 万元入股龙头企业，每年分红 2 万元。五角枫景区分红资金每年分红 15 万元。2020 年整合扶贫资金 100 万元入股郭海玉养殖业专业合作社，每年嘎查分红 11 万元。光伏扶贫分红资金 2022 上半年 355199.94 万元。

（3）扎实推进防返贫动态监测管理工作。组织驻村队员和嘎查"两委"积极开展入户排查，扎实推进动态监测和信息采集工作，2022 年新识别"突发严重困难户" 1 户 2 人，并已落实帮扶措施。

（4）抓实抓细疫情防控各项工作。时刻紧绷疫情防控这根线，坚决做到认识到位、准备到位、工作到位，严格落实"四方责任"，加强外来人员上报、疫苗

接种等工作。嘎查 18~60 周岁疫苗接种率将近 96%。60 周岁以上剩余 33 人因禁忌症等因素未能接种，已收集凭证，接种率为 91%。

（5）稳步推进民族团结进步创建工作。按照关于开展民族团结进步示范旗创建工作督查的通知（右中创办字 3 号），安排专人整理相关软件档案，平时利用主题党日、双书记周例会、家门口唠嗑队、入户走访群众、村级广播、开展文艺会演、传统体育活动等宣传形式，积极向全村广大群众宣传铸牢中华民族共同体意识工作，深入开展民族团结进步创建工作，加强各民族交流交融。

三、嘎查在建项目基本情况

（1）代钦塔拉嘎查集中供水建设工程。项目总投资 360.54 万元，预计建设期限为 6 个月。代钦塔拉嘎查集中供水建设工程，建设后的管网形成一套完善的给水系统，并且升级农村给水管理硬件，为后续的管理创造便利的条件，在保障目前 199 户村民日常 24 小时用水之外，还能预留管网接口，保障未来人口增长所需。

（2）代钦塔拉嘎查污水管网建设工程。项目总投资 399.56 万元，预计建设期限为 6 个月。代钦塔拉嘎查污水管网建设工程，建设后的管网形成一套完善的生活污水排水系统，集自来水供给、生活污水收集、污水集中处理为一体，升级排水管理硬件，为后续的管理创造便利的条件，目前除了解决 199 户村民生活污水排水的问题之外，还能预留管网接口，保障未来人口增长所需。

（3）代钦塔拉嘎查雨水管网建设及污水处理站建设工程。项目总投资 174.15 万元，预计建设期限为 6 个月。建设后的管网形成一套完善的排雨水系统，为村内防洪创造便利的条件，配合污水处理站的建设，解决目前 199 户村民雨后路上行走不便的问题之外，还能将生活污水管网汇集的污水进一步处理，达标排放。

（4）代钦塔拉嘎查北好老艾里乡村旅游项目。项目总投资 2500 万元。项目依托代钦塔拉苏木特色旅游产业发展，以改善人居环境整治为基础，以农文旅融合发展为亮点，融入农道系统乡建理念，为展现代钦塔拉苏木乡村振兴的发展路径，体现政府发展理念、工作重点和工作成绩，打造代钦塔拉苏木乡村振兴示范基地，展示代钦塔拉苏木整体形象，拉动特色旅游业发展。通过建设旅游项目，增加旅游基础设施，更好接纳游客，可以拉动当地旅游业。辐射带动为代钦塔拉嘎查周边餐饮住宿等产业发展，提高农民经营性收入，同时，所有收益归嘎查集体经济，收益可以用于嘎查小型公益事业、临时救助、贫困学生救助、解决脱贫户和监测户的日常生活困难。

（5）代钦塔拉嘎查垃圾中转站建设工程。项目总投资 59 万元。垃圾中转站目前已开始施工，主要针对代钦塔拉嘎查位于苏木所在地，周边学校、景区、卫生院等单位生产垃圾量大，中转站的建设以垃圾收集转运为手段，以达到农村生活生产垃圾的及时收集、转运、处理为目的，旨在营造农民舒适的生活、经济和发展环境。

四、存在问题

（1）"两委"班子对党的建设意识不强，重经济工作轻党建工作，抓党员学习有走过场和完成任务现象存在。

（2）培养后备力量不足，党员年龄结构偏大，缺乏发展党员好办法和点子。

五、工作思路和措施

代钦塔拉嘎查计划通过巩固扶贫成果，开展一系列乡村振兴项目，紧紧围绕美丽乡村建设目标，坚持生态优先、产业繁荣的发展思路，致力于建设"五好"嘎查、打造"五美"人居环境。深入挖掘和宣传本嘎查的道德模范，发挥其激励和模范作用。并致力于培育有区域特色的农牧业主导产品、支柱产业和特色品牌。积极探索"文化＋旅游＋牧业"的发展模式，引导农牧民依托历史文化底蕴和乡村旅游资源大力发展乡村旅游、农家乐、休闲垂钓等旅游项目。

第八章

民族文化产业园可持续发展调研报告

安格尔[*]

【内容摘要】本章旨在分析H文化产业园在促进民族文化传承和地区经济发展中的作用、面临的挑战以及解决策略，探索其可持续发展的路径。研究发现，H文化产业园通过有效整合丰富的民族文化资源和自然景观，发展成为推动地方文化旅游产业和民族文化传承的重要平台。然而，也面临诸如文化资源开发利用不足、经营及市场参与度不高、产品同质化严重等挑战。基于这些挑战，本章提出促进H文化产业园可持续发展的策略，这对促进地方经济发展和文化遗产保护具有重要意义。

【关键词】民族文化；文化产业园；可持续发展

一、引言

从20世纪80年代末开始，文化产业应用理论开始蓬勃发展，有关文化产业概念界定、行业划分、价值链、产业政策与区域发展等相关研究层出不穷。学术界也开始引入经济学与管理学等相关学科进行文化产业的辅助研究，同时将市场需求与消费者考虑在内。在国外学者深入的研究进程中，英国的研究较为系统与深入（海江和谭翔浔，2005）。

我国文化产业理论的启程点是在20世纪90年代初，1991年《上海文论》发表了以"大众文艺"为主题的文章，一时之间激起社会民众的激烈讨论，文化产业的相关问题也随之产生，涌现了大量褒贬不一的评价，有肯定与接纳，也有否定与批评，一直持续到20世纪90年代末期，大众文化才得到大家的认可，学术界将其统一定义为"现代工业与市场经济充分发展后的产物"和"当代大众大规模的共同参与的当代社会文化公共空间或公共领域"。直至今天，国家对文化产业的日益重视以及出手扶持，使文化产业成为学术界炙手可热的研究主题。截至今日，纵观国内对文化产业的相关研究，可谓是硕果累累。我国的文化产业研究内容具体细分为产

---

* 安格尔，内蒙古大学2021级民族社会学专业硕士研究生。

业发展、运行机制、产业竞争力、管理体制、法规政策以及各地区的产业发展等。在文化产业研究开始初期，我国曾陷入对文化产业的分类问题中，纠结于文化产业属于经济问题还是文化问题。随着研究的深入以及时代的发展，对这个问题有了统一的答案：文化产业的本质属性是产业，旗下的产品以及服务归属于文化问题，产业化经营推动文化宣传，文化产业的产业链与产业结构均不同于其他产业。

由于我国是一个多民族国家，因此我国融入了民族元素的文化产业研究逐年占据重要地位。研究大致分为以下九个主题：①民族文化产业发展；②与区域经济的关系；③民族文化资源保护；④品牌传播；⑤产业结构与模式；⑥民族文化产业空间布局；⑦影响因素；⑧新媒体技术；⑨民族文化产业制度等。

通过查阅有关内蒙古文化产业的相关研究发现，不同的学者从不同视角出发阐述了自己的观点。程远（2020）认为，内蒙古的文化产业属于提升国民经济的头部力量，且其作用高于所有产业平均值，所以可以认为内蒙古发展文化产业是提升国民经济的重要策略。杜淑芳（2018）认为，以头部项目引领战略为重心、文化产业基地为示范，大量的重点文化产业园区正在产生集约效应与规模效应。

通过整合大量文献与研究总结可以发现，我国关于文化产业以及发展方面的研究较多，研究已逐渐趋于成熟，正在向更加深入与具体化的方向发展。在有关文化产品的研究中，研究重心逐渐向民族特色偏移，以民族特色为出发点研究文化产业的学者数不胜数，在这方面的研究成果颇丰，同时涵盖了民族文化产业的各个方面，尽管研究方向各异，但归根结底是着重研究民族文化产业的发展问题。在大量的相关研究中，研究命名带有"区域民族文化产业"或"区域民族文化产业发展"等的占比较少，但还有很多研究的具体内容是针对特定区域进行的民族文化产业发展研究。

本章通过对阿鲁科尔沁旗 H 文化产业园进行实地调查，以文化产业园运营发展中相关的主体，当地政府、旅游企业、当地居民以及旅游者为研究对象，运用文献研究法、问卷调查法，了解民族文化产业园现状以及发展中存在的问题，分析其原因。通过归纳文化产业园可持续发展模式，为民族文化产业项目的传承和可持续发展提供参考和依据。

二、文化产业发展概况

（一）内蒙古文化产业发展概况

内蒙古是多民族聚居区，民族文化底蕴深厚，具有非常好的文化产业前景。

自改革开放以来，内蒙古自治区在文化产业的发展上倾注了巨大的心血，不仅深入挖掘、整理传统文化，还积极探索其向现代产业的转型之路。内蒙古自治区出台了一系列支持文化产业发展的政策和措施，从而推动了地区特色文化产业的全面发展。近年来，内蒙古自治区更是以特色文化产业发展为核心，积极参与国家的"一带一路"建设，有效拓展了内蒙古特色文化产业的发展空间，引领地区特色文化产业进入了一个高速发展的新阶段。在这一过程中，自治区不仅致力于传统文化的保护和传承，对包括蒙古族、鄂伦春族、鄂温克族等在内的各民族传统文化进行了深入挖掘和整理，还积极探索文化创意产业的新发展路径，促进民族传统文化与现代科技、旅游等产业的深度融合（王晓慧，2022）。

此外，内蒙古自治区还积极推动文化产业的结构调整和转型升级，注重提升文化产业的附加值和质量效益，使文化产业呈现出多元化的发展态势。例如，在文化旅游领域，内蒙古自治区通过发展草原文化旅游、草原国际马拉松、蒙古包旅游等项目，成功打造了"世界草原文化之都"和"中国草原旅游目的地"等知名品牌。在民族服装领域，推出了"蒙古族服装产业园""中国蒙古族民族服装创意设计大赛"等项目，显著提升了民族服装品牌的知名度和市场竞争力（王子畅，2023）。

2014~2019年，内蒙古自治区旅游业发展迅速，接待国内游客总量逐年持续增加，国内旅游收入逐年增长，但是到2020~2022年，内蒙古自治区旅游产业发展受到了较大阻碍（见图1）。2020年在新冠疫情的影响下，内蒙古旅游业经济水平下滑较大，接待游客数量与旅游收入增长率均出现了负增长，2021年内蒙古接待国内游客数量略有增长，同比增长5.06%，全区接待国内游客13126.8万人次，全区实现国内旅游收入1460.5亿元（李赛男，2023）。2023年，内蒙古全年接待游客2.3亿人次，实现旅游收入3350亿元，均创历史新高，是2022年的2.49倍和3.18倍（孙柳，2024）。内蒙古自治区的经济总体上呈现稳步增长的态势，城乡居民收入水平逐年提高，消费能力显著增强，为文化产品和服务的市场提供了广阔空间。内蒙古自治区在文化、艺术、教育等领域拥有一定的人才基础，同时也在积极引进和培养文化产业所需的专业人才。

（二）阿鲁科尔沁旗H文化产业园发展概况

1. 发展现状

阿鲁科尔沁旗位于内蒙古自治区中部，赤峰市东北，地处大兴安岭南段山地东麓。这一地区是草原民族世代生息、繁衍的区域，曾是匈奴、乌桓、鲜卑、契丹、蒙古等多个民族的聚居之地，留下了丰富的文化遗产和传统。这里的宗教文

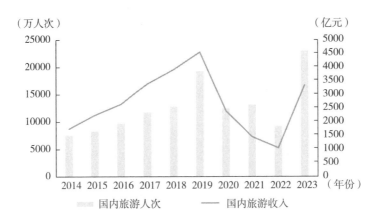

图1 2014~2023年内蒙古自治区接待国内游客数量及旅游收入

资料来源：内蒙古自治区各年度统计局统计数量。

化、民俗风情以及草原生态文化底蕴深厚，至今仍有一些苏木和嘎查保持着蒙古族传统的游牧生活方式。H文化产业园是赤峰市重点文化旅游项目，园区充分挖掘悠久深厚的历史文化，建设了阿旗旅游集散中心、房车营地、民族文化研学基地，倾力打造集休闲、展示、接待、游憩为一体的旅游改革创新先行示范区。

H文化产业园位于罕乌拉街道办事处西山，包括入口广场区、草原景观区、生态丘陵区、现代游乐区和民俗家庭宾馆区5大主题片区。园区总投资2.31亿元，园区占地2548亩，园区内陆地面积为1432600平方米，水域面积为7400平方米，园路面积为57000平方米，铺装面积为76000平方米。H文化产业园的开发与建设由政府负责，园区建成后由G公司负责运营及管理，现有员工150人，其中包含演职人员68人。根据H文化产业园的招商情况，两家企业在2022年已批准入驻。L公司承包餐饮、住宿、烧烤、营地、房车营地等，气膜馆体育馆内体育设施设备及室外足球场，承包期为6年，总投资额400万元。Y公司承包风情街项目，主要承办各项活动，其中包含小型流动商户72家，承包期为3年，总投资额100万元，目前尚处于开发阶段。[①]

园区对本地户籍居民实行免票政策，外地游客购票通过线下售票厅和线上官网购票两种途径。每年6~9月为人流量高峰期，每日入园人数高达千人次。2023年，园区相继开展"相约草原携手春天""相约草原、品鉴峰味"主题周活动、"5·19中国旅游日·阿鲁科尔沁旗"活动、"激发非遗活力·创造美好生活"

---

① 资料来源：H文化产业园。

文创旅游非遗产品展览活动、纯净草都游牧圣地——北极光之夜、灯笼秘境文化系列活动，全年累计吸引了来自全国各地 70 多家商户入驻文化产业园。[①]

H 文化产业园主题片区、旅游产品及基础设施工程具体体现在以下七个方面（见图 2、图 3）：

图 2　H 文化产业园鸟瞰图

资料来源：H 文化产业园提供。

图 3　H 文化产业园图组

资料来源：H 文化产业园提供。

---

① 资料来源：H 文化产业园。

（1）入口广场区有汗廷景观桥一处，古韵山门一座，微缩阿旗旅游地形图一处。长88.8米、宽10米的汗廷桥将游人引入百兽广场，通过长85米、高15米的古韵山门，进入阿旗微缩景观，长70米、宽25米的3D地砖将阿旗1.4277万平方千米的土地全貌展现在眼前，是目前国内面积最大的3D地图。顺势而上，步入直径为22米的汗廷金帐，汗廷金帐两侧各有直径为16米的金、银、铜三帐，后有汗廷音乐演出舞台。

（2）草原景观区建汗廷金帐一座，在汗廷金帐西侧建设蒙古老营，有33座蒙古包群；建汗廷音乐演艺舞台和健身广场。游客可以体验原生态草原骑马、牧羊，蒙古老营非遗展示区可以观赏蒙古包、勒勒车、牛角弓、奶制品、服饰、刺绣等的制作过程，体验蒙古族非遗传承技艺。商铺包含体验制作、售卖奶制品五处，售卖刺绣工艺品四处，售卖文创产品六处。

（3）生态丘陵区利用原有被破坏的山体矿坑建设天池丽景，区域内设计有木栈桥、特色廊架、景观瀑布等景观小品，建设成面积约10亩的水池，高低两个水池形成叠水效果，利用引水下山浇灌采摘园。在水中设两个防腐木水车，形成动水效果；利用现有被破坏的山体所形成的崖壁打造烧烤营地一处，并建设一处人造瀑布景观，栽植大型树木，形成一处野外烧烤的休闲场所。

（4）现代游乐区建室外国际标准足球场与室内足球训练馆，建高标准蒙古族射箭场地一处，打造了一处虚拟文化体验空间，一处室外汽车影院，占地面积5000平方米，银幕尺寸为20米×8米，车位容量80辆左右，还有儿童乐园、镜子迷宫、AR互动等体验项目，满足游客体育休闲需要。

（5）民俗家庭宾馆区建接待中心一座，占地385亩，建有208栋416户民俗家庭宾馆，采用草原设计风格，让依山而建的房屋隐于山林、藏于幽处。家庭宾馆引入最先进的智慧物业管理系统，灵活托管房屋多余空间。

（6）绿化工程方面栽植1000亩地的多彩森林，引进适宜本地生长的稀有树种，打造多姿多彩的山体森林，每个季节颜色不同，26个树种，乔木13.2万株、灌木近10万株。

（7）基础设施工程项目水域面积为7400平方米，园路面积为57000平方米，铺装面积为76000平方米。木屋式小型公厕15处，每处建筑面积6平方米；农电线路入地工程4000米、绿化给排水管路敷设25150米等基础设施建设。①

2. H文化产业园发展的意义

具体有以下三方面的意义：

---

① 资料来源：H文化产业园。

（1）H文化产业园的建设践行了习近平总书记的文化发展要求。习近平总书记要求："繁荣发展文化事业和文化产业"（习近平，2022）。民族文化产业园的建设是当前文化产业发展的重要举措，也是践行习近平总书记提出的文化发展要求。在当今社会，文化产业已经成为推动经济增长、促进就业、丰富人民生活的重要力量。

阿鲁科尔沁旗为深入贯彻总书记对文化产业发展要求，培育具有本土特色的文化产业，切实把发展文化产业作为一项重要任务来抓。阿鲁科尔沁旗依托丰厚的民族文化底蕴，着力打造四个精品文化旅游重点项目，即着力打造以集中展示蒙古族建筑风格、服饰、民族手工艺品等传统民族风情为旅游点的民族文化一条街；以东山那达慕为主，建成一处集祭敖包、赛马、搏克、射箭等为一体的民族文化园区；以巴拉齐如德庙、根培庙和罕庙为重点，着力打造宗教文化保护区；以罕山北部为主体，着力打造蒙古族游牧文化保护区。深入挖掘文化与旅游的结合点，大力开发和发展全旗文化旅游业，从而实现文化的发展繁荣。而H文化产业园的建设，可以有效保护和传承传统的手工艺技艺、民间艺术表演、民俗风情等非物质文化遗产，还可以集聚各类文化产业企业和机构，形成良好的产业生态环境，促进文化产业的互动交流和合作共赢，为经济社会发展注入新的动力和活力。总之，H文化产业园的建设对于繁荣发展文化事业和文化产业具有重要意义，可以有效保护和传承民族文化，促进文化产业的融合发展，推动文化产业的健康发展，为建设文化强国和实现中华民族伟大复兴提供有力支撑。

（2）H文化产业园的兴办有利于挖掘、保护和传承民族文化，被誉为"文化活化石"的"蒙古汗廷音乐"，在学术研究领域享有崇高地位。阿鲁科尔沁旗已被国内外学术界一致认定为研究蒙古末代可汗林丹汗的都城——察罕浩特遗址及其宫廷音乐的关键所在。蒙古汗廷乐队其表演深深植根于蒙古汗廷传统音乐之中，包括可汗颂、朝廷赞、宗教礼仪、民间谚语和哲理训谕等内容。在舞蹈方面，他们巧妙地融合了"武舞"的刚强威猛与"文舞"的柔美典雅，形成了鲜明的艺术对比。这一珍贵的文化遗产已在阿鲁科尔沁旗得到成功复原和传承，并成功申请为国家非物质文化遗产。H文化产业园通过建立专门的展示和传承机制，为这些非物质文化遗产的保护提供了有效途径。

为了扩大蒙古汗廷音乐的传承面和受众面，阿鲁科尔沁旗旗委、政府投入大量人力、物力和财力对蒙古汗廷音乐进行复原、传承，成立了蒙古汗廷乐队，是当前国内、国际唯一能够表演该音乐的专业乐队，建立了"中国·蒙古汗廷文化传承驿站""中国·蒙古汗廷文化传承培训基地"和蒙古汗廷文化研究中心。举办中国蒙古汗廷文化节，全民传唱蒙古汗廷音乐，对蒙古汗廷音乐进行活态传承，使之家喻户晓。通过对这些文化元素的深入挖掘，H 文化产业园能够更全面、更深刻地展现一个民族的文化内涵，为游客和研究者提供了丰富的文化体验和研究材料，从而加深社会对民族文化价值的认识和尊重，有助于民族文化产业的持续繁荣。

（3）H 文化产业园的发展有利于铸牢中华民族共同体意识。习近平总书记强调："要赋予所有改革发展以彰显中华民族共同体意识的意义，以维护统一、反对分裂的意义，以改善民生，凝聚人心的意义，让中华民族共同体牢不可破"（新华社，2021）。这揭示了民族文化产业园的发展不仅蕴含经济价值，同时也承载了深厚的意识形态意义，因此，它与铸牢中华民族共同体意识紧密相连，不可分割。H 文化产业园每逢暑期旅游高峰，每日所吸引的游客数量超过千人。通过展览民族服饰、民族手工艺品等珍贵的民族文化瑰宝，以及精彩呈现汗廷音乐与舞蹈，H 文化产业园不仅加深了其他民族对蒙古族文化的认识与理解，更促进了多民族间的互动与融合，从而在更深层次上强化了文化认同感，有助于铸牢中华民族共同体意识。H 文化产业园的建设和运营，不仅有效地保护和传承了民族文化，也为民族文化产业的蓬勃发展注入了新的活力，推动了民族文化的创新进程，提升了国家的文化软实力，进一步夯实了中华民族共同体意识的基石。

3. H 文化产业园发展的特点

阿鲁科尔沁旗 H 文化产业园的发展充分体现了地区特色与创新战略的有机结合，展现出多元性、联动性、创新性、发展性四大特点。

（1）多元性。H 文化产业园采用了多元化的发展模式，旨在激发文化产业的活力与创造力。这种多元性不仅体现在文化内容的丰富多彩上，还表现在产业形态、参与主体等多个维度。园区不仅包含传统文化艺术、民族手工艺品制作和展示，还涵盖数字媒体、创意设计、文化旅游等现代文化产业元素，形成了多元化的产业形态。这种多元化的布局，不仅拓展了文化产业的边界，也创造了更多的经济价值和社会效益。同时，H 文化产业园的建设和运营涉及政府、企业、社区居民等多种主体的参与，这种多主体参与模式增强了民族文化产业园的活力和创新能力，也促进了社会各界对民族文化保护和发展的共识和参与。

（2）联动性。H 文化产业园内部涵盖了文化创意、文化旅游、文化娱乐等多个子产业，通过有效的产业联动，促进资源共享和优势互补。一方面，H 文化产业园通过开发民族特色商品、旅游产品、文化演艺等，吸引游客和消费者，直接带动了文化消费市场的繁荣；另一方面，地方政府出台了一系列优惠政策，为文化产业园的快速发展提供了坚实的政策保障，包括税收减免、资金支持、土地使用权优惠等，为企业提供了良好的发展环境。H 文化产业园通过创造就业机会、促进相关产业链的发展，间接推动了地方经济的增长。

（3）创新性。创新是民族文化产业园发展的核心动力。这种创新不仅体现在对传统民族文化的创新性解读和表达上，更体现在产业经营模式、科技应用、市场营销等方面的创新。H 文化产业园通过引入现代科技手段，建设智能化基础设施，打造了一处虚拟文化体验空间，通过模拟体验游牧人民的放牧生活，使民族文化的展示更加生动和立体，提升了游客的参与度和体验感。其中，家庭宾馆引入最先进的智慧物业管理系统，通过智能化管理服务，实现文化产业园内的智能化监控、智能化安防、智能化能源管理等，提高园区的管理效率和服务水平，降低运营成本。同时，园区内部通过打造文化与科技、旅游、教育等领域的融合发展平台，促进了不同产业间的资源共享与互动合作。通过网络平台和社交媒体的运用，实现了文化产品的线上推广和销售，拓宽了市场渠道。这种创新驱动的发展模式，不仅增强了民族文化产业园的市场活力，也为民族文化的传播和推广开辟了新途径。

（4）发展性。民族文化产业园的根基在于对民族文化资源的挖掘和利用。不同于传统的资源开发，民族文化产业园注重的是文化资源的可持续利用和保护。通过对民族文化的现代性诠释和创新性转化，既保留了文化的原生态，又赋予了文化新的生命力和市场价值，实现了文化资源的可持续发展。这种发展模式既满足了现代社会对民族文化的需求，又有效避免了文化资源的过度开发和消耗，保证了文化遗产的长久传承。园区致力于建设绿色环保的文化产业基地，通过采用节能减排技术、绿色建筑材料等措施，减少产业发展对环境的影响。同时，园区还重视文化遗产的保护与利用，通过恢复与再利用历史建筑、挖掘和传承非物质文化遗产等方式，实现了文化资源的可持续开发。此外，园区还积极探索文化产业与社会责任的结合点，通过组织文化公益活动、支持地方教育和社区发展等方式，促进了文化产业与地方社会经济的和谐共生。

三、H 文化产业园调查数据分析

（一）问卷调查概况

为了确保调查数据的信度和效度，本章提出的每个维度的问题及选项均借鉴谭乔西 2018 在《"扎根理论"视角下的文化产业园游客感知评价研究——以北京798 艺术区为例》以及梁学成（2017）在《产城融合视域下文化产业园区与城市建设互动发展影响因素研究》中采用的测量问题项作为理论基础，结合 H 文化产业园的实际情况进行了修改和补充。为保证调查的普遍性，本章的问卷发放采用随机抽样调查法。通过对 H 文化产业园中的游客以及附近居民进行访谈、发放问卷的方式进行调查。经过调查，在 H 文化产业园共发出问卷 202 份，收回问卷 202 份，其中有效问卷 202 份。其中，有 170 人表示参观过 H 文化产业园，比例达 84.16%，有 32 人没有去过，比例达 15.84%。问卷采用 SPSS 软件从民族文化产业园的满意度、旅游吸引力评价、文化底蕴保护的评价以及环境保护评价的不同视角进行数据分析，适用于探讨文化的保护与开发、环境保护以及管理建设对于民族文化产业园可持续发展的影响。

表 1，针对民族文化产业园的多维度满意度进行了评价，包括年龄段、职业、是否访问过民族文化产业园、其建设对经济影响的看法、旅游吸引力、文化底蕴保护和环境保护等方面的内容。通过卡方检验，结果展现了不同因素对满意度的显著性影响。特别是年龄和职业两个维度，显示出极其显著的差异（P=0.000***），揭示了不同年龄组和职业背景的访问者对产业园的满意度具有显著不同的评价，尤其是 18 岁以下的学生群体表现出对民族文化产业园极高的满意度。虽然是否访问过民族文化产业园的因素在统计上未达到常规显著性水平（P=0.059），但它接近显著，暗示访问经历可能对满意度产生正面影响。同时，对产业园在促进当地经济、旅游吸引力、文化和环境保护方面的评价均显示出非常显著的差异（P=0.000***），反映出公众普遍认可其在这些领域的积极贡献。这些结果凸显了民族文化产业园在不同群体中广泛受欢迎和认可，特别是其在提升文化认同和环境可持续性方面发挥的重要作用，同时也凸显了根据不同访客需求进行进一步研究和投资的潜力。

表 1　与总体满意度的差异

题目	名称	您对民族文化产业园的总体满意度如何？			X^2	P
		满意	非常满意	一般		
您的年龄段是？	18 岁以下	1	42	0	41.601	0.000***
	19~30 岁	10	15	7		
	31~45 岁	18	26	5		
	46~60 岁	18	32	18		
	61 岁以上	3	7	0		

续表

题目	名称	您对民族文化产业园的总体满意度如何?			X²	P
		满意	非常满意	一般		
您的职业是?	学生	2	48	0	46.632	0.000***
	政府相关工作人员	6	20	6		
	企事业单位员工	21	25	17		
	自由职业者	7	14	3		
	其他	7	8	3		
	文化产业工作者	7	7	1		
您是否曾经访问过民族文化产业园?	是	42	107	21	5.663	0.059
	否	8	15	9		
您认为民族文化产业园的建设对于当地经济发展有何影响?	A. 有很大的促进作用	28	107	8	63.957	0.000***
	B. 有一定的促进作用	20	12	14		
	C. 影响不大	2	1	7		
	D. 不清楚	0	2	1		
您对民族文化产业园的旅游吸引力评价如何?	A. 非常吸引人	11	100	4	150.459	0.000***
	B. 比较吸引人	34	20	5		
	C. 一般	4	2	17		
	D. 不太吸引人	1	0	4		
您对民族文化产业园的文化底蕴保护评价如何?	A. 保护得很好	13	92	2	102.899	0.000***
	B. 保护得比较好	27	22	7		
	C. 保护得一般	10	7	17		
	D. 保护得不太好	0	1	2		
	E. 没有保护	0	0	2		
您对民族文化产业园的环境保护评价如何?	A. 环境保护得很好	14	89	2	76.67	0.000***
	B. 环境保护得比较好	26	22	10		
	C. 环境保护得一般	10	9	17		
	D. 环境保护不太好	0	2	1		

注:*** 表示 1% 的显著性水平。

资料来源:调查问卷。

由表2可知，对民族文化产业园旅游吸引力评价的不同维度，包括年龄段、职业、访问经历及产业园对当地经济影响的看法。通过卡方检验显示，年龄段和职业两个因素在旅游吸引力评价中表现出极其显著的差异（P=0.000***），尤其是"18岁以下"和"46～60岁"年龄段以及学生和政府相关工作人员群体，显示了跨年代及不同职业对文化旅游的高度期待和满意度。然而，是否曾经访问过民族文化产业园对吸引力的评价并没有显著影响（P=0.482），指出访问经历与旅游吸引力评价之间的关联不明显。对于产业园建设对当地经济发展影响的看法，那些认为有显著促进作用的访问者对旅游吸引力给出了高度正面评价（P=0.000***），反映了对产业园贡献的高度认可与其作为旅游目的地吸引力之间的正相关。这些结果强调了民族文化产业园在不同群体中的广泛吸引力及其对当地经济的积极贡献，同时提示了针对首次访问者提升吸引力的潜在策略，为理解和提升文化旅游目的地的吸引力提供了宝贵见解。

表2　与旅游吸引力评价的差异

题目	名称	您对民族文化产业园的旅游吸引力评价如何?				X^2	P
		A.非常吸引人	B.比较吸引人	C.一般	D.不太吸引人		
您的年龄段是?	18岁以下	1	42	0	0	48.869	0.000***
	19～30岁	13	14	4	1		
	31～45岁	20	24	5	0		
	46～60岁	20	30	14	4		
	61岁以上	5	5	0	0		
	合计	59	115	23	5		
您的职业是?	学生	4	46	0	0	52.183	0.000***
	政府相关工作人员	8	18	3	3		
	企事业单位员工	19	31	11	2		
	自由职业者	11	8	5	0		
	其他	8	7	3	0		
	文化产业工作者	9	5	1	0		
	合计	59	115	23	5		

题目	名称	您对民族文化产业园的旅游吸引力评价如何？				X²	P
		A.非常吸引人	B.比较吸引人	C.一般	D.不太吸引人		
您是否曾经访问过民族文化产业园？	是	51	97	19	3	2.464	0.482
	否	8	18	4	2		
	合计	59	115	23	5		
您认为民族文化产业园的建设对于当地经济发展有何影响？	A.有很大的促进作用	31	107	5	0	112.367	0.000***
	B.有一定的促进作用	27	5	11	3		
	C.影响不大	0	2	7	1		
	D.不清楚	1	1	0	1		
	合计	59	115	23	5		

注：*** 表示 1% 的显著性水平。

资料来源：调查问卷。

表 3 针对访问者对民族文化产业园文化底蕴保护的评价进行了维度划分，涵盖了年龄段、职业、是否曾访问和对其建设对当地经济发展影响的看法。通过卡方检验揭示的显著性差异，年龄段和职业因素在文化底蕴保护评价上显示极其显著的差异（P=0.000***），尤其是在"18 岁以下"年龄组和"学生"职业类别，反映了学生群体对文化保护的高度重视。然而，是否曾访问民族文化产业园对于评价文化底蕴保护并未显示统计学上的显著差异（P=0.107），暗示访问经历对评价影响不大。此外，产业园建设对经济发展影响的看法与文化底蕴保护的评价之间存在极其显著的联系（P=0.000***），特别是认为产业园对经济有显著促进作用的访问者给出高度正面的文化保护评价，表明对产业园综合贡献的认可与对其文化保护工作的评价紧密相关。这些发现强调了民族文化产业园在不同群体中的文化保护工作受到广泛认可，特别是年轻人和学生对此给予高度评价，同时也指出了进一步提升文化保护工作在各类访问者心目中地位的重要性和潜力。

表3 与文化底蕴保护评价的差异

题目	名称	您对民族文化产业园的文化底蕴保护评价如何？					X²	P
		A.保护得很好	B.保护得比较好	C.保护得一般	D.保护得不太好	E.没有保护		
您的年龄段是？	18岁以下	1	42	0	0	0	54.83	0.000***
	19~30岁	14	11	6	1	0		
	31~45岁	20	18	10	1	0		
	46~60岁	20	29	16	1	2		
	61岁以上	1	7	2	0	0		
您的职业是？	学生	5	45	0	0	0	56.694	0.000***
	政府相关工作人员	10	14	6	1	1		
	企事业单位员工	19	25	17	2	0		
	自由职业者	9	10	4	0	1		
	其他	5	6	7	0	0		
	文化产业工作者	8	7	0	0	0		
您是否曾经访问过民族文化产业园？	是	44	96	25	3	2	7.616	0.107
	否	12	11	9	0	0		
您认为民族文化产业园的建设对于当地经济发展有何影响？	A.有很大的促进作用	32	96	13	2	0	63.326	0.000***
	B.有一定的促进作用	22	8	15	0	1		
	C.影响不大	2	2	4	1	1		
	D.不清楚	0	1	2	0	0		

注：*** 表示1%的显著性水平。

资料来源：调查问卷。

由表4可知，表格深入探讨了访问者对民族文化产业园环境保护评价的不同视角，覆盖年龄、职业、访问经验及园区对当地经济影响的看法。通过卡方检验，揭示年龄段和职业因素在环境保护评价上有极其显著的差异（P=0.000***），特别是"18岁以下"和"学生"群体给出了高度正面的评价，反映了学生对环境保护的强烈关注。尽管是否曾访问过民族文化产业园对环境保护的评价差异不显著（P=0.309），但对产业园建设对经济影响的正面看法与环境保护评价之间存在显著联系（P=0.000***），显示了对产业园综合贡献认可的访问者倾向于给出更正面的环境保护评价。这些结果不仅强调了民族文化产业园在环境保护方面得到不同群体中的广泛认可，尤其得到年轻人和学生群体的肯定，也进一步凸显了提升环境保护工作在各类访问者心目中地位的重要性和可能性，强调了环境与经济贡献的紧密联系。

表4　与环境保护评价的差异

| 题目 | 名称 | 您对民族文化产业园的环境保护评价如何？ | | | | X^2 | P |
		A. 环境保护得很好	B. 环境保护得比较好	C. 环境保护得一般	D. 环境保护得不太好		
您的年龄段是？	18 岁以下	2	40	1	0	44.489	0.000***
	19~30 岁	12	12	6	2		
	31~45 岁	18	20	11	0		
	46~60 岁	24	27	16	1		
	61 岁以上	2	6	2	0		
您的职业是？	学生	4	44	2	0	48.342	0.000***
	政府相关工作人员	11	12	8	1		
	企事业单位员工	21	23	17	2		
	自由职业者	5	15	4	0		
	其他	9	5	4	0		
	文化产业工作者	8	6	1	0		
您是否曾经访问过民族文化产业园？	是	46	93	29	2	3.595	0.309
	否	12	12	7	1		
您认为民族文化产业园的建设对于当地经济发展有何影响？	A. 有很大的促进作用	34	89	18	2	32.157	0.000***
	B. 有一定的促进作用	22	12	11	1		
	C. 影响不大	1	3	6	0		
	D. 不清楚	1	1	1	0		

注：*** 表示 1% 的显著性水平。
资料来源：调查问卷。

（二）小结

总体的统计数据从文化的保护与开发、环境保护以及管理建设三个维度进行分析。可以看出年龄层次方面，H 文化产业园 30 岁以下占比达 37.13%，而30~60 岁年龄段占比达 57.92%。职业构成方面，H 文化产业园中受调查的企事业单位员工比例达 31.19%，其次是学生比例达 24.75%，政府相关工作人员比例达15.84%，自由职业者、文化产业工作者的比例均在 10%。由此可以看出，这样的调查结果与园区的性质是一致的，H 文化产业园附近事业单位、学校比较集中，因此游客多集中在企事业单位员工和学生，30~60 岁年龄段也是主要游览人群。

针对 H 文化产业园的满意度进行的评价，揭示了不同年龄组和职业背景的访问者对产业园的满意度具有显著不同的评价，尤其是 18 岁以下的年轻人和学生群体表现出对民族文化产业园极高的满意度。对 H 文化产业园在促进当地经济、旅游吸引力、文化和环境保护方面的评价均显示出非常显著的差异，反映出公众普遍认可 H 文化产业园的积极贡献。这些结果凸显了 H 文化产业园在不同群体中广泛受欢迎和认可，特别是其在提升文化认同和环境可持续性方面发挥的重要作用，同时也凸显了根据不同访客需求进行进一步研究和投资的潜力。

针对游客对 H 文化产业园文化底蕴保护的评价，81.19% 的被调查者认为文化传承展示方面建设比较完善，在文化创意产品、环境保护以及社区参与方面不够完善。对于应该如何提高 H 文化产业园文化底蕴的保护水平，81.68% 的被调查者表示应该增加文化传承人的培养，65.84% 的被调查者认为应该加强文化遗产的保护，57.92% 的被调查者认为要提高游客的文化素质，还有 51.49% 的被调查者表示应该增加文化活动举办的频率。这些结果强调了民族文化产业园对当地经济的积极贡献，同时提示了针对游客提升吸引力的潜在策略，指出了进一步提升文化保护工作可以提升民族文化产业园对游客的吸引力，为理解和提升文化旅游目的地的吸引力提供了宝贵见解。

针对游客对 H 文化产业园环境保护评价的不同视角，虽然环境保护对于文化产业园总体满意度的直接影响较小，但是游客们依然提出了许多有关保护环境的建议，可见大家对于文化产业园中环境保护的重视。这些结果不仅强调了不同群体广泛认可民族文化产业园环境保护的重要性，尤其是在年轻人和学生中的重视，也凸显了进一步提升环境保护工作的重要性和可能性，强调了环境与经济贡献的紧密联系。

对于 H 文化产业园管理建设方面，被调查者提出增加管理人员的培训力度，建立完善的管理制度，引进专业管理团队应该增加监督管理力度，加强与游客之间的沟通交流，加强宣传推广以及建立合理的管理体制等建议。这些都为 H 文化产业园的可持续发展提供了宝贵见解。

总之，这些发现突出了文化保护与开发、环境保护和管理建设作为提高访客满意度、提升旅游吸引力的关键策略，为 H 文化产业园的可持续发展提供了增强吸引力和满意度的重要洞察。

四、H 文化产业园发展中存在的问题

（一）在文化保护与开发方面：存在文化同质化现象

1. 文化资源开发利用不充分，文化产业内涵不足

在 H 文化产业园的文化产业发展中，文创产品作为重要的文化输出和经济增长点，其现状却不容乐观，景区内的旅游纪念品、工艺品还存在着加工简单、缺乏文化个性等现象，大多是从外边生产厂家购买的普通商品，然后进行简单化的加工和包装，再冠上 H 文化产业园的品牌商标。目前，市场上的文创产品普遍存在缺乏创新与特色的问题，成为制约文化产业进一步发展的瓶颈。

魏（游客）："我来这儿旅游就是为了能多看看蒙古族的文化，买一些具有当地特色和独特设计的文创产品作为纪念品。结果 H 文化产业园的东西跟其他地方没两样，这些钥匙扣、明信片、首饰和别的旅游景点一模一样，让我一下子感觉没意思了，缺乏新鲜感和吸引力。而且我觉得商品摆得多，看着琳琅满目是不错，但是不应该是乱摆，现在我看到的就是所有文创产品都堆成一堆，像个小山包一样，看着很乱，我翻了几下就没兴趣了。还有一些商品都落灰了，有些包装都拆了还在那摆着，我觉得这些应该商家及时处理一下，不然很影响大家购买的兴趣。我希望文创产品能够更加注重创新，挖掘当地的历史文化和传统工艺，将其融入产品设计中，打造出独一无二的作品，让游客在购买和欣赏的过程中能够感受到当地文化的魅力，让游客在旅行中能够有更加丰富和有意义的体验，留下深刻的印象。"

由此可见，阿鲁科尔沁旗拥有丰富的传统手工艺资源，如刺绣、编织等。然而，市场上的手工艺品往往停留在传统的设计和制作方式上，缺乏与现代审美和需求相结合的创新意识。例如，一些刺绣作品仍然沿用传统的图案和题材，缺乏创新和个性化设计，难以吸引消费者的关注。在 H 文化产业园的文化衍生品市场中，存在着大量的雷同产品。例如，一些以当地历史人物或景点为主题的纪念品，其设计、材质和制作工艺都缺乏独特性，很难激发消费者的购买欲望。与此同时，由于缺乏深入的文化挖掘和整理，这些文化衍生品往往缺乏深厚的文化内涵和故事性，难以引起消费者的共鸣。

陈（政府工作人员）："文创产品作为传承和展示当地文化的重要载体，应

该具有独特的设计和创新的元素，才能吸引更多消费者的关注和认可。缺乏创新特色的文创产品往往难以在市场上脱颖而出，造成了市场竞争力的不足。政府在文创产业发展中扮演着重要的角色，始终坚持加大对文创产品创新的支持和引导力度。今年，为了深入挖掘优秀民族文化资源，政府开始与更多民族织绣工作室和学校合作，通过设立专项基金、举办创意设计比赛、提供专业培训等方式，激励和支持文创从业者进行创新设计，推动文创产品的提升和升级，助力脱贫攻坚。此外，加强对文创品牌的市场推广和宣传工作，提升品牌知名度和影响力。通过组织展览、参加文化交流活动、开展线上线下销售等方式，让更多消费者了解和认可当地的文创品牌，增强其市场竞争力。"

在文创产品市场中，品牌的竞争尤为激烈。然而，H 文化产业园的文创品牌普遍缺乏市场竞争力和知名度。这主要是由于缺乏专业的品牌策划和推广策略，以及缺乏与消费者的有效沟通和互动。例如，一些文创品牌在产品设计、包装和推广方面缺乏创新和特色，难以在市场中脱颖而出。这些案例表明，H 文化产业园的文创产品在创新和特色方面存在明显的不足。为了解决这一问题，文化产业需要从产品创新设计、文化挖掘和品牌建设等方面入手，加强与市场和消费者的沟通和互动，推出更加具有创新性和特色的文创产品。只有这样，才能在激烈的市场竞争中脱颖而出，为文化产业的可持续发展注入新的活力。

2. 非物质文化遗产传承困难

实景旅游演艺产品是现代很多旅游目的地都极力挖掘和开发的一种吸引游客的方式，也是游客认知、感受和体验景区文化内涵的重要旅游产品。蒙古汗廷音乐作为重要的非物质文化遗产，是 H 文化产业园最具特色的旅游演艺产品，应该让更多游客感受和体验这种表演，但是根据对游客的调查发现很多人不了解蒙古汗廷音乐，甚至并不知道 H 文化产业园有这项演出。

魏（游客）："我没听说过这儿还有乐队演出，也没有工作人员给我介绍过汗廷音乐。我在游园过程中也没看到有关乐队的介绍啊，这儿真的有这项演出？"

陈（附近居民）："汗廷音乐？我没听说过。我天天在这儿溜达，从来没见过。那看来文化产业园的名字是因为这个汗廷音乐起的，我以前都不知道。"

李（园区负责人）："目前园区的各方面建设还在不断完善，我们非常重视汗廷音乐的传承，这两年我们园区承办了 6 次"激发非遗活力·创造美好生活"文创旅游非遗产品展览活动。对于表演这块儿，我们园区还没有面向大众演出的能力，因此没有对外进行宣传。表演队伍一直没有固定下来，演员有 68 人，今年我们通过公开招聘的形式吸收了 33 名演职人员，壮大了我们的演绎队伍，但还是不足以支撑大型演出任务，演出内容还需要打磨完善，我们也一直在邀请这方面的老师对我们进行培训。但是，这种艺术创作需要大量的资金支持以及时间筹备，确实比较困难。我相信不久以后我们的演出就会让更多人看到。"

首先，通过对相关负责人的咨询了解到，虽然 H 文化产业园为非物质文化遗产提供了展示平台，但是由于各方面的因素影响，目前很难组建固定的演出队伍，而且演出内容并没有完善，目前成型的表演不超过十首，缺乏真正的传承人，使一些技艺难以真正传承下去。究其原因，首先是政府对蒙古汗廷音乐的保护与发掘尚处于表面形式，没有提供足够的资金与人才支持，致使非物质文化遗产的传承与活化利用都十分困难。其次，由于经济发展的需要和社会价值观的变化，越来越少的年轻人愿意成为非物质文化遗产的传承人。许多年轻人更倾向于追求现代职业，而不是花费时间和精力去学习和传承这些传统技艺和知识。最后，社会公众对非物质文化遗产的认知度不足也是一个需要重视的问题。目前蒙古汗廷音乐表演区域在汗廷金帐中，座位有限，乐队只有在重大节假日活动中才会演出，主要面向大型旅游团，在园区内也没有设置相关介绍。这种情况不利于非物质文化遗产的传承和保护，因为公众的支持和参与是非物质文化遗产保护工作的重要基础。

非物质文化遗产是人类文化多样性的重要组成部分，它们不仅承载了丰富的历史和文化信息，也是现代社会连接过去和未来的桥梁。加强对非物质文化遗产的保护和传承工作，这需要政府、社会各界和公众的共同努力，通过教育、宣传、立法和资金支持等多种方式，为非物质文化遗产的保护和传承创造更加有利的条件。H 文化产业园作为这项非物质文化的重要载体，想要更好地保护和传承蒙古汗廷音乐，应该重视蒙古汗廷音乐的传承与推广。

（二）在环境保护方面：缺乏环保意识

1. 游客及商家缺少环保意识

通过调查研究以及实地走访，可以看出 H 文化产业园目前在环境保护方面存在一定问题。为了更具体地说明这一问题，举以下三个案例：

王（附近居民）："我经常进来溜达，对我们当地人免费，风景也好，设施也新，我们早晚没事儿就爱来锻炼锻炼身体，在后山绕绕，走走那个健身步道，这真是挺好的园子。不过，在广场周边转和在后山转区别还是挺大的。在广场这儿人多监控安装的就多，各种设施也齐全，你在后山那块儿得走一公里估计能有个监控，还不一定开着呢，也没个垃圾桶，来这玩儿的哪家不是拎一兜吃的喝的，没垃圾桶那不就随手扔了。这你扔一次垃圾我扔一次垃圾哪里是个头，这不成垃圾场了。我隔天来还能看到昨天甚至前天的垃圾堆着呢。想找人反映，到门口售票厅，人家还说不管这事儿，那上哪找人说去，问他们卖票的也说不知道，管理很成问题。"

陈（附近居民）："这树林里不是有很多鸟吗，我记得之前有一回，正好是鸟孵蛋的季节，两个小孩儿跑进树林里掏鸟蛋，当时整个树林里几乎所有的鸟都飞起来了嗷哇乱叫，可吓我一大跳。后来看到俩孩子抱着一窝东西跑出来，我很生气。惊扰动物正常生活环境，这不就影响动物的健康和生存状况，这种事情就应该有人随时巡逻防范，结果我天天来溜达就没碰见过一个人出来管理。我还好几次看到很多人有路不走偏要走近道，把那植被都踩坏了。"

乌（商铺经营者）："我来这儿两年了，平时很清闲，节假日还有夏天游客多一点。我就是想找个活干，我们只要交租金对我们没什么要求，没有什么上下班时间，一开始培训了三天，然后就没管过了。卫生问题说是政府专门负责的，跟我们没关系，我们也不归政府管。有任何问题可以去找政府反映。"

可以看出，游客不注重对生态环境的保护，这不仅破坏了环境美观，还可能对野生动植物造成伤害。通过实地走访，笔者发现一些商家大量使用一次性用品，如塑料餐具、洗漱用品等，同时不进行固定的垃圾回收，随意将垃圾堆放在园区内，这些不可降解的物品对环境造成了长期的污染。大量商家缺乏环境保护意识，认为环保工作由政府负责，一味推卸责任。环境破坏直接影响了旅游质量和游客的体验，降低旅游目的地的吸引力，影响 H 文化产业园的可持续发展。

2. 园区基础设施不健全，不重视环境管理

关于 H 文化产业园环境保护方面的基础设施建设，目前 H 文化产业园建有小型公厕 15 间，通过实地调查，真正开放的仅有 2 间。此外，生态丘陵区包含的野生动物繁衍活动区域没有安装监控进行防范，也没有人巡逻保证治安环境。整个区域垃圾桶不超过 5 个，每个垃圾桶之间基本相隔 5 千米，通过对游客及当地居民的询问得知，这几个垃圾桶清理不及时，造成周围垃圾遍地的现象，导致很多游客只能将垃圾随手扔掉，严重影响园区内的生态环境。这都体现了园区对于环境保护不够重视，缺乏环保意识。

李（园区负责人）："对于公厕没开放这个问题，主要是因为现在人流量比较少，如果全部开放对于我们成本上是很大的支出，也会对水资源、人力物力造成浪费。垃圾清理问题这部分是政府协调处理，我们配合工作，垃圾桶也是由政府配的，我们不负责。对于商铺经营中出现的垃圾，我们会进行监督，目前没有什么强制措施要求商家处理垃圾问题。"

环境管理不到位可能导致民族文化产业园周边环境污染问题，这种负面形象会影响游客对当地民族文化的认知和体验，进而影响当地旅游业的发展和经济收入。同时，环境问题会降低民族文化产业园及其周边地区的投资吸引力，限制了产业园区及地方经济的进一步发展。环境污染和生态破坏需要政府和社会投入更多的资源来治理和修复，这些都会增加社会成本，降低经济效益。

因此，民族文化产业园不重视环境管理，基础设施不健全将会给文化传承、环境质量、社会经济和地区形象带来一系列不利影响。园区和相关部门应该承担责任，树立环境保护意识，加强环境管理，改善基础设施，加强环境保护意识宣传，建立有效的垃圾分类和回收系统。注重文化传承和生态保护，以确保园区的可持续发展和地区的整体发展。同时，政府和社会各界也应加强监督和支持，共同促进 H 文化产业园的健康发展。

（三）在管理建设方面：管理体系不完善

1. 当地政府监管力度不够，相关政策支持力度不够

首先，H 文化产业园从生态环境保护、景区市场化运营、文化产业的发展和管理等多个方面涉及管理部门众多，管理意见难以统一，造成多方面管理存在问题。这就导致 H 文化产业园管理效率低下，严重影响 H 文化产业园的品牌化效应与游客观光体验。没有一个统一的管理机构，因此不可避免会造成地方管理部门权利、责任、义务不明，监管、惩罚措施缺失。这就需要政府对其进行有效的监督和管理。然而，由于政府监管力度不够，导致了 H 文化产业园存在着一些乱象和问题，缺乏规范管理和服务，导致了产业园内部秩序混乱，影响了景区的正常运营和发展，严重影响了产业园的形象和发展。其次，H 文化产业园的发展需要政策支持和保障，只有政府出台相关政策，提供优惠政策和扶持措施，才能促进文化产业园的健康发展和壮大。目前，当地政府针对 H 文化产业园中商铺经营者的优惠政策相对较少，使旅游企业无法形成产业集群，大胆创新发展，难以吸引和留住优质企业和项目，影响了产业园的规模和影响力。同时，对于促进周边居民加入 H 文化产业园发展建设中的参与度不够，无法有效发挥周边居民对 H 文化产业园的有益效应，当地政府应该通过制定相关政策充分发挥政府各职能部门、企业、居民、商铺经营者的作用，共同促进 H 文化产业园的可持续发展。

王（旗旅游办工作人员）："我旗旅游产业起步晚和地域偏的现实，制约了产业的快速崛起。而且目前多以乡村旅游和观光游为主，含金量不高，以食宿接待过境游为主，停留时间不长。同时道路、通信等基础保障能力弱，也是我们的短板。对于文化园，在建设初期我们一直是以政府为主导，相关部门积极配合，大力支持文化园的发展。现在正在进行由政府主导转向企业管理的过渡阶段，这就造成了园区内管理混乱，园区管理部门出现不适应的问题。我们也密切关注这

个问题，对于后续出台政策、给予优惠等方案需要根据文化产业园实际发展情况再做决定。"

总之，当地政府监管力度不够和相关政策支持力度不够是导致 H 文化产业园发展受限的重要原因之一。只有政府加强对文化产业园的监管和管理，提高政策支持力度，才能促进文化产业园的健康发展和壮大，为文化产业的繁荣和城市经济的转型升级做出积极贡献。希望各级政府和相关部门能够共同努力，加强对文化产业园的支持和管理，为文化产业的发展和壮大创造良好的环境和条件。

2. 园区缺乏有效的管理体系和运营模式

H 文化产业园在经营管理和市场营销方面存在明显的短板。园区运营团队在理论知识和专业技能方面存在明显短板，且主观能动性不足。他们主要依赖被动地推广免租政策等优惠措施来吸引企业入驻，并在政府指导下进行招商引资的对接工作。这种运营模式凸显了团队能力的不足，由于与市场脱节、应变能力差的问题，不仅影响了园区的营利能力，也制约了整个文化产业的发展步伐，导致资源配置不合理。目前，H 文化产业园中旅游企业少，经营商铺少，园区的人流量较少，园区整体的收益情况并未达到预期的目标。在 H 文化产业园有超过半数的商家表示不满于园区内的经营状况，主要是由于园区人流量少，导致商家在经营商铺时经常入不敷出，不仅需要缴纳租金，同时还需要支付店员的薪资。这就造成园区在日常运营中面临着管理不规范、服务质量不稳定的问题。

李（园区负责人）："目前 H 文化产业园的开发运营需要大量成本，资金方面压力大，所以项目开展比较缓慢，当地产业基础薄弱，招商十分麻烦。我们团队缺少专业的运营方面人才，对于园区的建设管理确实存在一定问题，我们也在积极引进人才，组建专业团队。"

同时，园区往往依赖于传统的营销方式，如广告、促销等，而忽视了网络营销、社交媒体等新型营销渠道的作用，缺乏有效的推广策略和手段。当前，众多国内旅游景区已通过官方网站设立了网上论坛、问卷调查和游客反馈等多种反馈渠道，有效地促进了景区管理方与游客之间的双向沟通。互联网技术的不断进步使网络平台已成为游客分享旅行经历和推荐旅游目的地的主要渠道。然而，H 文化产业园在这方面存在明显不足，尚未构建与游客直接互动的交流板块。这一缺失导致游客对园区的观感及评价缺乏有效反馈途径，同时也阻碍了园区更深入地了解游客需求以及及时收集游客的宝贵意见。鉴于此，H 文化产业园在推广自身文化旅游产品和品牌的同时，亟须加强与游客的线上互动。具体措施可包括在官方网站增设互动板块，与在线旅游企业合作共建交流互动平台，充分利用"互联网＋"时代新媒体的优势，以实现与游客的紧密连接和高效沟通。

此外，H 文化产业园尚未形成具有影响力的品牌效应。哈尔滨爆火的冰雪大世界，以冰雪资源作为依托，在旅游市场中确定了自己的定位。而 H 文化产业园现在仍旧缺乏能够体现其主题特色、具有唯一性、不可替代性的品牌。因此，H 文化产业园的节事活动主要还是吸引附近周边的旅游客源市场，尚未能形成更大范围内的品牌影响力。

3. 旅游企业缺乏竞争创新意识，人才缺失

在当前的旅游市场中，旅游企业普遍缺乏竞争创新意识，这成为制约其进一步发展的主要因素，阿鲁科尔沁旗 H 文化产业园的旅游企业也面临这一问题。首先，许多旅游企业，包括阿鲁科尔沁旗 H 文化产业园在内，依然依赖于传统的运营模式，如提供基础的导游服务、住宿和餐饮等。然而，随着旅游市场的不断变化和消费者需求的升级，这种单一的运营模式已经难以满足市场的多元化需求。例如，现代消费者更加注重个性化、体验式的旅游方式，而传统的旅游企业往往难以提供这样的服务。在竞争日益激烈的旅游市场中，创新意识显得尤为重要。然而，H 文化产业园的旅游企业却缺乏这种意识，仍然停留在传统的产品和服务上，没有积极寻找新的市场机会和增长点。这不仅导致了企业自身的竞争力下降，也限制了阿鲁科尔沁旗整个旅游市场的创新和发展。其次，H 文化产业园缺乏市场调研，缺乏对消费者需求和市场趋势的深入了解，导致 H 文化产业园的旅游企业无法准确把握市场变化。此外，H 文化产业园的旅游企业在创新方面的投入有限，难以支持大规模的创新活动。最后，专业的文化产业管理人才和民族文化研究人才短缺，影响 H 文化产业园的长期发展。H 文化产业园旅游企业人才短缺，缺乏具有创新思维和专业技能的人才，无法深入挖掘文化资源，开展文化研究和教育工作，限制了 H 文化产业园旅游企业的创新能力和竞争力。H 文化产业园需要有专业的管理人才来组织和协调各项工作，确保园区的正常运营和发展。但目前园区缺乏管理人才，这将会降低园区的管理效率和服务质量，影响园区的整体形象和声誉。

总之，旅游企业缺乏竞争创新意识，文化产业园中人才缺乏将会给园区和整个文化产业带来一系列不利影响，包括创意产出、文化传承、经济发展和产业竞争力等方面。因此，园区应加强人才培养和引进，建立完善的人才激励机制，吸引和留住优秀的人才，提升园区的创意能力和竞争力。只有充分发挥人才的作用，旅游企业才能有竞争创新意识，H 文化产业园才能持续创新，促进经济发展，提升产业竞争力。

五、文化产业园可持续发展的对策与建议

（一）整合特色文化资源，树立民族文化品牌

在赤峰市打造大旅游商圈的战略中，H 文化产业园扮演着至关重要的角色，通过整合并发挥其丰富的民族文化资源，可与赤峰市内其他旗县的自然风光和历史遗迹相结合，共同塑造一个独特且互补的旅游生态系统。具体而言，可以通过设计涵盖草原自驾游、沙漠探险、蒙古王城探秘等特色旅游路线，结合 H 文化产业园的民族文化展示，形成覆盖赤峰市大旅游商圈的综合旅游产品。这些产品旨在为游客提供从短期周末游到长期度假游等多样化选择，利用不同景区之间的联动效应，为游客提供一场视觉与文化的盛宴，从而激活赤峰市的整体旅游潜力。

进一步地，通过串联沿线村庄、景区和景点，构建自驾游环线旅游路线，将民族特色文化与赤峰市的自然美景紧密结合，实现资源的联动发展，增强旅游体验的丰富性和深度。同时，开发以研学为核心的文化旅游新产品，如文化遗产游、民族节庆游、修学旅游和养生旅游等，不仅为游客提供新鲜且富有创意的旅游主题，也深层次地促进对草原文化和民族特色文化的理解和体验。

为了确保这一战略的成功实施，政府和当地旅游企业需携手合作，共同探索并创新旅游产品和服务。这包括利用 H 文化产业园的特色，挖掘和利用当地独有的民族文化元素，创造能够让游客深入体验民族风情的独特游玩项目，同时考虑利用周边的地标性建筑和自然生态环境，打造出具有深刻记忆点和高辨识度的特色旅游景观。

通过这种多维度、跨领域的整合与创新，不仅可以赋予 H 文化产业园更多新鲜活力，避免游玩内容的单一与枯燥，还能够将赤峰市打造成为一处集民族文化体验、自然探索与休闲度假为一体的综合性旅游目的地，为游客提供独一无二的文化旅游体验，同时推动当地经济和社会的可持续发展。

（二）培育多元文化市场主体，增强文化企业竞争力

在全球化背景下，文化产业的发展已经不仅局限于单一的文化形式或市场领域。多元文化市场的兴起为文化企业提供了前所未有的发展机遇，但同时也带来更为激烈的竞争。因此，培育多元文化市场主体，增强文化企业竞争力，成为当前文化产业发展的重要任务。

多元文化市场的形成源于全球化的推动和消费者需求的多样化。随着信息技

术的快速发展，不同文化之间的交流与融合日益频繁，消费者对于多元化、个性化的文化产品和服务的需求也日益增长。这为文化企业提供了广阔的市场空间和无限的创新可能。

要培育多元文化市场主体，首先，文化企业需要具备跨文化意识和全球化视野。这意味着企业不仅要关注国内市场，还要积极拓展国际市场，与不同文化背景的消费者进行交流和互动。其次，文化企业需要加强自身的文化创新能力。创新是文化产业发展的核心驱动力，只有不断创新，才能满足消费者对于多元化、个性化文化产品的需求。这要求企业不仅要在产品和服务上进行创新，还要在商业模式、营销策略等方面进行创新。最后，政府和社会各界也需要为多元文化市场的发展提供有力支持。政府可以通过制定相关政策，鼓励文化企业拓展国际市场，加强与国际文化产业的合作与交流。同时，社会各界也可以通过各种渠道为文化企业提供资金、人才等方面的支持。

增强文化企业竞争力是培育多元文化市场主体的关键。首先，文化企业需要提高自身的核心竞争力，包括产品创新能力、市场营销能力、品牌建设能力等。只有具备核心竞争力，企业才能在激烈的市场竞争中脱颖而出。其次，文化企业需要加强与国际文化产业的合作与交流。通过与国际知名文化企业合作，可以引进先进的技术和管理经验，提高自身的竞争力和市场影响力。同时，也可以通过参与国际文化交流活动，展示自身的文化魅力和创新实力，吸引更多的国际消费者。最后，文化企业还需要注重人才培养和团队建设，只有拥有一支高素质、专业化的团队，才能为企业的创新和发展提供有力保障。因此，企业需要重视人才的引进和培养，为员工提供良好的工作环境和发展空间。

要壮大民族文化产业的基石，首先，要意识到文化企业使增加产业效益的基本前提，如果想要扩大企业规模、扩张人员，需要借助政府的帮助，着重在提质增效升级，推动其成为内蒙古经济支柱性产业上做文章。内蒙古自治区中小文化企业所占比重比较大。要想增强文化企业的整体竞争力，就要想方设法促进中小型企业的稳定发展，着重培养前景好，成长速度快的企业，扶持企业进行产品技术创新以及开发等。政府应该及时了解国家出台的相关优惠政策，并及时同步到中小型企业的共享信息群中去，免费提供政策指导服务，缓解企业税收压力，增强抵御风险能力。骨干文化企业不仅是宣传当地民族文化的主要力量，也是帮助其他中小型企业发展的助推器。内蒙古地区的骨干文化企业主要有新华发行集团、内蒙古响沙湾有限公司、包头乐园文化传播有限责任公司等。作为文化产业示范基地，这些企业可以起到"领头羊"的作用，带动本地区的民族文化企业共同发展，加快成长速度，增强市场竞争力，同时激发企业创新意识，营造良好的创业环境。要想内蒙古民族文化产业欣欣向荣，就必须大力发展区域民族文化特色，满足人文精神与物质需求，提升服务质量，增强文创产品性价比，同时扶持企业立足市场，提升文化产业的经济效益。

继续拓宽经营范围，加快建成 H 文化产业园的演艺剧场，同时打造与演艺剧场相关的系列活动，可以成为 H 文化产业园园区的新亮点，以此吸引客流量。同时，现有 H 文化产业园园区推出具有地区性民族特色的产品，可以在园区内增设具有当地文化旅游特色的地标性景观，吸引游客拍照打卡，对产品进行文化风格的包装来增加销售量。

（三）因地制宜合理开发，避免同质化

H 文化产业园区做好园区的发展定位很重要，要做到因地制宜合理开发，避免同质化。因此，定位的专业化和差异化是核心竞争力，H 文化产业园可以以当地的特色文化作为切入点，将自身独特的民族风俗与各民族特色相结合，探索出贴合 H 文化产业园的发展模式，打造属于该园区的特色品牌，提高知名度。在运营过程中，以"保护即发展"为基础理念，重点在于文化而不是产业。民族特色文化资源是 H 文化产业园可持续发展的重要保障，因此政府也需要协助建立公益性的文化设施，使该地区随处体现出文化内涵的存在。在资金投入方面，拓展多元化的融资渠道，抢占 H 文化产业园在市场上的竞争地位。对目前发展趋势较好的当地文化民族企业进行助推，提升企业凝聚力，从而达到产业团结的目的，同时发展文化产业规模以及专业化程度。

当地政府协调各职能部门配合工作，积极进行 H 文化产业园区的建设，意在将其打造文旅融合创新示范区，实现多方合作共赢的可持续发展示范区，严格按照早着手、早谋划、早安排、早落实四步走。打造多方参与合作共赢的保护与旅游可持续发展示范区，前提是 H 文化产业园的多方利益主体达成共识，具有大局利益观，在政府的协调作用下，实现共性诉求及协调差异性诉求的目标，各方承担好自己义务，共同为 H 文化产业园区的长远发展做出贡献，进一步保证 H 文化产业园保护与旅游开发可持续发展。其中地方政府的职责是做好 H 文化产业园保护与旅游发展的顶层设计，加强协调各行政部门，引导推动 H 文化产业园跨越式发展，监督规范商铺经营者的开发及经营行为，兼顾多方利益进行协调，招聘专业人员对园区进行严格管理。旅游企业可以采用多种形式进行宣传，例如，通过互联网进行传播，拍摄园区的主题宣传片，让周边居民参与旅游产品的开发与评价等。公司内部要设立专门的员工培训课程，统一商户的经营范围，提升服务质量，以此增加人流量。周边居民也应该主动承担起

保护本地民族特色的责任，积极投入到政府以及社区下发的工作任务中去，共同维护和建设 H 文化产业园的发展。作为游客，应该呵护当地的民族文化资源，不能随意践踏，保护自然环境，可以在旅游结束后向当地旅游企业反馈信息，督促企业进行完善。

六、结论

全球化进程加速了不同文化之间的交流与融合，形成了多元文化市场。这一市场不仅为消费者提供了更多元化、个性化的文化产品和服务，也为文化企业带来了广阔的市场空间和无限的商业机会。

首先，文化企业需要具备跨文化意识和全球化视野，积极拓展国际市场。其次，加强文化创新能力，不断推出符合国际市场需求的文化产品和服务。最后，政府和社会各界应提供必要的政策支持和资源保障，为多元文化市场的发展创造良好环境。增强文化企业竞争力的策略包括提升企业的核心竞争力，例如，注重产品创新、市场营销、品牌建设等方面；加强与国际文化产业的合作与交流，引进先进技术和管理经验，提高国际竞争力；重视人才培养和团队建设，为企业创新和发展提供有力支持。

随着科技的不断进步和消费者需求的不断变化，多元文化市场将面临更多挑战和机遇。未来的研究可以进一步关注在数字化、智能化等方面的创新与发展，以及如何在多元文化市场中实现可持续发展。培育多元文化市场主体并增强文化企业竞争力是推动文化产业发展的重要途径。通过加强跨文化意识、文化创新能力、国际合作与交流以及人才培养等方面的努力，可以推动文化企业在多元文化市场中取得更大的成功。

目前，H 文化产业园尚处于建成初期，基础设施不完善，当地民族文化资源的开发不完全，文化产业的内涵停留于表面，文化旅游企业管理能力及营销能力弱等突出问题，这些导致了 H 文化产业园在发展中民族文化特色定位不突出、市场竞争力弱、经营模式老旧、产业结构不稳固、缺乏竞争意识等，都极大程度地影响了 H 文化产业园的可持续发展。与此同时，一些旅游企业的旅游项目着重于商业利益，将文化融合抛掷脑后，不仅没能起到保护民族文化的作用，反而加剧了文化内涵的流失。针对文化产业园可持续发展的对策与建议就是整合特色、培养企业专业人才、提升旅游企业竞争力、打造知名度高的品牌、因地制宜合理开发、避免同质化，从而打造多方参与合作共赢的保护与旅游可持续发展示范区。

附　录

附表　H 文化产业园主要经济技术指标一览表

序号	建设内容	数量	单位	建筑面积	备注
主要技术指标					
1	入口广场区				
1.1	汗廷景观桥	1	处		长 97 米，宽 10 米
1.2	古韵山门	1	个		长 85 米，高 14 米
1.3	微缩阿旗旅游地图	1	处		
1.4	入口广场铺装	14300	平方米		
1.5	公共厕所	1	座	200 平方米	
2	草原景观区				
2.1	汗廷金帐	1	座	260 平方米	直径 18 米，高 11 米
2.2	蒙古包	6	座		直径 16 米
2.3	蒙古老营	33	座		
2.4	汗廷音乐演艺舞台	1	处	200 平方米	
2.5	直升机停机坪	1	处		占地面积 600 平方米
2.6	健身广场	1	处		占地面积 1000 平方米
3	生态丘陵区				
3.1	天池丽景	1	处		占地面积 10 亩
3.2	汽车影院	1	处		占地面积 5000 平方米
3.3	烧烤营地	1	处		
3.4	古井禅茶	1	座		
3.5	文化园环山公路	5500	米		
3.6	荷兰风车	2	处		
3.7	瞭望亭	2	处		
4	现代游乐区				
4.1	蒙古射箭场地	1	处		占地面积 2000 平方米

主要技术指标				
序号	建设内容	数量	单位	建筑面积	备注
4.2	国际标准室外足球场	1	处	9578 平方米	
4.3	室内足球训练馆	1	座	5500 平方米	
5	民俗家庭宾馆区				
5.1	接待中心	1	栋	6400 平方米	地上三层、地下一层
5.2	民俗家庭宾馆	208	栋	总建筑面积 124620 平方米	分两种格局：259.38 平方米和 295.37 平方米
5.3	智慧物业管理系统	1	套		
5.4	汗廷文化桥	1	处		长 80.6 米，宽 10 米
6	绿化工程				栽植面积 1000 亩
6.1	乔木	132000	株		
6.2	灌木	100000	株		
7	基础设施工程				
7.1	水域	7400	平方米		
7.2	园路	57000	平方米		
7.3	铺装	76000	平方米		
7.4	农电线路入地工程	4000	米		
7.5	给排水电气工程等	25150	米		
7.6	小型公厕	15	个	每个建筑面积为 6 平方米	遍布于文化园各区

第九章

文旅结合促进乡村振兴的机制与进路调研报告

翟佳儒 *

【内容摘要】呼和浩特莫尼山非遗小镇依托非物质文化遗产助力乡村振兴，探索出以文促旅、以文兴旅的产业振兴新途径。本章深入呼和浩特市莫尼山非遗小镇，探究其利用草原文化、茶马文化和阴山文化等文化遗产，通过非遗走进"北疆文化"的发展思路，总结其"非遗＋小镇＋N"的发展模式，将非遗传承、非遗项目展示、非遗产品文创、非遗研学培训等项目融入乡村振兴的发展进程中，打造了呼和浩特非遗文化客厅，实现了促进就业、带动创业、由脱贫到致富的振兴之路。

【关键词】非物质文化遗产；乡村振兴；莫尼山非遗小镇

一、莫尼山非遗小镇简介

呼和浩特莫尼山非遗小镇位于内蒙古自治区大青山自然保护区，属呼和浩特市回民区攸攸板镇段家窑村。此处前为"风吹草低见牛羊"的土默川平原，后为锡林郭勒草原和乌兰察布草原的纵深腹地，与历史悠久的"北魏重镇"武川毗邻。小镇坐落在阴山山脉脚下，三面环山，在古代这片土地被称为"白道川"，是"万里茶道"上的重要驿站，是经归化、武川北上到达蒙古、俄罗斯直至欧洲各国的必经之地，为贯通阴山南北十七个垭口之一，千百年来演化成为游牧文明与农耕文明交错互动的着力点和融合点。"莫尼山"一词源于蒙古语"牟尼乌拉"的音译。莫尼山是阴山的蒙古语称谓。阴山因位于黄河之北，故名阴山。相对于具有"母亲"象征意味的黄河而论，阴山更像是北方多民族相互融合的自然见证与"精神之父"。据史料，"牟尼乌拉"是中国古代阴山的蒙古语称谓，而不同时期对其有不同的称谓，如北魏时将其称为"跋那山"、唐朝时称其为"木刺山"、辽代称其为"牟那山"。当今的"莫尼山"狭义上指的范围主要是阴山山脉中段乌拉山所辖区域。而在乌拉山下镇守的乌拉特郡为哈布图哈萨尔（成吉思汗胞

---

* 翟佳儒，内蒙古大学 2021 级民族社会学专业硕士研究生。

弟）十五世孙布尔海的嫡系后裔，乌拉特在蒙古语中有"能工巧匠"之意。由此可见，此地取名为莫尼山就是取其"能工巧匠"拱卫且聚集之意。[①]

莫尼山非遗小镇是内蒙古自治区第一个以展示、体验非遗项目为主的大型露天博物馆。小镇于 2018 年 6 月 9 日"国家文化和自然遗产日"当天正式面向游客开放，2021 年获评国家 AAAA 级旅游景区。[②] 小镇围绕红色文化、红色记忆、农耕文化、非物质文化遗产活态传承、文化交流、实践研学和万里茶道的舞台演绎等项目，面向民间"能工巧匠"、非遗传承人、文化团体及游客搭建专项非物质文化遗产展示体系；同时深度挖掘"大青山骑兵"和"万里茶道"文化内涵，将红色文化、万里茶道交汇融合的多元化思想融入小镇建设的方方面面，目前已入驻非遗项目 80 余项。至 2022 年，小镇已经连续举办了四届"非遗中国年"系列活动，年接待游客 20 余万人次。[③]

莫尼山非遗小镇全面贯彻国家"以文促旅，以旅彰文"的文旅融合发展思想，开发相配套的产品，如研学线路、研学体验产品、非遗文创等。2023 年，莫尼山非遗小镇深入贯彻落实创新引才办法，将小镇建设成为集自治区非遗文创、非遗展示、黄河文物、万里茶道故事为一体的内蒙古非遗文化产业小镇，将呼和浩特市及周边的非遗项目集中展现，形成诸多匠人会聚的非遗创作区、非遗展示区及非遗体验区和非遗研学传习基地。园区建设分三期进行，目前第一期工程占地 360 亩，二期已开始建设。已建成的区域分别是非遗艺术博物馆、万里茶道驿站、莫尼山阴山岩画谷、马头琴博物馆、非遗活态传承馆、蒙古老营、乌兰牧骑广场、非遗美食体验区、巾帼创业就业示范基地、红色记忆（蜈蚣坝大队）、蒙古族皮艺传习基地、中画国检内蒙古中心、油画研修基地、影视拍摄基地、登山步道、自然动物园、孔雀园、拓展营地、民俗体验区、时尚民宿区、莫尼山红色农庄、红色农耕文化园。目前，莫尼山非遗小镇已获得的称号有内蒙古自治区第二批培育特色小镇、内蒙古自治区首批中小学生研学实践教育基地、内蒙古自治区传统工艺工作站、内蒙古自治区科普示范基地、内蒙古自治区众创空间、内蒙古自治区民间文化传承保护基地、内蒙古自治区蒙古族皮艺传习基地、中国国家画院中画国检（内蒙古中心）、内蒙古诗书画研究会创作基地、内蒙古茶叶之路研究会、呼和浩特爱国主义教育基地、呼和浩特市巾帼创业就业示范基地、呼和浩特市民族团结进步教育基地、呼和浩特市非物质文化遗产保护促进会、呼和浩特市作家协

---

①③　资料来源：莫尼山非遗小镇。

②　内蒙古自治区人民政府.首府：莫尼山非遗小镇入选第一批全国非遗与旅游融合发展优选项目名录［EB/OL］.［2019-11-06］.https://www.nmg.gov.cn/zwyw/gzdt/msdt/202209/t20220915_2132351.html.

会创作基地、中国人民政治协商会议回民区委员会工作室等。[①]

小镇充分挖掘阴山和敕勒川平原文化内涵，用非遗助力乡村振兴，着力打造集游览、休闲、民宿为一体的综合性特色体验独家小镇。2019年，莫尼山非遗小镇打造"莫尼山红色农庄"，填补了呼和浩特市中小学生户外研学实践教育基地的空白，年接待游客30余万人次。2021年起，莫尼山非遗小镇开始筹备建设二期"敕勒川万里茶道老街"。敕勒川万里茶道老街位于段家窑延伸至莫尼山周边1.3千米的沿线街道。其充分利用原有建筑，注入文化内涵，使"万里茶道"繁荣场景再现，总占地面积500亩，总建筑面积16200平方米，其中包括刺绣民俗馆、茶语民俗馆、瓷器民俗馆、奇石文化民俗馆、老粗布工坊、马鞍驮具民俗馆、传统家具博物馆、传统木结构营造技、旅蒙商博物馆、非遗大数据中心、乡村农牧民培训就业中心、展销售卖场、乡村民宿、生态旅游厕所、生态热带雨林、小镇生态观光休闲登山步道、集装箱街区、房车营地、生态停车场、精神堡垒雕塑、万里茶道标志性雕塑、道路标识标牌、小镇路灯，同时配套了绿化、硬化、给排水、暖通、电力、等基础设施。[②]项目将以文旅为核心带动段家窑周边街区、乡村旅游目的地、采摘、民宿等，搭建段家窑及大青山周边村镇的乡村振兴发展集合体，打造实景老街休闲旅游带、环呼和浩特非遗文化旅游带，吸引内蒙古优秀非物质文化遗产项目入驻，全面融入国家黄河文化公园建设，让黄河文化、内蒙古美丽乡村绽放出新的光彩，同时盘活了乡村闲置资源和集体经济，让美丽乡村成为新的乡愁文旅目的地，让"文旅＋非遗＋小镇"的新业态成为新的文旅经济高质量发展模式。2022年4月25日，内蒙古农业大学职业技术学院研究生培养实践基地落户莫尼山非遗小镇并揭牌，将景区与高校校企合作人才培养提升到了产业层面。

二、发展动因

（一）乡村振兴——全面推进乡村振兴战略是实现中国式现代化的重要内容

党的十九大报告提出"实施乡村振兴战略"（习近平，2017）。2021年，《中华人民共和国乡村振兴促进法》[③]提出，"促进乡村振兴应当按照产业兴旺、

---

①② 资料来源：莫尼山非遗小镇。

③ 新华网.《中华人民共和国乡村振兴促进法》［EB/OL］.［2021-04-09］. http://www.xinhuanet.com/politics/2021-04/29/c_11273 93923.htm.

生态宜居、乡风文明、治理有效、生活富裕的总要求",这五大要求为实施乡村振兴战略提供了总体方向和目标,促进了新时代乡村振兴工作的全方位总体发展。党的二十大报告中指出:"全面建设社会主义现代化国家,最艰巨最繁重的任务仍然在农村……扎实推动乡村产业、人才、文化、生态、组织振兴。"(习近平,2017)我国拥有丰富的非物质文化遗产,但大多数散落在乡村,中国的乡土社会蕴含着丰富的传统文化资源,70% 的非物质文化遗产分布在乡村,众多民间传统的手工艺人是非物质文化遗产活态传承的代表,由此可见,乡村是非物质文化遗产生存和发展的土壤与根基。要将产业振兴放在乡村振兴的首位,挖掘非物质文化遗产的发展潜力,助力乡村振兴。

全面推进乡村振兴战略仍然是当前做好乡村工作的重中之重。新时代,基于乡村建设的宏伟布局任务,显然对乡村经济高质量发展提出了更加严苛的要求。然而结合现实国情来看,尽管在"乡村振兴战略"的宏伟布局下,我国多个农村地区先后出台并实施了一系列鼓励生产的惠农政策,起到了十分显著的作用,但我国农村发展问题仍需要下大力气探索实践,这主要是因为当前农村地区所推行的经济发展模式较为单一,缺乏新的增长点,产业结构单一。保护、传承非物质文化遗产的历史价值,深入挖掘非物质文化遗产的时代价值是实现中国式现代化的重要途径。以文促旅、以旅兴业是实施乡村振兴战略的新形式和一条重要途径,其为乡村产业发展提供了新的选择。

(二)大国重器——传承和弘扬中华优秀传统文化是实现中国式现代化的动力源泉

习近平总书记在赤峰博物馆接见古典民族史诗《格萨(斯)尔》非物质文化遗产传承人代表时指出:"中华文明历史悠久,是世界上唯一没有中断、发展至今的文明,要重视少数民族文化遗产的保护传承。"[1]对非物质文化遗产的重视与保护有助于挖掘非物质文化遗产中的内在的文化意蕴,其中蕴含着中华文化古老的世界观、人文观、价值观。正如习近平总书记所说,中华优秀传统文化是中华民族的精神命脉,是涵养社会主义核心价值观的重要源泉,也是我们在世界文化激荡中站稳脚跟的坚实根基。

传承和弘扬中华优秀传统文化是实现中国式现代化的动力源泉,有助于坚定文化自信,是中华民族自立于世界之林的根基。文化强国建设对于中华民族向内

---

[1] 人民网.为什么中国是拥有"非遗"项目最多的国家?[EB/OL].[2019-11-06]. http://politics.people.com.cn/n1/2019/1106/c429373-31440893.html.

凝聚人心、向外树立形象有重要意义。2019年7月，习近平总书记在内蒙古考察时指出："要重视少数民族文化保护和传承，支持和扶持《格萨（斯）尔》等非物质文化遗产，培养好传承人，一代一代接下来、传下去。要引导人们树立正确的历史观、国家观、民族观、文化观，不断巩固各族人民对伟大祖国的认同、对中华民族的认同、对中国特色社会主义道路的认同。"内蒙古作为我国第一个成立民族自治区并且获得"模范自治区"称号的典型代表，通过挖掘和传承其在民间文化领域的代表性工艺技艺，可以作为一面"镜子"，以"小"见"大"，从中见证民族交融的轨迹，弘扬共有的文化符号，探析非物质文化传承与创新的经验路径。

自莫尼山非遗小镇建设以来，将内蒙古及周边的区级、市级、自治区级、国家级非遗项目聚集，将非遗文化融入阴山山脉、自然景观，建成了内蒙古自治区第一个以挖掘历史文脉、展示体验传承非遗项目为主体的大型露天博物馆，优化了优秀传统文化的生存空间。关于莫尼山非遗小镇，从选址，到开始建设，到每个游览区域的设计，到小镇的山山水水、一草一木、一步一景，在这些自然景观的背后，还有一个关于匠心的故事。

（三）乡村精英——人才是第一创造力

乡村振兴战略的实施是一个多维度、多主体协同参与的过程，更是乡村本体内生动力与外在潜力的双重作用。在此过程中，乡村精英是乡村发展建设的主要参与者与推动者之一，被赋予联结社会资本、动员村民、振兴乡村的职责。在当前工业化、城市化快速发展的过程中，城市的强大虹吸作用使乡村的精英人才大量流失，但生长于乡村、熟知乡土的风土人情和本土文化的乡村精英，在城市中接受更多元的文化模式、学习科学的管理方式等，然后以其积累的社会、文化资本反哺家乡也是乡村精英助力乡村发展的新思路、新途径。

借助非遗项目的发展助力乡村振兴离不开乡村精英文化资本和社会资本的支持。国家非物质文化遗产"蒙古族皮艺"项目——呼和浩特市市级代表传承人、高级工艺美术师、国家艺术基金资助人才、中国工艺美术协会会员、中国民间文艺家协会会员、中国民族工艺美术大师、内蒙古民间文艺家协会副主席、内蒙古自治区工艺美术大师、内蒙古自治区民间工艺美术大师、内蒙古自治区"草原英才""全区技术能手""五一劳动奖章"获得者贾宏伟，是一位土生土长的内蒙古呼和浩特托克托县人，他自幼耳濡目染父辈制作皮艺、创作面塑等过程，立志发扬祖辈的传统手艺，成为一名"工匠"人。秉持着"不让传统文化在时光中湮灭于水泥森林"的初心，2017年，贾宏伟联合呼和浩特地区历史、文物、民俗专家，走进大青山进行选址，准备建设一处以"非遗"为核心的文化场馆。自己的家乡在地理位置上位于交通要冲，去往武川、四子王旗的客流量较大，原有废弃建筑高低错落，登高可一侧俯瞰城区、一侧远眺大青山的雄奇，从谷口进入，自然与人文相得益彰，绿树成荫，颇有一番古韵，这得天独厚的自然优势和人文底蕴更坚定了他在此选址的决心。贾宏伟凭借其精湛的技艺和扎实深厚的非遗文化素养，在多年从事专业性的蒙古族皮艺制作、传承和创新的过程中，以其对非遗文化的热爱、先进科学的管理经验、扎实深厚的专业知识，联结上级政府、动员基层村民筹办和建设了莫尼山非遗小镇。

在贾宏伟及其团队的精心筹划下，小镇不仅将非遗皮艺的历史与传承进行了新时代诠释，同时收集整理了 80 余项黄河沿岸非物质文化遗产，在全国各地民间、乡村收集具有时代意义的珍贵物件，如邮票、不同时期的结婚证等，使小镇成为大型非物质文化遗产活态展示中心。在内蒙古自治区成立 70 周年之际，由贾宏伟担任项目负责人制作的中央代表团向内蒙古自治区各盟市赠送的《草原歌盛世》皮艺作品收到国家机关事务管理局财务管理司就圆满完成《草原歌盛世》皮雕画专项工作的感谢信。2019 年，经中国民间文艺家协会评选，《草原歌盛世》在 2019 全国非遗传承人作品联展中获金奖（见图 1）。

图 1　《草原盛歌世》(2023 年 7 月 1 日笔者摄)

2019 年，蒙古族皮艺作品《民族大团结·安代舞》入选中国好手艺《全国优秀红色旅游文创产品》，在中国美术馆展出（见图 2）。

图 2　民族大团结 · 安代舞（2023 年 7 月 1 日笔者摄）

2019 年 4 月，皮雕画《白文殊菩萨》在"深圳金凤凰"工艺品创新设计大赛上荣获金奖，并入选 2019 北京世园会生活体验馆工艺美术展区。

2022 年，莫尼山非遗小镇入选第一批"全国非遗与旅游融合发展优选项目名录"，并入选农业农村部公布的第一批农业农村部农耕文化实践营地名单。

乡村振兴不仅要增强乡村的物质文化，更要丰富其精神文化，挖掘和发挥乡村文化的内生动力。非物质文化遗产，是人民群众在长期生活过程中根据生活需要而创造并传承至今的各种生产技术经验和文化积淀的产物。它以符号象征物、仪式的形式保存下来，是长期生活中乡土情感、乡土文化的缩影和写照，是地方性知识的体现，凝聚着古人的生产方式、生活经验和礼仪道德，蕴含着古人对天、地、自然的认识与崇敬。

三、"非遗 + 小镇 +N"发展模式

近年来，在各级政府、文旅部门以及社会各界的支持下，莫尼山非遗小镇逐步摸索出"非遗 + 小镇 +N"的发展模式，让非遗融入生活，让手艺人在新时代焕发出新动能，并深度与农耕文化、红色文化、生态保护、绿色发展、乡村振兴相结合，服务半径不断扩大。小镇的建设目标是以开放的环境、丰富的业态，重现"万里茶道"的繁荣，通过强化基础文化场景，为下一步打造沉浸式的历史文化街区打下基础。

2022 年，莫尼山被评为内蒙古自治区第二批培育特色小镇。截至 2022 年 9月，莫尼山非遗小镇已经挖掘并传承、保护、活态展示全国优秀非物质文化遗产项目近 200 项，来自湖北昭君故里的非遗文化产品也曾走进小镇，其有关负责人与内蒙古的非遗传承人进行了交流。2022 年，莫尼山非遗小镇入选第一批"全

国非遗与旅游融合发展优选项目名录"。二期工程"万里茶道老街"项目也作为呼和浩特市重点项目启动建设。

（一）延续红色记忆，赓续红色基因——莫尼山红色农庄、红色记忆大院

1. 莫尼山红色农庄

莫尼山红色农庄位于莫尼山非遗小镇西北、大青山南部，占地面积约 50 亩，由段家窑小学改造建设，目前是呼和浩特市爱国主义教育基地、回民区民族团结进步宣教基地。莫尼山红色农庄以革命时期以及 20 世纪五六十年代艰苦奋斗的历史年代为背景，以珍惜粮食、"二十四节气"传统文化、铸牢中华民族共同体意识为核心内涵，将源远流长的农耕文化与大青山革命历史相结合，将爱国主义教育的文化内涵融入红色农庄的每一个角落。

红色农庄中设有党旗宣誓区、人民供销社展示馆、20 世纪五六十年代老物件展示区、农耕机械展示区等。党旗宣誓区是备受青睐的党建活动的活动基地，在这里宣讲二十大精神，进行党员宣誓，举行升国旗、重温入党誓词等活动。2023 年非遗活动年期间，农庄曾联合乌兰牧骑、内蒙古文联、民间文艺家协会为游客带来红色诗词朗诵、红歌快闪等一场场持续性的"声"入群众、凝聚民心的红色文化大餐。

人民供销社展示馆（见图 3）和 20 世纪五六十年代老物件展示区（见图 4）主要以缅怀 20 世纪五六十年代艰苦奋斗的岁月为主，人民供销社中的所有物件都是莫尼山非遗小镇工作人员通过下基层、访村民等方式收集而来的，且只供展示不予出售。置身这样具有年代感的环境中可以唤起参观者共同的历史记忆，是集体记忆的空间化展演。

图 3　人民供销社（2023 年 7 月 1 日笔者摄）

图4　邮票、徽章展示墙（2023年7月1日笔者摄）

在农耕机械展示区（见图5），各类拖拉机、播种收割机械一一陈列，让人们时刻牢记我们的每一粒米是怎么生产出来的，我们的一蔬一饭都来之不易。在"姥姥家的院子"，有磨盘、碾子、猪圈、羊圈、辘轳井，屋里还有大炕，使人们仿佛回到艰苦奋斗的岁月。在农耕文化体验区和大棚种植学习区，可以亲自动手栽种植物，认领认养，识五谷、辨百草。

图5　农耕机械展示区、"姥姥家的院子"（2023年7月1日笔者摄）

2. 红色记忆大院

大青山区沟谷纵横交错，主沟22条，支沟难以计数，其中蜈蚣坝最负盛名。蜈蚣坝位于呼和浩特市正北坝口子沟上，坝顶在今呼武公路17千米处，北魏时称"白道岭"。蜈蚣坝顶是呼和浩特市与武川县的交界线，是土默川通往后山草原的要道。此地山势陡峻，自古为兵家必争之战略要地。自秦汉以来，历朝历代均在此设塞筑城，修筑工事，扼控此道。抗战时期，著名的"蜈蚣坝伏击战"就是在这里打响，并从此拉开大青山抗日游击战争的序幕。红色记忆大院（见图6）内还原了那段光辉岁月里的生活图景，以及20世纪六七十年代"人民公社"时期的生活场景，来到这里，可以走进大青山脚下那段难忘的"红色记忆"，感受抗日烽火"蜈蚣坝伏击战"的历史硝烟。

图 6 红色记忆大院（2023 年 7 月 1 日笔者摄）

在红领巾小舞台、多功能会议室、实践体验教室、党史学习教育基地以及大青山革命历史传承基地，处处都留下了小小少先队员们铭记历史、努力学习的身影。红色基因，薪火相传（见图 7）。

图 7 实践研学活动（2023 年 7 月 1 日笔者摄）

（二）深耕国家级非物质文化遗产，延长品牌优势产业链

莫尼山非遗小镇既是景区，也是博物馆，同时也是国家级非物质文化遗产蒙古族皮艺传习基地、内蒙古传统工艺工作站呼和浩特分站。小镇现有非物质文化遗产项目 47 项，有蒙古族皮艺、撮罗子搭建技艺、木刻楞营造技艺、清水河瓷艺、剪纸、马头琴制作技艺、托克托面塑、蒙古包营造技艺、炕围画、窗花、木板年画、活字印刷、武家泥塑、布贴画、蒙古族毡艺、蒙古族刺绣、丝编技艺、蒙古靴制作技艺、骡驮轿、木嵌技艺、草编制作技艺、蒙镶制作技艺、马头琴拉弦乐器、蒙古族耳枕、蒙古服装制作技艺、灯笼制作技艺、阿拉善地毯技艺、二人台、脑阁、蒙古族长调、晋剧唱法、蒙古族民歌、托克托炖鱼、托克托粉汤、

托克托辣椒制作技艺、河口老龙、和林炖羊肉、烧麦、奶茶、炸果条、烤全羊、酸奶制作技艺、羊杂汤、勒勒车制作技艺、博客服制作技艺、马鞍制作技艺、蒙古家具等。针对以上非遗项目，小镇成立十三所展厅对非遗文化进行专项展示，并开展各种实践研学活动，力求将非遗文化发展传承下去。

1. 蒙古族皮艺

"我们可以在博物馆中探索它的来源，聆听他的讲述，但我们更应该让博物馆里的文物活起来，让优秀的传统文化火起来，并继续传承下去。"[①]

2021 年，蒙古族皮艺成为国家级非物质文化遗产代表性项目。但在之前的漫长岁月里，蒙古族皮艺是生活的实用品，也是一种艺术创作的载体。它可以是马鞍马具，可以是水壶、地图，也可以是首饰盒、家具，还可以是头饰、挎包。蒙古族皮艺的应用非常广泛。现在皮艺的非遗传承人探索了蒙古族皮艺与现代工艺结合的多种方式，例如，将蒙古族皮艺与西方油画和现代美术相结合，精美的皮雕、鲜艳的色彩、经久而不变色和易保存的特点成就了蒙古族皮艺精美的艺术形式。蒙古族皮艺作为国家级非遗项目，它是北方游牧民族千年以来从物质需求到精神追求的漫长时光沉淀，同时完美地展现了游牧文明中师法天地、敬畏自然的超前科学态度。为了完成一幅精致的作品，往往需要花去数月甚至更长的时间，如同许多精雕细琢的事情一样，完成一幅皮画同样要能沉静下来的工匠精神。皮艺用的"画纸"是用优质的整张牛皮，经过传统工艺精致打磨而成，再在皮上进行彩绘，每幅皮画都要经过裁皮、雕刻、调色、上色、抛光、定型等几十道工序纯手工制作。每个作品背后不仅是匠人通过时间累积得到的技能，还有经历过时间的磨炼后沉淀下来的心情和情怀（见图 8、图 9）。

图 8　蒙古族皮艺展示馆部分展品（一）（2023 年 7 月 1 日笔者摄）

---

① 访谈对象：莫尼山非遗小镇工作人员；访谈时间：2023 年 8 月 20 日；访谈地点：莫尼山非遗小镇。

图9 蒙古族皮艺展示馆部分展品（二）（2023年7月1日笔者摄）

作为一名非遗传承人，自传承这一技艺以来，由贾宏伟本人担任设计总监制作的蒙古族皮艺作品《草原歌盛世》《乌兰牧骑》不仅在全国性展会上屡获金奖，也作为中央代表团赠礼，登上了中央电视台新闻联播，让更多的人了解了这一项非遗的意义。目前，蒙古族皮艺也入选了"内蒙古礼物"，还吸引了中国妇女基金会"天才妈妈"梦想工坊入驻，相关文创产品也在莫尼山艺术中心上线。在小镇的皮艺博物馆，数百件万里茶道上的皮质文物和家传的制皮工具诉说着岁月的流逝，户外还摆放着近代制皮的大型机械。通过近年来的传承和创新，"蒙古族皮艺"不仅是摆在博物馆的文物，更是艺术品、生活用品、家居产品甚至时尚单品，品牌价值进一步提升。而蒙古族皮艺的研学课程也受到众多人的喜爱。蒙古族皮艺项目作为文创产品和艺术品，逐渐受到认可，蒙古族皮艺的发展也推动着小镇的健康良性发展。下一步，小镇将继续深耕文创产品领域，完善蒙古族皮艺产品链条，让非遗、让艺术走入大众生活；加强非遗创业项目培训，增强文创产业的带动力。

受访人：我们整个二楼都是皮艺，这也是我们的一个名片吧，是党中央、国务院送给我们的贺礼。每个景色都有它的寓意，一共有380幅，许多党政机关、国企、央企里都有。这是中共中央代表团送给内蒙古自治区成立70周年的贺礼，也是我们蒙古族皮艺和中央美院共同设计制作完成的，你看上面这个草原的景色和天安门融为一体，这边还有高铁，两边的景色左右呼应，每个景色都有它的寓意，寓意我们在党的领导下高速发展。①

有贺礼就有回礼，这个安代舞代表着民族大团结，这是回赠给中共中央代表

---

① 访谈对象：龙梅、莫尼山非遗小镇工作人员；访谈时间：2023年8月17日；访谈地点：莫尼山非遗小镇。

团的，也是我们的作品。其实能送的礼物有很多选择，但是之所以选蒙古族皮艺，是因为它与游牧民族有着密切的联系，长期以来融入游牧民族的生活中。看这幅油画，牛皮上的油画，那时的人们状态非常棒，激情饱满，而且包括他们这个眼神和笑容，当时流行一句话叫"穷开心"，现在人们啥都有了但似乎我们二楼的作品都缺少了一些开心的状态。

这边向我们展示了三种非遗——"二人台、剪纸和蒙古族皮艺"，这些都是国家级非物质文化遗产，其实你仔细观察我们二楼的作品，都是在牛皮上画的我们的非遗项目，展示我们的文化。这个菩萨冠上镶嵌的都是真的宝石，都是蒙古族皮艺非遗传承人贾宏伟带着团队做的，都有其本人参与，而且这些跟我们前面那些不一样，前面那些工艺品画错了是可以改的，这是一笔画错了整张牛皮都废了。

"福"字是我们天下第一福，这个你们应该也熟悉，右上角像多子，右下角田字不封口，左边又像子又像财，右边又像寿，所以它是多子多才多寿多田，五福合一，也是唯一不能倒着写的"福"，北京恭王府所有带福字的皮画都是我们做的，是属于我们内蒙古的特色，每幅皮艺的制作都需要花费半年以上的时间，包括选皮、刻画、临摹等。平时的研学活动，都可以体现非遗项目，民俗文化，包括泥塑和剪纸这些。①

2. 非遗活态传习基地

非遗活态传承的重点就在于一个"活"字。活态传承是指在非物质文化遗产生成发展的环境当中进行保护和传承，在人民群众生产生活过程当中进行传承与发展的传承方式。活态传承是非物质文化遗产生命力和活力所在，是非物质文化遗产得以传承下去的重要途径。其根本在于非物质文化遗产的文化内涵是以人的活动为载体表现出来的，其表现和传承是一个动态变化的过程，人在不同的文化环境、不同的时代背景下会创造性地产生不同的活动。非物质文化遗产的传统形态会随着时代的变化、人的代际更迭，产生适应性的变化进而演化出它的次生形态，以便更好地融入社会中，保持其良性传承。事实上，无论是物质文化遗产保护，还是非物质文化遗产保护，都不能静态、被动地保护，而是需要动态传承和发展，为其注入现实生活的源头活水，焕发其自我创新的活力。对于包括非遗在内的任何文化来说，活力就是生命。能否适应社会主义现代化发展进程，能否融入人民群众现代化生活的发展潮流，是非遗能否保持"活态"，让传承千年的文化与技艺重新焕发时代光彩的关键所在。

---

① 访谈对象：龙梅、莫尼山非遗小镇工作人员；访谈时间：2023年8月17日；访谈地点：莫尼山非遗小镇。

非遗活态传习基地（见图10）还原了北方民居的乡村院落，风光优美。非遗传承人以此为家，在这里安静地制作手中的工艺品。在这里有两项国家级非物质文化遗产项目即蒙古族刺绣和非遗剪纸（见图11），一项内蒙古自治区级非物质文化遗产项目即托克托面塑，两项市级非物质文化遗产项目即布贴画和金属丝编。

图10　非遗活态传习基地（2023年7月1日笔者摄）

图11　国家级非遗项目——剪纸（2023年7月1日笔者摄）

中华文化源远流长，中华大地非物质文化遗产资源丰富。面塑艺术作为我国民间传统艺术之一，是中国人日常饮食流变中积淀而成的饮食文化、演化而生的传统艺术、兼容并蓄的文化结晶，这种集观赏性与实用性于一体的艺术产品，体现了中华民族独特的艺术审美趣味和颇具东方价值观的生存智慧。面塑这一民间艺术形式在我国有着悠久的历史，据史书记载，汉代以前很少有面食，至魏晋始有发面馒头之说。宋代高承《事物纪原》中记载：诸葛武侯之征孟获时，有人说，蛮人多邪术，须用人头祭神，可借阴兵相助，诸葛武侯则用面包着牛、羊、猪肉做成人头形状，用以祭神，从此有馒头之说。由此可说，"馒头"一词应属民间面花的滥觞。面塑文化主要缘起于陕西、山西等以面食为主的地区，在此之下围绕"面"衍生出一系列内化于心、外化于行的文化表演。"面"伴随着人的一生，以各种各样具象化的形式传递着背后的文化表达，成为一种文化符号，反复展演于人类社会中的衣食住行、生老病死、婚丧嫁娶和各种人生节点，是我国"面"文化的独特产物，也可以说是农耕文化的缩影和衍生品。面塑在内蒙古广泛分布在东、西部地区，大多由"走西口"等历史原因下的移民大潮带入这里，传统的农耕文化在这里与游牧文化碰撞融合，形成具有地方特点的面塑文化，作为一面镜子，以"小"见"大"，从中见证着民族交融的轨迹（见图12）。

图12　面塑艺术作品"寒燕燕""圆锁"（2023年7月1日笔者摄）

非遗活态传习基地中的托克托面塑是内蒙古自治区级非遗项目。托克托面塑传承人薛籽女是托克托面塑技艺的重要传承人之一，几辈人的手艺在她这里得到传承，她从清水河嫁到托克托县，又跟随村里老人们学习了当地的面塑手艺。心灵手巧的她把清水河面塑与托克托面塑特点相结合，形成了具有浓厚地方特色的面塑，一直在民间流传，凝聚了一代代人的心血。

托克托面塑作品（见图13）内容丰富、内涵饱满，充分展现了广大人民群众内心的构思与想法。随着现代生活的脚步越走越快，"面人"好像离我们越来越远了，但也正是因为高速的现代化，当我们回过头来，拂过岁月的尘埃，才越来越感悟到许多与我们擦肩而过的古老艺术的神秘和不可替代的美。真正的美是不会被时间淹没的，真正的艺术就该代代相传。这更加坚定了以薛籽女为代表的传承人发展传承面塑文化的决心。她以自己的坚持，传承着面塑这一传统民间手工艺，在创作中不断思索增添新的内容与巧思，使这一技艺有了更加鲜活的生命力，有助于重新认识和理解面塑艺术的内涵与意义。

图 13　托克托面塑作品展示（2023 年 7 月 1 日笔者摄）

布贴画是呼和浩特市级非遗项目，小碎布、大艺术中是一代代人的传承。布贴画还有一个古典优雅的名字即宫廷补绣，源起于 1500 年前的南北朝时期，到明清时期达到繁荣鼎盛。据考证，清朝乾隆皇帝的母亲曾亲自带领宫女们做宫廷补绣，用这种工艺做出很多生动传神的花鸟人物作品（陶雷，2012）。布贴画技艺流传到内蒙古地区融合了独特的草原文化和民族情感，呼和浩特布贴画传承人崔锁莲一直以来用一针一线勾勒着对这门艺术的情愫（见图 14）。

图 14　崔锁莲布贴画技艺作品《昭君出塞》
（2023 年 7 月 3 日由莫尼山非遗小镇工作人员提供）

这里既是乡村中的慢生活、乡愁的安放地，也是非遗活着的传承。你可以与非遗传承人交流，听听他们讲述的故事，也可以沉浸在这样一种安静的氛围中，静静地看，非遗传承人的一双巧手下，在慢时光中诞生的精美作品，宛如回到了小时候。非遗活态传习基地还原了北方民居的乡村院落，风光优美。非遗传承人以此为家，在这里安静地制作手中的工艺品。

3. 乌兰牧骑舞台

在内蒙古大草原，就有这样一支神奇的队伍，他们就像草原上的星光，照到哪里，哪里就有文化的光亮，几十年来，迎风雪、冒寒暑，长期在戈壁、草原上辗转跋涉，以天为幕布、以地为舞台，为广大农牧民送去了欢乐和文明，传递了党的声音和关怀，他们就是被誉为"红色文艺轻骑兵"的乌兰牧骑。莫尼山非遗小镇乌兰牧骑舞台位于小镇的中心位置，这里有依天然地形设置的演出舞台，舞台上方的四根图腾柱，分别代表着出入平安、吉祥如意和游牧民族对美好生活的希冀。舞台背靠大青山、前望敕勒川平原，充分体现了自然与人文的和谐交融，同时也将乌兰牧骑服务人民、扎根沃土的精神融入了小镇的每一寸土地。多少年来，乌兰牧骑队员无时无刻都以实际行动，不断发扬着"蒙古马精神"，而莫尼山非遗小镇作为保护非遗、传承非遗的重要平台，也要将这一精神贯穿到小镇建设的始终（见图15）。

图15 乌兰牧骑舞台（2023年7月3日由莫尼山非遗小镇工作人员提供）

4. 莫尼山艺术中心

"非遗"中潜藏着古人的高超智慧和浪漫精神，作为传统文化的两大载体之一，游客们可以从"非遗"中体会伟大的"东方智慧"，在光怪陆离的城市生活中滋养我们的心灵。莫尼山艺术中心（见图16）以国家级非物质文化遗产蒙古族皮艺为核心，展示了蒙古族皮艺皮雕艺术品以及其制作过程和衍生的文创产品。未来当传统文化与时尚潮流结合，更多的非遗中国范儿时尚潮流的传统工艺品也将入驻艺术中心。让传统文化潮起来，这是莫尼山非遗小镇建设艺术中心的初心和愿景。

图16 莫尼山艺术中心（2023年7月2日笔者摄）

5. 游牧部落

莫尼山非遗小镇游牧部落（见图17）完全还原了原生态场景，有悠闲放牧的梅花鹿、马匹、牛羊，天然石堆搭建的敖包。该处景观以巍巍大青山为背景，前有茵茵草地牧场，而分布于游牧部落的七个蒙古包分别代表蒙古族历史上赫赫有名的七个蒙古族部落，分别是卫拉特、土默特、科尔沁、鄂尔多斯、喀尔喀、兀良哈、永邵部。在这里，你可以看到充分体现了蒙古民族的审美情趣与高超技能的传统蒙古包制作技艺、非遗项目蒙古族毡绣技艺、蒙古族刺绣、传统蒙古族服饰，以及蒙古族传统勒勒车，也能亲自参与这些非遗项目的制作过程，还可以欣赏到山势巍峨、依山而建的游牧风情木结构建筑。在蒙古包里，你还可以品尝到非遗美食，如蒙古族酸马奶、奶茶、奶豆腐，还可以看到这些美食的传统制作工艺。来到蒙古老营，仿佛穿越千年，走进了阴山下最原始的游牧部落。

6. 马背上的音乐——马头琴非遗馆

"中华文明根植于和而不同的多民族文化沃土……，保护少数民族的文化就是保护中华民族共同的精神成果。"[①] 马头琴作为民族音乐文化的重要成果代表，

---

① 共产党员：习近平在内蒙古考察并指导开展"不忘初心、牢记使命"主题教育［EB/OL］.［2019-07-18］. http://www.12371.cn/2019/07/16/ARTI1563282920132570.shtml.

图 17　游牧部落生态风光（2023 年 7 月 3 日由莫尼山非遗小镇工作人员提供）

是诞生于蒙古族人民马背上的精神文化产品，记载并传承着一代又一代蒙古族人民的文化记忆，是中华民族共有的精神文化。马头琴非遗馆展示了马头琴的由来以及历史各个时期的 40 余把珍贵的马头琴，既是马头琴的知识宝库，也是马头琴的"百科全书"。中华传统文化之所以历久弥新，是因为融合汇聚了各民族文化；中华民族文化之所以多元，是因为其是由各民族在发展过程中不断创造的精神文明成果聚合而形成（见图 18）。

图 18　马头琴展示区（2023 年 7 月 2 日笔者摄）

7. 专业、科学、绿色、生态——登山健身步道

各展馆的登山健身步道是集运动、观光、游览、商业为一体的综合性游玩区域。莫尼山小镇登山健身步道遵循"专业、科学、绿色、生态"的发展和建设理念，紧密结合莫尼山的自然资源和生态风光，融户外运动、非遗项目展示和乡村旅游等各种元素于一体，夏日晚上还在这里经营烧烤，多元化的经营模式充分利

用了登山健身步道的空间资源（见图19）。

图19 登山健身步道沿途风光 (2023 年 7 月 2 日笔者摄)

8. 用非遗讲述北疆文化——茶路驼铃情景剧

莫尼山非遗小镇成立之初就选址在呼和浩特武川的古驼道"白道"上，《武川县志》与《回族驼运》均对此处有细致描写。目前莫尼山非遗小镇内也陈列着数百件收集而来的古驼道文物。但是这一区域关于驼道散佚的文物、民间传说等还有很多，亟待我们去进一步挖掘。

"人驼共存、民族融合、情感羁绊"是茶道驼铃的主旋律。千百年来，数以万计的驼夫以生离死别为代价，行走在旅途中，伴随着悠悠驼铃声，历经艰险，苦中作乐，让遥远的西方看到展示东方魅力的人性和茶叶，同时也为阴山脚下的近代历史书写了浓墨重彩的一笔，开启了草原文化中的商业文明。非遗文旅情景剧《茶道驼铃》（见图20）讲述了在中国近代史上，由祖国北部商业中心归化城向北延伸，以"沙漠之舟"骆驼为主要运输工具，用驼工的汗水开辟出的通往蒙古、俄罗斯的商路，这一段路为沟通中原地区和祖国西北的政治、经济以及维护各民族融合，促进中国对外贸易做出了巨大的贡献。这条贯穿沙漠和草原的商道，是万里茶道中的重要一段。情景剧将万里茶道上的历史故事与莫尼山非遗小镇"万里茶道驿站"实景演出相结合，还原北上驼工及驼队一路遭遇干旱、风沙、大漠、暴雪、极寒等自然险阻，历经磨难经中国买卖城最终抵达圣彼得堡，满载货物返程后举办蒙汉婚礼、圣火祈福，体现欢天喜地、百艺杂陈、民族融合的情景。情景剧的主要演员由莫尼山非遗小镇全体员工以及周边村民、非遗传承人等组成。万里茶道及其衍生产品的文化价值不可估量，在打造"万里茶道老街"的过程中，莫尼山小镇充分发挥平台功能，在促进农文旅融合发展的过程中，讲好内蒙古故事，讲好呼和浩特故事，发掘"骆驼精神""驼商文化"对今天的影响，让"仁、义、礼、智、信"的传统美德和诚信营商的传统文化得到发扬，并以小镇为文化窗口展示"北疆文化"，向全世界游客做好正能量的文化输出，让游客了解非遗、了解内蒙古光辉灿烂的历史文化。

图 20 《茶道驼铃》情景剧（2023 年 7 月 2 日笔者摄）

9. 穿越千年"瓷"文化，品味非遗慢生活——瓷文化馆

陶瓷被称为水、土、火的艺术，在上古年代，火的发现给人们带来了温暖，也改变了人们的饮食方式。在解决基本的温饱需求后，偶然的发现让先民开始使用黏土成型，经过烧烤，制成盛放食物的容器，陶器由此诞生。一件件陶瓷如同精美而永不腐朽的书，生动地展示着人类走过的足迹。2022 年，莫尼山非遗小镇二期"万里茶道老街"开始进入施工，老街将打造"瓷器博物馆"。目前莫尼山非遗小镇也在前期收集了各地瓷器及文物，并引进国家级非遗瓷器烧制制作技艺活态展示。景区内布置瓷器技艺制作场景还原景观，为这一技艺独具北方特色的活态传承留下空间。在第五届非遗中国年期间，莫尼山"瓷器文化馆"开幕式上，揭幕非遗项目，并通过实物科普南北瓷器差异。此间的"清水河瓷艺"也是一项非物质文化遗产项目，俗话说"南有景德镇，北有清水河"，曾经的内蒙古清水河瓷业盛极一时，历史可追溯到宋代之前。20 世纪末，清水河陶瓷进入"亚运村"，出口到日韩等国。而如今，清水河瓷艺面临失传的境地。据史料记载，明末清初，今山西省保德县、临县等地的难民逃荒来到黑巩沟一带求生，后在这里发现了瓷土和煤炭，于是就地打崖、挖泥、掏炭，开始研制陶瓷产品，制瓷业就此发展起来，到乾隆年间已形成一定规模，清水河瓷器开始声名远扬。黑巩沟盛产日用白瓷，属于六大名窑中的"磁州窑"，分为粗陶、细陶、炻器三种，2011 年被列入第三批自治区非物质文化遗产名录。据清水河县文化馆记载，黑巩沟陶瓷生产经历了从小到大、由弱变强、从粗放型到精细型的转变过程。而黑巩沟古窑址群的发现，对研究宋、元、明、清时北方瓷系有重要历史意义。改革开放后，清水河的陶瓷名声大噪。20 世纪 80 年代初的窑沟乡，生产陶瓷的国有

工厂有 4 家，个人经营的小厂有数十家。当时，在窑沟乡一带，从事陶瓷生产的有近万人，陶瓷业成为清水河的支柱产业。90 年代初，当陶瓷业极盛之时，国有企业改制，清水河陶瓷厂转为私有。此时，南方陶瓷业引进国外先进技术，而刚转制的清水河陶瓷业在生产规模和研发上原地踏步，失去了核心竞争力。短短几年，清水河陶瓷厂出现工厂倒闭、工人失业、技术失传的问题。清水河制瓷业就从辉煌走向没落，到 2000 年，清水河陶瓷厂全部停产（见图 21）。

图 21　瓷器展示区（2023 年 7 月 2 日笔者摄）

10. 霍比特冒险之旅

霍比特冒险之旅是按照中式风格打造的儿童乐园，依据山体进行了绿化改造，给孩子们提供了一个可以户外玩耍、亲近大自然的场所。霍比特冒险之旅内有惟妙惟肖的蘑菇屋，网红打卡景观——天空之境是景区 2022 年全新打造的特色网红打卡目的地。

11. 莫尼山研学基地

青少年是祖国的未来，是民族的希望，在时代滚滚向前的浪潮中，青少年被寄予厚望。为进一步帮助青少年树立正确的人生观、价值观和塑造自我品格，深入贯彻学习党的二十大精神，进一步激发青少年"强国有我"的自信心，培育和践行社会主义核心价值观，形式多样、内容丰富的研学活动必不可少。面向新征程、新任务，通过优秀、深刻、有组织、有内涵的研学教育活动引导学生在体验中学习，在学习中深化和感悟，才能更好地在实践中激励祖国的下一代不断奋进和成长。

如何深入挖掘旅游场景中丰富的实践育人价值元素，将其转化为教育性的内容体验，赋能旅游行业高质量发展，即赋予旅游更多教育意义，是新时代旅游行业高质量发展普遍面临的关键问题。一方面，莫尼山研学基地以打造"研学 + 非遗"旅游路线为抓手，推动农业、文化、研学、旅游等资源有机整合；另一方面，基地与区内外知名研学机构、旅行社、高校进行战略合作，优化设计研学流程手册，完善研学课程体系，共同推动基地高质量发展。近年来，莫尼山非遗小镇以及所在地段家窑村至武川一带已经初步形成一批主题研学课程及路线，莫尼山非遗小镇"非遗＋红色＋农耕＋科技"的研学特色更加凸显。研学教育是以实践为基础、以研究为导向的教育模式，旨在培养学生的实践能力和创新能力，让学生在学习中获得更深入的认知和体验。引导孩子们走出课堂，感受世界，是研学的第一步。

四、建设成果——以文促旅，促进乡村振兴

（一）依托非遗文化打造呼和浩特非遗文化客厅

莫尼山非遗小镇于 2018 年 6 月 9 日，即国家文化和自然遗产日当天建成，在自治区、呼和浩特、回民区各级机构、非遗保护部门以及社会各界的支持下，至今已连续举办了三届"非遗中国年"活动，以及三次"国家文化和自然遗产日"活动。历次活动通过引领乡村发展，助力乡村振兴，建设美丽乡村，不但给游客带来了非遗文化"大餐"，也吸引了社会各界的目光，让大家聚焦黄河流域优秀的非物质文化遗产，从民俗生活中体验到了"乡愁"的魅力。

依托目前传承的 80 多项非物质文化遗产以及刚刚推出的《茶路驼铃》实景剧，莫尼山非遗小镇持续贯彻以文促旅的方针，力求将小镇打造成为集非遗体验、非遗节庆活动、非遗研学、非遗美食、非遗文化集合地为核心的"呼和浩特市非遗文化客厅"，打通学校—游客—媒体—自媒体的界限，让人人都来非遗小镇做客，让呼和浩特特色非物质文化遗产的传播面更广。2020 年，在文旅部门以及非遗保护部门的支持下，莫尼山非遗小镇在"十一"小长假期间举办了"敕勒川美食文化周"，以文旅融合作为小镇发展的契机，联合社会组织以及来自全区的非遗传承人，以"敕勒川味道"美食文化为核心，充分挖掘了本地区的非遗美食，将其做法、原材料等，结合电商，在现场进行活态展示，现场品尝，并采用网红"直播"带货等形式，助力周边农产品售卖，免费为农户搭建平台，助力巩固脱贫攻坚成果。在历次大型活动中，莫尼山非遗小镇的文旅融合带动作用得到了更好的发挥，推动了脱贫攻坚与乡村振兴无缝衔接、一体化推进。2020 年，莫尼山非遗小镇对口帮扶的武川县白泥壕村和小镇所在地段家窑村全村贫困人口均已成功脱贫。

（二）文旅融合促发展

从 2019 年起，莫尼山小镇以武川县上秃亥乡白泥壕村建档立卡的贫困户为帮扶对象，通过建立蒙古族非遗项目产品代加工基地、建立农业创业人才培养培训基地（中心）、建成百企联百村一体对接平台，开展以项目入驻、人员帮扶等方式为辅助的景区经营模式，推动本村实现了由脱贫向乡村振兴的转换。同时依托莫尼山已经入驻的 80 余项非遗项目，非遗传承人通过传授技艺、制作外包的形式，带动培养周边乡村农户入驻，并以小镇为中心，带动周边村民参与，为社会提供更多的就业岗位，为农牧民进行免费技能培训，提升了就业技能和非遗产能。在国家大力推进乡村振兴的背景下，小镇的发展也积极引领回民区段家窑村美丽乡村建设，并逐步完善周边设施，带动当地产业发展，为农民提供公益服务性岗位。2021 年，莫尼山非遗小镇经由自治区妇联牵线接触到中国妇女发展基金会"天才妈妈项目"，夏秋之际，"天才妈妈"梦想工坊落户莫尼山非遗小镇，给予了更多女性设计师创作的空间和实现梦想的平台。并且小镇也与妇联共同希望让"活"起来的非遗"火"起来，让贫困妇女富起来，给众多女性非遗传承人、设计师以实现梦想和抱负的舞台。

（三）打造非遗文创园区

2023 年，莫尼山非遗小镇与全区高校、团校展开合作，全面发力文创产品设计制作。依托国家级非物质文化遗产传习基地的优势，重点开发皮艺等非遗项目与文创产品进行有机结合。打造一套拿得出手的青城伴手礼和内蒙古礼物，在对传统非遗文化元素的使用和应用的基础上，又增添了具有莫尼山特色的"在地化"元素，产品在设计、制作上蕴含内蒙古文化元素，提炼内蒙古文化元素，提升内蒙古非遗文化的"曝光度"，保留了民族的文化特质，使非遗文创产品呈现出深厚的文化底蕴。创设"莫尼山艺术中心"对文创产品进行集中展示与讲解，让游客有购买欲、消费欲。力图以莫尼山非遗文化的品牌效应提高小镇的知名度，用品牌效应拉动莫尼山非遗小镇的发展。

（四）打造"巾帼创业，美丽内蒙古"——乡村振兴助力农村妇女创业品牌活动

莫尼山非遗小镇中的大部分非遗技艺的传承人是女性，如面塑、剪纸、布贴画等手工艺。可以说非遗技艺的民间活态传承就是由女性在日常劳作、生活中传承发展下去的。一直以来，莫尼山非遗小镇立足带动农村妇女创业就业，带动周

边妇女创业就业 30 余人。周边乡村近 200 人参加莫尼山非遗小镇举行的非遗培训。鼓励周边农村妇女通过学习非遗技艺，在传承发展非遗文化的同时转换为经济收入。同时莫尼山非遗小镇作为中国妇女发展基金会捐赠支持的"天才妈妈"梦想工坊所在地，也承担让更多"天才妈妈"被发现，让无人问津的非遗项目重现光彩的重任。2023 年，莫尼山非遗小镇将有针对性地组织 5~10 场培训，打造"巾帼创业，美丽内蒙古"——乡村振兴助力农村妇女创业品牌活动，为乡村引资引智，赋能乡村振兴。

（五）乡村旅游多元化发展——研学游、劳动实践教育

传承非遗，从娃娃抓起。"非物质文化遗产"有其独特性和较强的地域性。近年来，莫尼山非遗小镇一直积极探索如何让"非遗"走进校园，以及如何让"非遗"传统文化吸引中小学生的兴趣。2019 年起，莫尼山积极研发研学体验课程，开发了十大主题研学产品，全区中小学、美育机构前来体验人次达 90 余万人。

作为发展品牌研学自治区研学教育基地，莫尼山非遗小镇聚合了丰富的非遗资源，主要集中在以下三类：①非遗文化。非遗文化是中国传统文化的精华，是中国各族人民几千年生活实践的产物，传承、展示、发展是非遗文化的核心。②红色文化。莫尼山非遗小镇的地理位置本身就是大青山抗日战争的区域，发生过许多草原人民抵抗侵略者的故事，有丰富的红色革命历史故事素材。③农耕文化。小镇周边有段家窑村、坝口子村等村落，有发展劳动教育体验式研学课程的基础。以上这些内容都为莫尼山非遗小镇提供了丰富的研学课程素材，通过深度挖掘、专家研讨等形式，还可深入开发更多有文化内涵、有深度、有特色的研学产品。

（六）成立高校艺术教育实训基地、创业就业中心，培养非遗文化创意人才

2022 年 6 月 14 日，内蒙古农业大学职业技术学院授予莫尼山非遗小镇研究生实践基地称号，莫尼山非遗小镇总经理贾宏伟、内蒙古格日勒皮艺文化产业发展有限公司总经理冯晓丹被聘为艺术设计专业硕士研究生校外导师。莫尼山非遗小镇作为自治区众创空间，有得天独厚的产学研一体化发展优势。小镇有成熟的"蒙古族皮艺"生产链。在今后的发展中，莫尼山不仅要设立农牧民非遗培训基地和就业创业中心，更要在带动大批量农牧民就业的同时，吸引更多高校学生未来从事非物质文化遗产相关的工作，让中华民族的传统文化有序传承，逐步打通研学激发兴趣—实习—就业—创业的产业链，吸引更多高学历人才进行创业就

业，并吸引更多文化团体走进小镇，将小镇打造成为集艺术交流、艺术培训、教培、写生、实训于一体的非遗艺术中心。

中国北方大地自古是多民族生活聚落区，内蒙古自治区作为一个多民族地区，其在农耕文化与游牧文化千百年的互动交融中形成了独具特色的北疆文化，诞生在这里的民族非遗项目即为北方游牧文化和黄河流域农耕文化下传统生活方式集大成者。北方游牧民族经各民族融合，生活方式由游牧到驻牧直至定居，其生活中的必备技艺和艺术审美均得到了极大的完善，且蕴含着深厚的文化内涵。非遗作为历史长河中沉淀下来的集体智慧的具体展示，"她"的美来源于时光深处和生活角落，而后经过千百年的演化，成为一个鲜活的文化样本、符号象征物或艺术形式，存活于我们的"衣食住行"之中。莫尼山非遗小镇中展示的非遗项目大多是多民族文化兼融并蓄下的产物，其承载着各民族交往、交流、交融的文化记忆，充分体现了内蒙古自治区各民族的审美理想和文化价值观念，是经济生活、风俗习惯、文化教育的集中反映，是内蒙古自治区打造"北疆文化"向外展示的重要窗口，是文化产业和文旅经济发展的重要载体。内蒙古自治区非遗文化与旅游业发展有着千丝万缕的联系，两者融合有深厚的基础和广阔的前景，非遗文化旅游丰富了内蒙古旅游业发展类型，旅游业则是实现非物质文化遗产活态传承以及生产性保护的重要方式，两者具有相互促进、融合发展的内在关系。本章的创新点在于挖掘如何依托非物质文化遗产项目助力乡村振兴、实现产业化发展，发挥文化遗产的产业价值，以文促旅、以文兴农。非物质文化遗产表现出较强的参与性、展演性、体验性等特征。在文旅融合的乡村振兴大背景下，积极探索非物质文化遗产与旅游业的融合发展道路，实现非物质文化遗产的活态传承，探索"非遗 + 小镇 +N"的发展路径和实施模式，能够为实现乡村振兴探索出一条发展新路径、新模式。

附　录

一、田野点说明

本章调查研究主要以呼和浩特莫尼山非遗小镇为研究对象，该地以非遗项目打造文化旅游，不存在土地流转、牧业生计等情况，故调查内容主要集中在其产业经营模式上。其基本情况如下：

呼和浩特莫尼山非遗小镇位于内蒙古自治区大青山自然保护区，属地呼和浩特市回民区攸攸板镇段家窑村。此处前为"风吹草低见牛羊"的土默川平原，后为锡林郭勒草原和乌兰察布草原的纵深腹地，与历史悠久的"北魏重镇"武川毗邻。小镇坐落在阴山山脉脚下，三面环山，在古代这片土地被称为"白道川"，是"万里茶道"上的重要驿站，是经归化、武川北上到达蒙古、俄罗斯直至欧洲各国的必经之地，为贯通阴山南北十七个垭口之一，千百年来演化成为游牧文明与农耕文明交错互动的着力点和融合点。"莫尼山"一词源于蒙古语"牟尼乌拉"的音译，"牟尼"一词具有"神、圣"之意，可指称坐落在北方的神山。莫尼山是阴山的蒙古语称调。阴山因位于黄河之北，故名阴山。相对于具有"母亲"象征意味的黄河而论，阴山更像是北方多民族相互融合的自然见证与"精神之父"。据史料，"牟尼乌拉"是中国古代阴山的蒙古语称谓，而不同时期对其有不同的称谓，如北魏时将其称为"跋那山"、唐朝时称为"木刺山"、辽代称其为"牟那山"。当今的"莫尼山"狭义指称的范围主要是阴山山脉中段乌拉山所辖区域，乌拉特在蒙古语中有"能工巧匠"之意，由此可见，此地取名为莫尼山就是取其"能工巧匠"拱卫且聚集之意。

莫尼山非遗小镇是内蒙古自治区第一个以展示、体验非遗项目为主体的大型露天博物馆。小镇于2018年6月9日"国家文化和自然遗产日"当天正式面向游客开放，2021年获评国家AAAA级旅游景区。小镇围绕红色文化、红色记忆、农耕文化、非物质文化遗产活态传承、文化交流、实践研学和万里茶道的舞台演绎等项目，面向民间"能工巧匠"、非遗传承人、文化团体及游客搭建专项非物质文化遗产展示体系。同时深度挖掘"大青山骑兵"和"万里茶道"文化内涵，将红色文化、万里茶道交汇融合的多元化思想融入小镇建设的方方面面，目前已入驻非遗项目80余项。至2022年，已经连续举办了四届"非遗中国年"系列活动，年接待游客20余万人次，丰富了人民群众的假日精神生活。

莫尼山非遗小镇全面贯彻国家"以文促旅，以旅彰文"的文旅融合发展思想，开发相配套的产品，研学线路、研学体验产品、非遗文创等。2023年，莫尼山非遗小镇将深入贯彻落实创新引才办法，将小镇建设成为集合自治区非遗文创、非遗展示、黄河文物、万里茶道故事为一体的内蒙古非遗文化产业小镇。将呼和浩特市及周边的"非遗项目"集中展现，形成以诸多匠人会聚的非遗创作区、非遗展示区及非遗体验区和非遗研学传习基地。园区建设分三期进行，目前第一期工程占地360亩。二期已开始建设。已建成区域分别是：非遗艺术博物馆、万里茶道驿站、莫尼山阴山岩画谷、马头琴博物馆、非遗活态传承馆、蒙古老营、乌兰牧骑广场、非遗美食体验区、巾帼创业就业示范基地、红色记忆（蜈蚫坝大队）、蒙古族皮艺传习基地、中画国检内蒙古中心、油画研修基地、影视拍摄基地、登山步道、自然动物园、孔雀园、拓展营地、民俗体验区、时尚民宿区、莫尼山红色农庄、红色农耕文化园。目前，莫尼山非遗小镇已获得的称号有15个：①内蒙古自治区第二批培育特色小镇；②内蒙古自治区首批中小学生研学实践教育基地；③内蒙古自治区传统工艺工作站；④内蒙古自治区科普示范基地、自治区众创空间；⑤内蒙古自治区民间文化传承保护基地；⑥内蒙古自治区蒙古族皮艺传习基地；⑦中国国家画院中画国检（内蒙古中心）；⑧内蒙古诗书画研究会创作基地；⑨内蒙古茶叶之路研究会；⑩呼和浩特爱国主义教育基地；⑪呼和浩特市巾帼创业就业示范基地；⑫呼和浩特市民族团结进步教育基地；⑬呼和浩特市非物质文化遗产保护促进会；⑭呼和浩特市作家协会创作基地；⑮中国人民政治协商会议回民区委员会工作室。

小镇充分挖掘阴山和敕勒川平原文化内涵，用非遗助力乡村振兴，着力打造集游览、休闲、民宿为一体的综合性特色体验独家小镇。2019年，莫尼山非遗小镇打造"莫尼山红色农庄"，填补了呼和浩特市中小学生户外研学实践教育基地的空白，年接待游客30余万人次。2021年起，莫尼山非遗小镇开始筹备建设二期"敕勒川万里茶道老街"。敕勒川万里茶道老街位于段家窑延伸至莫尼山周边1.3千米的沿线街道。充分利用原有建筑，注入文化内涵，使"万里茶道"繁荣场景再现，总占地面积500亩，总建筑面积16200平方米，其中包括刺绣民俗馆、茶语民俗馆、瓷器民俗馆、奇石文化民俗馆、老粗布工坊、马鞍驮具民俗馆金银錾刻匠铺、传统家具博物馆、传统木结构营造技、旅蒙商博物馆、非遗大数据中心、乡村农牧民培训就业中心、展销售卖场、乡村民宿、生态旅游厕所、生态热带雨林、小镇生态观光休闲登山步道、集装箱街区、房车营地、生态停车场、精神堡垒雕塑、万里茶道标志性雕塑、道路标识标牌、小镇路灯。同时配套了绿化、硬化、给排水、暖通、电力、硬化、绿化等基础设施。项目将以文旅为核心带动段家窑周边街区、乡村旅游目的地、采摘、民宿等，搭建段家窑及大青山周边村镇的乡村振兴发展集合体。打造实景老街休闲旅游带、环呼和浩特非遗文化旅游带。使内蒙古优秀非物质文化遗产项目入驻，全面融入国家黄河文化公园建设，让黄河文化、内蒙古美丽乡村绽放出新的光彩。同时盘活了乡村闲置资源和集体经济，让美丽乡村成为新的乡愁文旅目的地，让"文旅＋非遗＋小镇"的新业态成为新的文旅经济高质量发展模式。2022年4月25日，内蒙古农业大学职业技术学院研究生培养实践基地落户莫尼山非遗小镇并揭牌，将景区与高校校企合作人才培养提升到了产业层面。

二、访谈资料

被访者1

访谈时间：2023 年 8 月 17 日 9：45

访谈地点：莫尼山非遗小镇

访谈对象：龙梅

性别：女

民族：蒙古族

年龄：32 岁

文化程度：大学本科

从事职业：莫尼山非遗小镇解说员

出生地：呼和浩特市赛罕区

访谈内容：我们整个二楼都是皮艺，这个也是我们的一个名片吧，是党中央、国务院送给我们的贺礼。它每个景色都有它的寓意，一共有 380 幅，许多党政机关、国企、央企里都有。这是中共中央代表团送给我们自治区成立 70 周年的贺礼，也是我们蒙古族皮艺和中央美院共同设计制作完成的，你看上面这个草原的景色和天安门融为一体，这边还有高铁，两边的景色左右呼应，每个景色都有它的寓意，寓意我们在党的领导下高速发展。

有贺礼就有回礼，这个安代舞也是代表着民族大团结，这是回赠给中共中央代表团的，也是我们的作品。其实能送的礼物有很多选择，但是之所以选蒙古族皮艺是因为它与蒙古族的生产生活有着密切的联系。看这幅油画，牛皮上的油画，那时人们的这种状态非常棒，激情饱满，而且包括他们这个眼神和笑容，当时流行一句话叫"穷开心"，现在人们啥都有了但似乎缺少了一些开心的状态。

这边向我们展示了三种非遗，"二人台、剪纸和蒙古族皮艺"，这些都是国家级非物质文化遗产，其实你仔细观察我们二楼的作品，都是在牛皮上画的我们的非遗项目，展示我们的文化。这个菩萨冠上镶嵌的都是真的宝石，都是蒙古族皮艺非遗传承人贾宏伟带着团队做的，都有其本人参与，而且这些跟我们前面那些不一样，前面那些工艺品画错了是可以改的，这是一笔画错了整张牛皮都废了。

这个"福"字是我们天下第一福，这个你们应该也熟悉，右上角是像多子，右下角田字不封口，左边又像子又像财，右边又像寿，所以它是多子多才多寿多田，五福合一，也是唯一不能倒着写的"福"，北京恭王府所有带福字的皮画，都是我们做的。是属于我们内蒙古的特色，每幅皮艺的制作都需要花费半年以上的时间，包括选皮、刻画、临摹等。平时的研学活动，都可以体现非遗项目，民俗文化，包括泥塑和剪纸这些。

被访者 2

访谈时间：2023 年 8 月 20 日 15：45

访谈地点：莫尼山非遗小镇

访谈对象：贾宏伟

性别：男

民族：汉族

年龄：42 岁

文化程度：大学本科

从事职业：蒙古族皮艺非遗传承人

出生地：呼和浩特市托克托县

访谈内容：将非物质文化遗产陈列在博物馆，让古老的文化遗产都活起来，所以说保护传统文化是一种情怀，更是一种责任。通过十多年的努力，我和我爱人认识到非遗的重要性，创办了非遗的展厅，这是对非遗文化的延续。非遗体验的特色小镇，召集众多的非遗传承人聚集到一起，搭建了一个学术上的平台，让更多的人能够走进小镇，了解传承史，保护非遗。每一个传承人都是一个不同的故事，每一个匠人遗留下来的都是一种巨大的精神财富，一种情怀，让更多的人了解我们民族文化，我们做的这些文创产品、产业引入更多的游客到我们这里。走进校园、走进生活，把我们的故事讲出去，拉动内蒙古的旅游文化也是我们的一种负责、一种担当。

被访者 3

访谈时间：2023 年 8 月 21 日 10：13

访谈地点：莫尼山非遗小镇

访谈对象：薛籽女

性别：女

民族：汉族

年龄：73 岁

文化程度：大学本科

从事职业：托克托面塑非遗传承人

出生地：呼和浩特市托克托县

访谈内容：这两个柜子是我奶奶家的，是她 16 岁结婚时候的陪嫁，我小的时候过年过节在这两个大柜子上面会放一个大的枣山，还有就是贴窗花，我们家当时住的那个院子房东姓乔，就是当时山西那个很出名的晋商的乔家大院，像咱们内蒙古东部还是在某种程度上延续了山西的文化，因为有好多人是从山西走西口移民过来的，所以延续的生活方式和文化传统还是很相似的。我前几年也老去山西，可以说是去寻根也就是想探寻一下这种文化的来源。当然这种文化在我们当地也融入了我们的文化，例如，这个面锁，呼和浩特和包头这边的方言会把它叫作"面圐圙"，这其实是从蒙古语发音演变而来的。说到花馍馍，其实想到小时候清明节会做那个"寒燕燕"，小时候奶奶给我们做的造型其实比较简单，就是拿一块面直接一剪，挂在脖子上，我曾经还写过关于清明"寒燕燕"的文章，写的挂在脖子上你一串我一串，是老人对孩子的关爱也是一种节日的象征。到现在有几个重要的节日被保留得比较好，例如，过年做枣山、农历七月十五要做爬娃娃，还有人生的礼仪有孩子过百岁岁的时候要做面锁就是这个"面圐圙"叫戴锁，到后面十二岁时要圆锁，这是很隆重的。再就是红白喜事，但是现在婚礼上我们这边见到的不多，这是我们和山西那边有些地方的差异，他们那边结婚时会做龙凤呈祥喜馍，而我们只在丧葬仪式上才会用到，包括倒头大贡意思是人刚一去世时赶紧给做一个放在灵位前，来的人就要磕头叫倒头大贡。还有出殡时做一份"大贡"，这个一般是家里姑娘给做的，这个是有讲究的，一共是十二个，就是三个一组，一共四组，三个光的大圆馒头上面的带花的，还有做一条鱼，这个鱼谁做的是要带回家的，这个叫"留父鱼"，现在叫"偷大贡"。因为老人去世一般岁数比较大，亲戚朋友的习俗，他的习俗就是要掰一块吃，拿一块"大贡"吃，寓意吃了会长寿。但是现在少了，老人去世这些传统很少保留，我们这代人有的不知道这些习俗，我们也叫"讲究"，不知道"讲究"也就没办法用这些东西。点一个点是馒头，点三个点里面是豆馅的。

之后九几年我去了北京宋庄，宋庄都是全国各地来的人，过年回来有一个不成文的习俗就是带一些特产，南方人会带一些干鱼，我不会做饭大多带一些烧麦，带点烧麦皮和馅，去了跟大家一起包，还有互相会送一些小礼物，正好有一年赶上清明节，我在大街上看到有人专门卖这个，也很便宜，两块钱一串"寒燕燕"，我自己本来也喜欢，勾起了童年的回忆，就买了很多，到了北京之后拿出来发现朋友们特别喜欢。正好当时我老公跟画廊签约，一个比利时画廊，老板过来参观，为了表示心意，对应他家孩子的年龄属相，我们送给他家两个孩子面人，没想到他特别感兴趣，拿着这个面人反复看。还有一个法国朋友，要互相送小礼物，也都特别喜欢，就因为这个契机，我开始自己做。之后一个朋友给孩子过一周岁，也是为了表达心意，我知道我们这边有给孩子过周岁送面锁的习俗，我就专门给朋友订做了一个，因为那时我自己还做不下来。等到那天把面锁摆在长桌上，进来的人都被这个吸引，大家都进来围着看，我告诉朋友这个仪式要怎么做，告诉他1周岁要给孩子套一下，说祝福语，然后12周岁时要举行开锁（圆锁）仪式，我朋友跟我说那我还得等到12岁再给孩子开锁，那咱们可不能散了，得一直等着给孩子开锁啊。再后来我们在宋庄开饭店做主题餐厅，所有的食材都是从家里带过去的，我做的就是家乡的焖面、饸饹面，那时我还不咋会做面塑，回来问我奶奶也做不了了，90多岁了，我找了半天在我们当地找到一个大姐，她会做，我跟那个大姐说你能做多少就做多少，其实我也是想跟人家学，人家也不说我教你啥的，我就说我买你的，你做就行了，做了三天，当时我正好有一个小的照相机，她做我就拍，她每天做三个小时，印象特别深刻的是有一次，大姐做爬娃娃，做了一对，她一边做一边唱云飞的歌"拉手手、亲口口"，因为我当时在北京对这首歌不熟悉，你想那个情景，她一边做，一边捏一个男孩和一个女孩，一边唱就把两个手这么一搭，一下子感觉好像有生命一样，但是当时不知道有这么多背后的故事，大姐也会做面锁，上面有几个石榴，上面还要有十二生肖，这个大姐一边看电视一边就做这个。我问她做这个收益怎么样，大姐说："我儿子那套楼房就是我这么捏出来的。"

你像那个面锁，孩子在1周岁时要带面锁，为啥要十二锁开锁，是因为你前面已经戴上那个面锁了，锁住了平平安安，平安长大，等孩子到12岁长大了再给他开锁，孩子长大了不要锁住了，他要担当社会责任了，所以如果深挖他背后的文化含义真的特别特别深，他就像一棵大树，你越挖根越深。花馍实际上应用得非常广，应用到传统节日中，从过年年春节、正月十五到刚才说的寒食节、清明节、端午节，一直到咱们过的这个七夕乞巧节、七月十五、八月十五这传统节日都有，最后说重阳节，每个民俗节日后面专门有一个特定的一个花馍，另外还有人生节点所谓婚丧嫁娶，他们从孩子出生，这边人们说孩子一落地，他就开始有花馍了。平时说中国福禄寿喜，福是个啥福，禄是个啥禄，那么这里就把这种传统的符号变成食物（把符号具象化了），像这个石榴开口笑，就是"喜"，寿桃就是"寿"，其实他已经成为一个固定符号了。像"寒燕燕"，我们说"寒燕燕"是串起来的，但是现在我们做文创产品做出来不同颜色的"寒燕燕"，是因为现在有榨汁机就很容易得到更多花样，食材的升级也给年轻人提供更多的创业和就业机会。不要把我们这种传统东西丢了。其实像我这个年龄，我们可能也就是起承上启下的作用，因为正好就是20世纪七八十年代出生的人，我是1965年出生的，正好还赶上那个时代，老包头之前的一些传统建筑、传统民俗我了解的比较多，因为都是我小时候的一个生活环境，随着这些城市的改造，这些东西慢慢就消失了，那么可能更多的就是新的取代，那现在实际上我们就是传承人，传承的啥，就是告诉大家 100 年前，花馍馍是个啥样，也许现在不一定能用得着了，但是得了解这段历史，它反映了过去的生活状态，那时人们的生活环境、生活习惯就是这样的习俗。这个是过年用的枣山，这是过年蒸的花馍，这个枣山必须是放在大躺柜上，家里的大红柜有这样一个讲究，因为过年最好的家具就是这个大红柜，大红柜一定要放在家里正中间，这个叫团圆枣山，形状是圆圆的，并且是一层一层往上走的，也是寓意步步登高、蒸蒸日上，这个三角形的它是金山银山粮食堆满山，这个地方虽然不大，但是浓缩了面塑的精品，让人们知道我们这个传统文化的魅力。

第十章

生态人类学视野下阿鲁科尔沁草原游牧系统遗产调研报告

苏雅拉其其格 *

【内容摘要】农业文化遗产的概念源自联合国粮农组织 2002 年启动的"全球重要农业文化遗产项目"。与一般的自然与文化遗产相比，农业文化遗产的特点在于它的活态性、动态性和复合性，还表现在它是传承悠久、持续性强、结构合理的传统农业景观和农业生产系统。阿鲁科尔沁草原游牧系统拥有长期与自然生态和谐共存而产生的游牧业生产技术，并以活态、动态形态传承延续至今。作为中华民族乃至世界最具特色的文化财富之一，在新时代背景下，游牧系统如何与现代生产技术结合并延续经营的模式具有很高的研究价值。本章基于生态人类学、农业文化遗产等理论和概念为研究视角，探讨阿鲁科尔沁草原游牧系统游牧业生计模式，解析传统游牧业与轮牧休牧等现代化管理及现代化生产技术的结合作用之下的畜牧业经营特点。

【关键词】阿鲁科尔沁草原游牧系统；遗产；畜牧业；生计生

一、引言

2002 年联合国粮农组织启动"全球重要农业文化遗产"保护工作，此后农业文化遗产在国际上逐渐受到重视，我国作为农业大国，是这项活动最早的参与者和支持者。2014 年 6 月 12 日阿鲁科尔沁草原游牧系统被我国农业部认定为中国重要农业文化遗产，是全国第二批认定的农业文化遗产。2017 年首次提出力争用 10~15 年时间，将阿鲁科尔沁草原游牧文化纳入世界文化景观遗产，通过近 5 年的努力，2022 年 5 月 20 日，联合国粮农组织（FAO）正式认定内蒙古"阿鲁科尔沁草原游牧系统"为全球重要农业文化遗产（GIAHS）。农业文化遗产是世界生态文明的重要组成部分，它的发展关系到人类的生态环境及持续性生存，因此正日益受到国际及国家层面积极推崇和保护重视。

---

* 苏雅拉其其格，内蒙古大学 2021 级民族学专业硕士研究生。

习近平生态文明思想坚持党对生态文明建设的全面领导，提出人与自然是生命共同体、绿水青山就是金山银山、良好生态环境是最普惠民生福祉等理念，阿鲁科尔沁草原游牧系统坚决贯彻"绿水青山就是金山银山"理念和习近平总书记在考察内蒙古时提出的"坚决守好内蒙古这片碧绿、这方蔚蓝、这份纯净"要求并努力做到在发掘中动态性保护、在保护中活态性传承，做好生态文明建设任务，向全世界展示优秀传统游牧文化目标埋头前进。为深入贯彻落实习近平生态文明思想，传播农业文化遗产多样性，本章以重要农业文化遗产阿鲁科尔沁草原游牧系统核心区巴彦温都尔苏木的沙巴日台嘎查为例，以生态人类学为学科角度，探究从国家与社会，传统与现代化的碰撞中展现人与生态环境的相处模式并寻求解决环境问题的办法，通过采用实地调查和访谈法，揭晓阿鲁科尔沁草原游牧系统生产模式状态其游牧业经营模式，挖掘和延续发展游牧生活方式和知识体系，多角度研究探析，增添遗产"生命力"并从中汲取营养，做好重要农业文化遗产的发掘保护与传承，保护我国文化多样性，为我国重要农业文化遗产的正确方向传承和发展提供借鉴。

农业文化遗产（Agricultural Heritage Systems）的概念源自联合国粮农组织2002 年启动的"全球重要农业文化遗产"（Globally Important Agricultural Heritage Systems）项目。按照粮农组织的定义，全球重要农业文化遗产是"农村与其所处环境长期协同进化和动态适应下所形成的独特土地利用系统和农业景观，这种系统与景观具有丰富的生物多样性，且可以满足当地社会经济与文化发展的需要，有利于促进区域可持续发展"（闵庆文和孙业红，2009）。

除粮农组织概括性定义之外，我国对"农业文化遗产"概念定义研究也各执一词。例如，闵庆文（2013）认为，从产生形式来说，农业文化遗产可以分为记忆中的农业文化遗产、文本上的农业文化遗产和现实中的农业文化遗产。从内容上来讲，有狭义和广义的区别，也可以将其分为物质的与非物质的、有形的和无形的农业文化遗产。他认为广义的农业文化遗产等同于一般的农业遗产，而狭义的农业文化遗产则更加强调对农业生物多样性和农业景观，强调遗产的系统性。也有学者认为，狭义的农业文化遗产是指人类在历史上创造并传承保存至今的农耕生产经验，如开荒的经验、育种的经验、播种的经验、防止病虫害的经验、收割储藏的经验；而广义的农业文化遗产则是人类在历史上创造并传承、保存至今的各种农业生产经验和农业生活经验。

在农业文化遗产保护方面，闵庆文（2006）认为，在农业文化遗产保护中，一个十分重要的问题就是要充分考虑系统保护与发展之间的关系，要体现动态保护的思想，特别是要考虑农民生活条件的改善和生活质量的提高使其愿意继续从事传统农事活动，只有这样才能确保农业文化遗产的传承。李文华（2015）认为，我国农业文化遗产保护有农业文化遗产底数不清、保护意识亟待提高、精髓挖掘不够、发掘与保护机制有待健全等问题存在。王思明（2019）指出，农业文化遗产复合性、交叉性、分散性等特点也决定了农业文化遗产保护必然是一个系统工程，需要政府、农民、社会、市场及学术界方方面面的共同努力，应该设定统一目标，通力合作，虽多方管理，多元投入，但要分工合作，协调行动，避免重复建设。

二、阿鲁科尔沁草原游牧系统

内蒙古赤峰市阿鲁科尔沁草原游牧系统位于大兴安岭西南余脉，我国北方农牧交错带，是一个以畜牧业为主，农林为辅，各要素相互依存制衡，优势互补的复合生产体系，为当地牧民提供了丰富的生态环境资源和生产生活用品。这里有草原、森林、湿地、河流等多样性自然资源与景观，具有重要的生态系统保育及物种保护功能，在发挥其生计保障功能的同时，也为牧草资源提供了可持续利用的典范，是全球可持续游牧业的典型模式。以敬畏崇尚之心看待自然环境的牧民，在这片土地上至今传承着优秀的游牧文化，传承和发扬着区域特色文化，持续着按时休牧轮牧，逐水草而居，与自然和谐共存的生活模式。在长期的游牧生产实践中，创造了富有区域民族特色的游牧文化，包含信仰习俗、歌舞音乐、民间工艺等各种传统文化，这些传统文化是中华民族的物质和精神财富，是草原人民贡献给世界的文化财富。

（一）"阿鲁科尔沁草原游牧系统"核心区巴彦温都尔苏木概况

核心区依据 GIAHS（全球重要农业文化遗产）提案中的核心区。阿鲁科尔沁草原游牧系统核心区位于阿鲁科尔沁旗北部巴彦温都尔苏木，地理位置在东经 119°14′00″~120°57′00″，北纬 43°20′00″~45°14′00″，属赤峰市北部，东邻内蒙古通辽扎鲁特旗，南与通辽开鲁县、赤峰翁牛特旗接壤，西与赤峰巴林右旗、巴林左旗接壤，北与内蒙古锡林郭勒盟西乌珠穆沁旗、通辽霍林郭勒市接壤。苏木南北长 116.5 千米，东西宽 67.3 千米。巴彦温都尔苏木管辖所辖 23 个嘎查（行政村），56 个独贵龙，共有 4969 户，其中牧业户 3519 户，牧业人口 8921 人，全部为蒙古族人口，1 个护林站和 1 个国家级自然保护区。[①]

① 根据调研资料整理。数据由巴彦温都尔苏木政府土地所工作人员 SRG 提供，提供时间为2023年7月12 日。

巴彦温都尔苏木是阿鲁科尔沁旗蒙古文化的摇篮，有着悠久历史和浓厚的蒙古族风情以及良好的草原生态风景，也是阿鲁科尔沁唯一保留游牧方式的地区。苏木生态资源丰富，有广阔无限的草原，树林茂盛的森林，沙坝水库、雅图特湖、黑哈尔、达拉尔、苏吉河等湖泊、河流孕育着草原，是阿鲁科尔沁旗草原游牧系统核心区、生态屏障、水源涵养区。

1. 草场资源

巴彦温都尔苏木总土地面积 500 万亩（含高格斯台罕乌拉国家级自然保护区），其中，草场 242 万亩、耕地 11.9 万亩、林地 245 万亩。巴彦温都尔苏木的空间分异，将遗产地划分为三个区域：南部的"冬春牧区"也称冬营地（也可定居点），总面积 240 万亩，以丘陵、平地为主，平地种农田，社会经济较为发达，交通信息便利。[①] 中部高格斯太罕乌拉罕山自然保护区总面积 160 万亩，总体植被覆盖率较高，有森林、灌丛、草原、湿地等多样的生态系统，森林茂密、草原广袤、溪流纵横、物种丰富。北方的"夏秋牧区"也称夏营地，是牧民两季轮牧的草场，以草原或山地草原为主，总面积 100 万亩，大体分为雅图特、乌兰哈达、宝日温都尔、浑都伦、查干温都尔和塔林花六大游牧区，有达拉尔河、苏吉河和黑哈尔河三大水源。

2. 核心区游牧业经营模式

游牧系统内游牧业为主要生产方式，在草原生态保护力度加强和有关制度的完善，系统内现执行严定的禁牧休牧规定，这里每年 3~6 月为禁牧返青期，在这期间牧民牲畜进行舍饲，禁止放牛、羊、马等畜群，山羊全年禁牧。经过春夏两季的休牧返青，6 月中旬截止禁牧，开放草场，牧民赶着畜群转场到夏营地进行为期大约 4 个月的放牧，在规定的转场日期（从往年情况来看，都是 6 月初或中旬）和三条转场路线进行转场，三条路线分别为西河线（黑哈尔河）、东河线（苏吉河）、哈布其拉线及其支线转场。到达夏营地前，保护区中部设有三个清点畜群的管理驿站和支援服务队，分别是伊和格日驿站（东部）、呼和乌苏驿站（中部）、敦都乌苏驿站（偏中西部），经过驿站清点畜群，畜头数量符合规定，即继续转场到夏营地。大约在 10 月初或月中，牧户根据各自的草场和畜群情况，转回定居点，直到来年 3 月是牧民自由放牧期，可利用定居点草场放牧也可进行圈养。

3. 核心区畜群品种

巴彦温都尔苏木的传统牲畜品种主要有西门塔尔牛蒙古牛、蒙古羊、昭乌达

---

① 根据调研资料整理。数据由巴彦温都尔苏木政府土地所工作人员 SRG 提供，提供时间为 2023 年 7 月 12 日。

肉羊、罕山白绒山羊、蒙古马等。经过与生态资源适应和品种改良，当前形成了以牛、羊、马为主要畜种的草原游牧生产体系。2023 年夏季转场牧户有 2000 多户，转场牲畜达到 14.6 万头（只）。牧民和牲畜按季节特点进行合理迁徙流动，为保证牧群不断获得充足的饲草，避免长期滞留带来的草地资源退化，季节轮牧的生活方式不仅保障了牧民生活质量同时发挥了自然生态的持续性合理利用。

（二）阿鲁科尔沁草原游牧系统遗产认定

2014 年 6 月 12 日，农业部正式将阿鲁科尔沁草原游牧系统列入第二批中国重要农业文化遗产。

2017 年 2 月，阿旗文化体育广播电影电视局局长铁柱首次提出力争用 10~15 年时间，将阿鲁科尔沁草原游牧文化纳入世界文化景观遗产。

2017 年 8 月 21 日，六集大型纪录片《阿鲁科尔沁的纯净》在中央电视台"中华民族"栏目播出，向人们展示了阿鲁科尔沁草原的纯净壮美，得到农牧民群众和国内外专家的一致认可。2017 年，以原生态游牧文化为主题创作的歌舞剧《阿鲁科尔沁之韵》编排完成，截至目前已累计演出 68 场。

2017 年 12 月，内蒙古阿鲁科尔沁草原游牧系统申报世界重要农业文化遗产工作正式启动。2017 年 12 月 26 日，向中国科学院地理资源所自然与文化遗产研究中心专家组进行申遗工作汇报。并根据专家的意见，制定了保护与发展规划。按照《申遗工作规划》要求，严格落实草畜平衡制度，尽快恢复草原游牧系统生态平衡。

2018 年 3 月 21 日，"内蒙古阿鲁科尔沁草原游牧系统"首次亮相 2018 中国国际薯业博览会。

2018 年 7 月 19 日，由农业农村部国际合作司主办、阿旗承办的第五届全球重要农业文化遗产（中国）工作交流会在阿旗召开。来自全国 15 个地区的 150 多名从事农业文化遗产保护研究的专家、学者，围绕我国农业文化遗产保护与乡村振兴等主题进行交流。会议推动了阿鲁科尔沁草原游牧系统成为世界重要农业文化遗产。

2018 年 9 月 11 日，内蒙古自治区副主席、市委书记领导到阿鲁科尔沁旗巴彦温都尔苏木调研阿鲁科尔沁原生态草原游牧系统申遗工作，对进一步推进阿鲁科尔沁原生态草原游牧系统申遗工作提出了指导意见。他强调，要统筹各方力量，保护传承好这一中国保留最完整的原生态游牧系统，加快推进原生态草原游牧系统申遗工作，确保阿鲁科尔沁原生态草原游牧系统尽快进入全球重要农业文化遗产行列。

2019 年 7 月，农业农村部办公厅依据《重要农业文化遗产管理办法》（农业部公告第 2283 号），经省级农业农村行政主管部门遴选推荐和农业农村部全球重要农业文化遗产专家委员会评审等程序，内蒙古阿鲁科尔沁旗草原游牧系统被列入第二批中国全球重要农业文化遗产预备名单，成为内蒙古自治区唯一入选的草原游牧系统。

2020 年 10 月，阿鲁科尔沁游牧移场被认定为内蒙古赤峰市六批非物质文化遗产。

2022 年 5 月 7 日，阿鲁科尔沁草原游牧系统申报全球重要农业文化遗产实地考察工作以线上会议的形式进行。旗委书记，政府代旗长、宣传部部长等旗领导和部分蒙古族工艺传承人，旗政府办、林草局、农牧局、文旅体局、高格斯台罕乌拉国家级自然保护区管理局、农遗保护中心、巴彦温都尔苏木等单位负责人及相关专家和牧民代表参加会议。

2022 年 5 月 19 日，内蒙古自治区人民政府公布关于第七批自治区级非物质文化遗产代表性项目的通知，游牧移场习俗为非物质文化遗产项目，保护单位为阿鲁科尔沁旗文化馆。

全球重要农业文化遗产秘书处协调员，粮农组织全球重要农业文化遗产科学咨询小组专家、全球重要农业文化遗产专家咨询小组主席和全球重要农业文化遗产专家咨询小组高级专家开展线上考察并给予充分肯定。

阿鲁科尔沁草原游牧系统通过联合国粮农组织（FAO）专家线上考察，得到专家们的高度评价和一致认可。2022 年 5 月 20 日被联合国粮农组织（FAO）正式认定为全球重要农业文化遗产（GIAHS），成功入选全球重要农业文化遗产名录，成为全球重要农业文化遗产地，是目前全球唯一蒙古族特色的草原游牧系统。

（三）田野点——沙巴日台嘎查

沙巴日台嘎查是阿鲁科尔沁草原游牧系统核心区巴彦温都尔苏木管辖内以畜牧业为主的嘎查（行政村）之一，位于巴彦温都尔苏木偏中北部，与苏木政府常驻地海拉苏台嘎查偏东北相邻，距苏木政府常驻地 8 千米，距旗政府常驻地 138 千米。嘎查总土地面积 45 万亩，草场面积 27 万亩、（含饲草地 5 万亩、耕地 2700 亩）林地 18 万亩。根据 2023 年数据，现有在籍 378 户、1067 人，常住 315 户，常住人口 857 人，均为蒙古族。在常住户口 315 户当中，有 15~20 户为非养畜，当中在苏木政府常驻地经商的有两户，分别为从商肉店和奶食品店，其余将近 300 户均在放牧养畜，游牧业劳动力人口将近 650 人。①

1. 畜牧业规模

沙巴日台嘎查畜牧业经营方式为两季轮牧，夏秋季和冬春季，分两处草场，定居点和夏营地。定居点草场面积 18 万亩，夏营地草场面积 9 万亩。

根据 2023 年 6 月夏季转场数据，嘎查畜牧业牲畜存栏总数约 22325 头（只）；其中牛 9000 头、羊 13000 只（绵羊山羊合计）、马 325 匹。畜群品种主要为蒙古牛、西门塔尔牛、蒙古马、羊、山羊。其中 2023 年夏季转场 17370 只（头）②。定居点到夏营地草场最长的距离 75 千米，迁移耗时最快一天半，最慢用两天到达，最近的 50 千米，最快一天即可到达，耗时最慢一天半。随着牧区生活水平提高，牧民转场使用交通工具普及，使用的多数为农用车、汽车等。游牧三大路线，沙巴日台嘎查牧民走中路苏吉河路线。

2. 生态环境

牧区生态环境是牧民生存的基础，独特的地理位置和草场资源为沙巴日台嘎查世代牧民的生产经济活动提供了自然条件。季节轮牧的生活方式决定了大部分沙巴日台嘎查牧户有两处主要生产活动点，休牧时期冬春季的定居点和夏秋季的夏营地。

沙巴日台嘎查定居点地形特点主要以丘陵、山地和林地为主，居住地两边丘陵环绕，苏吉河是嘎查内主要水资源。定居点气候春季多风干旱，夏季温热，最高气温 32℃，秋季短暂，霜早，气候变化快、冬季风大、寒冷持续时间较长，最低气温零下 27℃。定居点年均降水量 220 毫米，集中在夏季 7~8 月，占全年降水量的 70%，冬季 11 月到次年 2 月，降水分布不均匀。冬季降雪极少出现雪灾，因此牧区主要防范冬季寒风，做好保暖工作可安然过冬。

相比定居点生态环境，沙巴日台嘎查夏营地草场质量更优质。夏营地草场地形特点同山地，以丘陵为主，有树有林，土壤为肥沃的黑钙土，年均降水量 300 毫米左右，主要在夏季和冬季，饲草生长量比定居地茂盛，有苏吉河与多支泉水流向草场，水资源丰富。与定居点相比，四季气温较低，冬寒夏凉，夏季最高 27℃，昼夜温差大，牧民早晚骑摩托车放牧需穿保暖衣，入秋早，冬季最低零下 32℃，冬季较长，早春有雨雪交加等恶劣天气。两地早春降水量直接影响到牧草返青状况及年产饲草量。

3. 草场建设

沙巴日台嘎查草场分两处，定居点和夏营地。

---

①② 根据调研资料整理。数据由沙巴日台嘎查村委会书记 HRLBG 提供，提供时间为 2023 年 7 月 14 日。

定居点草场分三类：草场—冬营地期间放牧使用的草场、打草场和耕地—冬营地期间饲草来源地。

关于草场，按照《内蒙古自治区进一步落实完善草原"双权一制"的规定》分配，1990 年按人口平均分草场，1997 年牧区实行"双包"责任制，在 1990 年平均分配的草场承包的基础上进行了小调整，从 1997 年 7 月 1 日至 2027 年 7 月 1 日的 30 年草原承包合同制度，签订并执行（乌吉斯古楞，2022）。

"现有草场分配方式为承包制，1997 年分配的时过多年，已不太清楚当年的详细数据。当时把全嘎查总土地（包括打草场、耕地、夏营地）均按照每户人口和畜头数量来分，人占 70%，牲畜占 30% 的标准分配给牧户，一包 30 年不变。各类用地承包后，使用权则归牧户，从此牧民开始有了自己指定范围的草场。在分配特点上，各类用地分布比较分散，各户地形不一致，例如，×家草场 1000 多亩，600 亩为放牧草场，位置在嘎查北部山地，200 亩打草场则在嘎查东部较平原地，其余 200 亩饲料地（耕地）则在嘎查南端土壤较肥沃的沼泽地等。"[①]

沙巴日台嘎查夏营地草场有两处，牙力嘎图和宝日温都尔，与定居点 75 千米接壤处。位于巴彦温都尔苏木夏营地中部偏东，北部与西乌珠穆沁旗接壤，南部与罕山林场相邻。以嘎查为单位管理使用，牧户在指定范围内两季轮牧。

4. 基础设施

定居点草场分布在居住地附近，大部分基础设施用于定居点休牧期。

"沙巴日台嘎查草场牧户之间用铁丝围栏。有的牧户独自建了铁丝网围栏，有的两家或三四家，草场分到一处的共同建了围栏。由于畜群在定居地过冬，嘎查牧民圈棚覆盖率达到 98%，畜群饮水电井覆盖率 48% 其余用自来水，每个牧户至少有一处青贮窖，用于储存饲草。关于机械，捡牛粪小型电动车覆盖率 80%、每户至少有 1 台摩托车、嘎查内打草收割机将近 18 辆、种地拖拉机 10 辆、农用卡车 68 辆、用于装收饲草和转场，其余还有个别牧户有小型挖掘机，用来清理舍棚、喂草料，有少量三轮车、轿车等交通工具用于畜牧业当中。除此之外，牧民常用的还有苏木街里的草料加工厂和青贮饲料收割机液压机械等新型设施。"[②]

为了保持更原生态游牧区，夏营地草场没有一处铁丝网围栏，也禁止私建围栏。牧民有习惯性的居住地，蒙古语称"敖特尔"。近年牧区发展，生计手段不断先进，蒙古包也有了多种样式，大小材质不一致，有传统木制也有钢架材质

---

① 访谈对象：HRLBG，男，54 岁，沙巴日台嘎查村委会书记；访谈时间：2023 年 7 月 10 日。
② 访谈对象：HRLBG，男，54 岁，沙巴日台嘎查村委会书记；访谈时间：2023 年 7 月 9 日。

的。夏营地放牧常用交通工具是摩托车，转场迁移使用农用车或其他大型车。

三、巴彦温都尔苏木沙巴日台嘎查畜牧业经营现状

（一）游牧业经营特点

阿鲁科尔沁草原游牧系统核心区巴彦温都尔苏木所辖 23 个嘎查，生计生产模式主要以畜牧业为主，农业为辅。这片山地草原游牧历史悠久，在国家进行承包制之前，即 1997 年前后，阿鲁科尔沁旗牧区人口和牲畜数量逐年减少，牧民在此季节性游牧较自由。之后社会生产力逐渐发达，生活水平逐渐提高，人口和畜头数量开始增加，对生态资源的需求日益加重，耕地种田、建造房屋等土地等资源利用率提高，自然承载压力日渐加大，生态系统开始出现危机，由此国家出手制定了相关禁牧休牧政策。生态资源是游牧业根基，崇拜自然，尊重生态，人与自然和谐共存的精神从未离开过草原牧民的生态意识中，为了生态植被恢复和更合理利用自然生态资源，巴彦温都尔苏木牧民们一直严格实行相关禁牧休牧政策。

根据《阿鲁科尔沁旗落实赤峰市禁牧休牧和草畜平衡条例实施办法（试行）》将全旗划定草畜平衡区和禁牧区两大区域，禁牧区实行全年禁牧，草畜平衡区实行季节性休牧。巴彦温都尔苏木 2023 年 3 月 1 日至 6 月 15 日实行季节性休牧，3 月 1 日至 6 月 15 日以外的放牧期。2023 年春季牧草返青休牧共 107 天，6 月 15 日，休牧期将至，牧民准备进行两季轮牧转场。6 月 15 日迁移到夏营地之后，根据饲草使用量和畜群换草场习惯大部分会在 10 月 1 日左右再转到定居点。

以更深入探析当地畜牧业经营模式特点，更好地进入当地牧民角色，笔者在巴彦温都尔苏木和沙巴日台嘎查 × 牧民夏营地居住了一段时间，进行了详细的实地调研。

"× 牧户基本情况如下：沙巴日台嘎查牧户，家庭成员 4 人，父亲，65 岁，蒙古族，小学学历，有将近 30 年牧区木匠工作经历。母亲，62 岁，蒙古族，小学学历。儿子，35 岁，蒙古族，初中学历。儿媳，32 岁，初中学历，蒙古族，4 位均为牧民。家里现养有 90 多头牛，改良品种为西门塔尔牛，但不纯。羊有 200 多只，品种为蒙古绵羊。定居点草场 1000 亩、饲草地 110 亩、耕地 65 亩、租用地 1200 亩，租期为 12 年，2026 年到期，在沙巴日台嘎查北部，用于秋季放牧和打草。夏营地草场分配包括在沙巴日台嘎查夏营地内。定居点设施齐全，有舍棚、草场铁丝网围栏、青贮窖、电水井等。机械有两辆摩托车，小型电动摩

托车、打草机、农用车、轿车各一辆。有两个蒙古包，用于夏季转场居住。夏营地则基础设施少，除了蒙古包以外附近5家公用的水井。"①

为了突出当地畜牧业经营特点，下面将经营方式分为三个时期讲述。

第一期：2023年3月1日至2023年6月15日为休牧期

第二期：2023年6月15日至2023年10月1日夏营地

第三期：2023年10月1日至2024年3月1日为定居点

1. 第一期：2023年3月1日至6月15日为休牧期

休牧期，意为在特定时间或季节停止放牧。每年春夏季两个季节正是牧草成长期，因此牧民进行休牧，畜群圈养。冬季和休牧期大概是牧区最忙碌的时期，由于白天短黑夜长，需有规律地安排畜群饲草，以确保营养均衡。牧区牛羊群养殖方法大同小异，尤其在圈养期，以×牧户为例，每天进行2次喂养，1次饮水，但食草、喂养方式及其他杂活有些不同。

饲草储备量根据舍饲时间长短来定，圈养期间的饲草量供给不断是养畜生计基本。调研得知，以×牧户为例，舍饲圈养期长达6个月，从12月到来年6月，期间的饲草需求量很大，因此获得饲草手段也多样。除了牧民在自家打草场收割储存的草料以外，还有自家耕地种植草料，以沙巴日台嘎查为例，大部分牧户种植的草料是黄贮②，此外还会购买现成捆草和营养饲料。自家草场和耕地种植草料每年秋季收割储存，并在过冬或开春喂完，之后到6月草场开放，大部分牧户买捆草维持畜群饲草，捆草也分种类和质量，有的是草业种的草，有的是玉米秆加工打碎等。以沙巴日台嘎查为例，每年春季购买现成捆草和黄贮的牧户达到98%，几乎每户都面临春季饲草料紧缺问题。

牲畜数量决定牧户劳动量，以×牧户为例，春季大概早上5：00~6：00，进牛舍清理牛粪，用小型挖掘机或手工早晚清理2次，耗时2小时，羊粪等天气回暖后统一清理，捡完牛粪后喂捆草，牧户养畜设施逐渐先进，×牧户在钢结构隔离牛舍养牛，喂草喂饲料方便高效且节省人力。

"目前在钢结构隔离牛舍养畜，属于精养，多数为待产母牛，需更加注重食草安排和看护管理。这种把每头牛单独隔开喂草能避免牲畜争食不饱，食草不均，还能避免冲撞受伤，天气冷时，能确保接生和母牛及新牛犊保暖且方便牛犊吮奶等，也能隔开细心照料体弱瘦小或即将交易的母牛和牛犊。母牛生产后两个月更需要看护，要及时补充体力和营养，便于母牛体力恢复，即将交易的牛犊也

---

① 访谈对象：BH，男，65岁，沙巴日台嘎查×牧户牧民；访谈时间：2023年7月14日。

② 利用干秸秆做原料，通过添加适量水和生物菌剂，压捆之后再袋装储存的一种草料。

需要专门养膘，单独喂饲料，以便能卖出高价格。在圈养期间，跟牛群比，羊群更轻松些，可直接从过夜的圈棚赶到喂草羊圈里喂即可，但除了草料充足外，春季羊群接羊羔时期最为繁忙些。"①

开春气温较低，牛羊群饮水1次即可，多次会导致牛犊腹泻，因此时间不早不晚，大概在14：00即可。

非青草季节畜群需要喂饲料保证营养，×牧户牛群营养饲料为玉米面或玉米粒再加上针对营养的饲料，成分比例玉米面占60%，饲料占38%，其余2%用水搅拌，（羊群可忽略搅拌）均在下午饮水后喂。大概在16：00~17：00，牛羊群最后再喂黄贮，春季养畜早晚两次喂草加上1次营养饲料，这种规律便是巴温都尔苏木牧民春季一天的养畜喂草方式，以每日3次的喂养规律来保持春季畜群膘情。除了喂草之外，春季最需要注意的是繁殖和畜群疾病预防工作，笔者在后文当中单独讲解。

2. 第二期：2023年6月15日至2023年10月1日夏营地

这一期是一年中放牧最关键时期，转场放牧期，是畜群吃到青草长膘关键期，也是游牧系统最具特色传统游牧转场时期，不仅是放牧，在这个过程中还伴随着多方面游牧生活文化。笔者在这次调研中有幸参与到X牧户转场全程，一同与X牧户和沙巴日台嘎查以及其他转场牧民进行了游牧转场，从X牧户定居点沙巴日台嘎查迁移到夏营地牙力嘎图，真正进入到田野角色，真切感受阿鲁科尔沁草原游牧系统转场过程。

为了更明确易懂，笔者认为，夏营地游牧迁移可分为三个阶段：准备阶段、转场阶段和夏营地生活。

（1）准备阶段。转场到夏营地从6月15日开始到10月1日左右回定居点，牧民搬迁到夏营地放牧三个月，因此在衣食住行方面必须准备充足。

在衣食方面，准备夏季日常衣物之外还要拿上稍微厚的大衣，夏营地比定居点温度低，白天黑夜的温差大，加上牧民需要早晚骑摩托车赶牛羊，容易着凉，因此需要准备保暖的衣服。饮食准备日常米、面、炒米和砖茶等牧区基本食材和锅碗瓢盆等工具。除此之外最不可或缺的是肉，X牧户每年都会将肉切小块熬出油，加盐腌制后，拿到夏营地食用，这样储存，肉不会变质。日常药物方面，牧民除带好自身所需药品外，牲畜常见疫病治疗医药和工具也需带足，还有个人所需日用品、洗漱用品等。目前夏营地没有通电，几乎每户都用太阳能板等生活工具。

在住行方面，转场到夏营地之后，牧户都在蒙古包居住，带足居住用的被

① 访谈对象：BH，男，65岁，沙巴日台嘎查×牧户牧民；访谈时间：2023年7月15日。

褥。在蒙古包搬迁方面有三种情况：①比较旧的或用水泥等固定好的蒙古包不需要每年拆除搬迁，得到允许后可留在夏营地。主要是旧的蒙古包不易来回搭建拆除，转场地不变，固定好的蒙古包更能防风防暴雨，也可减轻搬迁物资负担。②因为转场工作量大，每年需要重新搬迁和搭建蒙古包的，为了转场路上专心赶畜群，可把蒙古包在迁移前几天去搭建好，便于转场到达之时直接轻松入住。③转场之日带上蒙古包，赶着畜群，到达下营地后当天搭建使用，到达之日工作量多，适用于劳动力多的牧户。而×牧户今年有两种情况，一个旧蒙古包留在了夏营地，带着新蒙古包会转场，下午 14：00 到达夏营地，一个蒙古包搭建主力两人加两个打杂的用了 3 个小时，其中不仅是蒙古包结构搭建，还包括屋内的小型钢结构床铺等整体性搭建居所工作。

在交通方面，出发前需要检查各类交通工具，搬迁蒙古包和居住用品主要靠农用车和轿车，摩托车则用于赶畜群，这些车要检查修理好，避免在路途中发生意外。农用车是搬迁蒙古包、家具、衣物以及载新生牛犊或染病的牲畜的万能交通工具。畜群方面的准备工作主要集中在体弱带病牲畜上，观察恢复情况，同时准备治疗常见疫病牲畜药物。

在组织方面，以沙巴日台嘎查为例，有的牧户单个自己转场，有的搭伙，与关系较好的近亲邻居或者夏营地居住邻近且畜群整合放牧牧户搭伴进行迁移，路上也有互相照应。笔者参与的×牧户转场，年年跟外甥女夫妻一起，他们是夏营地邻居，两家一起转场近 6 年了，所以在转场和夏营地放牧生活中已经有了默契。

（2）转场阶段。×牧户每年转场放牧的草场位置处于整个嘎查草场前端，相对嘎查其他牧户，转场距离较近，约距定居点 63 千米，转场途中不间断用一天就能到。避免人劳累和畜群食草补充体力，今年×牧户分两段转场，会在不远处的秋营地停留一夜。在 6 月 14 日 4：00 动身，家具用品和把带病的羊羔装上农用车后，喝完早茶，大概在 8：00 开始赶路，这时有畜群队伍已经在路上了，四面八方都是牛羊叫声和车喇叭声，浩浩荡荡，空气中弥漫着青草夹着泥土的草原芳香，游牧生活氛围满满。×牧户赶路 100 米后再把新生牛犊装上车，赶牛群需要半天，避免新生牛犊因体力不支掉群，从家里出发时载车上又会导致母牛会护着牛犊不走，所以走一段路后才载到车上。转场途中，把畜群赶在前头，×牧户 4 人，两名骑摩托车赶畜群，另外两名开轿车和农用车搬家具用品。两辆摩托车跟着畜群节奏，赶畜群不能太慢也不能太快，得让牲畜边吃边走，牛体格大步伐较慢，羊群步伐则轻盈较快，注意合适的速度，跟别家畜群保持 30 米距离，避免合群。由于大家在指定日期一同转场，嘎查路上交通堵塞状况较严重，畜群与交通车相续赶着路，让路和原地等待通行等让迁移速度变得缓慢。

11：00，到达了×牧户秋营地，大概走了 30 千米，耗时约 3 个小时。秋营地是沙巴日台嘎查内的最北部草场，往东是前往夏营地的路线，草场铁丝网围栏西边就是苏吉河，这片草场是×牧户租用地，有 1200 亩，已租用 9 年，当秋季草场用，2019 年前在这里建了 50 平方米的水泥房，置齐了家具用品，做饭的火炉，水井都有，但还没通电，居住时用发电机，同往常一样，我们在这里留宿一晚。备用草场长势不错，接下来的半天，畜群可在这片草场"美餐一顿"，补充体力的同时牧民也能休息一晚。到秋季回迁时，也会在这处草场放牧半月。

秋营地居住房就在草场中间，因此在屋里就能看到牛羊群摄食状态，不过在整个下午，×牧户父亲 BH 和儿子各自打点牛群和羊群，17：00 左右赶到河边饮水后，将疫病的几只小羊打针，过夜时留意新生牛犊后今天的工作就差不多结束了。晚上 19：00 左右×牧户外甥女夫妻两人赶着自家畜群在秋营地会合了，明早一同前往夏营地。

6 月 15 日是转场第二天，4：00 整理好东西，喝完奶茶，清点畜群等前一天的步骤重来一遍，两家合并牛羊群后一起出发转往夏营地——牙力嘎图，目的地大概距离 33 千米。路上的转场队伍比转场第一天更拥堵，最关键的是今天所有转场牧户必须通过驿站，它是进入夏营地的关卡，总共设站 3 个，个别立在保护区东部、中部、偏中西部，因此每条路上难免拥挤。×牧户走苏吉河路线并通过胡和乌苏驿站，中路驿站。在 11：00 畜群到达了驿站，驿站管理员要与证书上的载畜量核对并现场清点牲畜数量。如牧户转场的畜头数量超出证书上核定载畜量的话，驿站管理员会当场将超出的畜群扣留到旁边的铁丝围栏中返回定居地处理，我们队伍的两家畜头未超出，顺利通过了驿站。

清点数量核对工作量需大量时间和人力，这是转场路线堵塞严重的主要原因，加上牧区道路狭窄，两边是铁丝网围栏，转场的畜群会依次等候，有时走一段路便停下来等一段时间，每个牧户畜群之间相隔 30 米，以避免畜群混合。驿站旁边有设立服务转场牧民嘎查志愿服务队，稍坐下喝了茶水后继续赶路，沿着河流让畜群边吃边走。

从秋营地出来，用了 6 小时，约 13：30 我们到达了目的地——×牧户夏营地草场——牙力嘎图浑迪，搬家车比畜群早到 1 小时，到后简单整理旧蒙古包。把畜群安置到草场之后，×牧户 BH 与他儿子搭建起了蒙古包，×牧户母亲 EM 则开始煮起了夏营地第一壶奶茶，耗时两天的转场到此结束，畜群到了熟悉的草场，吃到了新鲜青草，一年一度的夏营地生活就这样开始了。

（3）夏营地生活。作为游牧区，游牧文化生活气息较浓烈，为了更全面了解沙巴日台嘎查牧民夏营地生活特点，笔者在夏营地走访牧户并进行了简单的自由式访谈，下文将把夏营地生活模式分为生活特点和畜牧业两个方面进行讲解。

从居住的形式上来看，沙巴日台嘎查牧民夏营地居住模式有传统与现代相结合特点，以前游牧方式自由，而现在有指定范围——嘎查夏营地，因此每年迁移的牧户选择把蒙古包留在草场，避开了轮牧时来回搬家，同时有的牧户直接用钢架材质建蒙古包，用水泥固定搭建好，以防每年重新搭建整理且轻钢材质蒙古包一年两个季节在夏营地无人居住时，不怕风吹日晒，比传统的木制蒙古包耐用，是一种新型游牧居住工具。

在夏营地居住地和草场选择上需要依靠牧民多年的放牧经验。

"之所以选择居住，是因为这片区域有黑钙土，土地肥沃有营养，跟沙漠型草场不一样，草长得比较高，离水资源近，牛羊长膘效果更佳，适合放牧，因此在六七年前那会儿选择在此居住放牧。之所能分辨出土地和草场质量，因为我从7岁开始跟着叔叔游牧，在附近很多草场都放过牧，长大成家后，逐渐有了自己的判断，从近年畜群膘情和繁殖来看，我觉得这片草场是不错的，而且牛羊群每年都来，也慢慢习惯了这片区域。"①

在饮食特点上，以前主要以奶食品为主，但是现在随着生活水平的提高，交通的便利，在夏营地的饮食有了多种选择，需要时随时可以去苏木或邻近商店买新鲜食材。

"制作奶食品方面现在已力不从心了，不再自己动手做，通常买现成的。小姑子就是专门做奶食品的，想吃很方便，牧户卖自家手工奶食品的有很多。最具特色是在夏营地挖野菜，牧民也习惯经常吃野菜。说到野菜，我们这里有刺麻、灰绿藜、野韭菜、蘑菇等，野果有山荆子、野樱桃、稠李等，都是我们从小吃的，现在虽然买新鲜蔬菜常见，但是难免会有化肥，山里的野菜是真正的原生态味道，丰富多样，我们做起来也方便。"②

人际交往有两种特点：一是居住相对较近的一般2~4户牧户，通常是亲密来往的，蒙古包最近的仅仅相隔20米。与×牧户邻近有2户，相隔30米和50米，平日来往亲密。夏季炎热，在蒙古包里一日三次开炉做饭多少有些不方便，大多一日两餐，这三户经常到彼此的蒙古包"蹭饭"或者时不时轮流准备一顿饭。二是除了做饭以外，牧区生活最不可或缺的是水，在三个蒙古包左侧有一口手动水井，这是附近三牧户共同出力挖的，现在不仅这三户打水，附近500米以

① 访谈对象：BH，男，65岁，沙巴日台嘎查×牧户牧民；访谈时间：2023年7月16日。
② 访谈对象：EM，女，62岁，沙巴日台嘎查×牧户牧民；访谈时间：2023年7月14日。

238

内的三户也从这里打水，加上一起放牧互帮看畜群，能看出夏营地生活当中牧民人际交往方式简单朴实，相邻友好的人际交往特点。

现代牧区交通工具多样且便利，但为了保护草场，不会轻易修路，目前夏营地全部为土路。网络方面夏营地还没有通电通信号，几乎每牧户都在用太阳能板发电，近两年×牧户安装了移动无线网络机器，从有信号的山上连接，附近300米都可连接上网，给夏营地生活与网络建立了连接通道，缩小了夏营地生活信息差距，这也是最明显的传统游牧生活与现代化科技的碰撞，能直接感受到现代科技带来的便利。

夏营地放牧方式相对于定居点舍饲轻松许多。返青休牧之后的草场加上少些降雨，牧草长势相当不错。与×牧户相邻三家和居住相隔300米处的S牧户共四家合计300多头牛和700多只绵羊在共享附近的5000亩左右草场，由于这四户使用的草场与保护区相邻，因此他们必须时刻看住畜群，避免闯进保护区违规。×牧户BH一天出去三次，分别早上、下午、晚上，会将接近林场的畜群赶回草场，接近中午时赶到住所右侧的苏吉河饮水，大中午畜群会"午休"，下午再赶到草场，除了平日多注意瘦弱疫病的畜头，夏营地在草场放牧，日常看护畜群比其他季节放牧轻松。

总体来说，在夏营地，牛群和绵羊群保持在自己草场范围内吃草即可，畜群也认得自己的草场，已成习惯，暴雨天气也不会走太远。由于包括×牧户的附近四个牧户放牧草场比较近，他们日常会相互帮忙看护畜群，不分你我，符合勤劳友善的人际关系特点。在夏营地放牧大概持续到9月末10月初，看草场草料食用得差不多了同时牛羊群也待不住了，牧民们也要结束夏营地生活转场到秋营地或者回定居点。

（4）迁回秋营地。夏营地生活结束，每年10月1日左右是沙巴日台嘎查乃至整个巴彦温都尔苏木核心的转场的牧户迁回时间，有的也会比这日期提前转到秋营地放牧一段时间，牧民们看各自草场条件，像有的牧户8月末会进行早早换草场，有的则坚持到10月，没有秋营地的牧户则待到10月后直接迁回定居点。像×牧户会在10月初转场到前文提到的1200亩租用地——秋营地草场。迁回步骤与迁移来时一样。牧户迁回时间自由，因此路上没有像转场来时的拥堵，迁回耗时也更少。像×牧户，从夏营地出发到秋营地用3个小时即可到达。经过夏季轮牧，秋营地和定居点等草场得到了植被恢复的机会，加上降雨量多时草场长势会更好，更利于维持畜群膘情。×牧户到秋营地停留一晚，将牛群留在秋营地待上半个月，羊群则直接赶回定居点。秋营地草场有铁丝网围栏，方便看管牛群，这半个月期间每天给牛群饮水一次即可。牛群在秋营地待半个月后，10月中末赶回定居点。

3. 第三期：2023 年 10 月 1 日至 2024 年 3 月 1 日定居点

实际上 6 月 15 日开始便是放牧期，是否转场到夏营地或者留在定居地都由牧民自主选择。根据调研大多数会在 10 月左右迁回，因此笔者统一把这段时期分为定居点，10 月 1 日到次年 3 月 1 日，这段时间牧民放牧方式也是自由的，可舍饲也可利用定居点草场放牧。以 × 牧户为例，前期会把牛群放牧到草场，后期进行一段时间的圈养，圈养这段时间也是冬季气温最低时期。羊群有的牧户整期在定居点草场放牧，有的也会从迁回来开始便舍饲。

× 牧户牛群在秋营地待上半个月后，10 月末回到定居点，定居点草场放牧到 11 月末之后将进行较长时间的舍饲。定居点一个月的放牧规律，只需每天将牛群赶到家门口饮水即可，这期间牛群在草场过夜。11 月末天气逐渐变冷，牛群开始舍饲，为抗住寒冷天气，维持膘情做准备，开始喂些营养饲料，日常喂草料在钢结构隔离牛舍中，不仅利于看管同时也能确保畜群保暖。

羊群 10 月初回到定居点后，一直保持定居点草场放牧，直到 1 月，有的牧户草场小则会在 1 月前进行舍饲。以 × 牧户为例，BH 认为羊群不挑草场，山地平原都可以放，因此放牧时间比牛群要长。× 牧户羊群开始生产，下羊羔的 1~2 月进行圈养，做好接生准备的同时给母羊补充体力和营养。牛羊群冬季这段时间食草安排类同，早上草料，下午饮水加饲料和黄贮。喂食草时会把羊群过夜棚和喂草料圈分开用。冬季遭遇恶劣天气时会加些食草，以防畜群"吃不饱，穿不暖"而掉膘或染上疫病。

（二）畜牧业技术体系

巴彦温都尔苏木牧民在长期的游牧生活实践中形成了一系列放牧养畜的技术经验，以其有效结合传统与现代的方式经营着季节轮牧的畜牧业。

1. 草场利用

季节性转场。转场是跟随季节和气候变化转移草场，按季节在不同草场进行有序轮牧的过程。游牧系统内将草场分为冬春定居点、夏营地、秋营地。每年 6 月初，牧民沿着三条固定的路线，进行转场游牧，待到秋季，大概在 10 月中旬再从夏营地返回秋营地或定居点。这种"流动性"放牧，轮用草场资源，不仅对牲畜长膘繁殖有明显益处，也对缓解草原压力、维持草原自我更新和恢复能力、促进草原可持续利用具有重要作用。

划分草场。游牧系统内地形复杂，草场类型多样化，因此在草场利用上牧民按牲畜特征、气候、地形、水资源、草场主要植物种类等划分利用草场，这是牧民有效利用草场的基本技术。转场轮牧过程中，夏季草场选择水草丰美，离水源近的广阔清凉的台地，夏季炎热，选择台地不仅清爽凉快，蚊子苍蝇少，也能有效避开水灾，利于畜群长膘。等到秋季，是稳定畜群膘情重要时期，牧区气候逐渐会下降，有时也会下秋雨，避免畜群受凉，秋营地草场选择浑地避风处，同时把握草场远近距离，避免畜群劳累掉膘。回到定居地后准备过冬，出于应对恶劣天气的准备，草场选择山丘、沙地等阳光照射地和不易积雪的山崖背风处草地，同时做好畜群保暖措施并准备充足食草来维持膘情。

按牲畜特点，羊群冬春季适合山脊山腰前部，低地放养，开春河水融化之时，两到三次赶到戈壁杭盖地形草场补充盐碱最好。冬季天气寒冷，牛群可适于山脊，避风处，马群草场选择与羊群大致相同，开春选择积雪厚的草地易吃到鲜草。夏秋季羊群适于山脊缝隙，小山坡和水资源近处，马群也同样，牛群可选择平原，小山丘较为软土地，尽量避开沼泽，待秋季天气转凉时，牛群应避开秋雨和恶劣天气，选择山腰避风处草场即可，这是牧民世代放牧积累的利用草场经验。

2. 饲草舍棚

饲草。冬季开春两季牧区天气较冷，为避免风雪灾，牲畜掉膘，畜群食草必须准备充足，这时也是感染疫病高峰期，因此饲草安排，营养均衡是安然度过冬春季的基本保障。粗饲料主要包括青干草、农作物秸秆和玉米青贮。精饲料有玉米、食品工业副产品（酒糟、淀粉渣）和全价混合饲料。圈养期间牛羊群保证每顿饲草量要够，通常早晚喂青干草等粗饲料，中午饮水，晚间的精饲料加上农作物均衡安排。要格外注意待产母牛和体弱牲畜的饲草，需加量补充营养和体力。碱盐是牲畜强壮健体，提高免疫力的营养成分，因此圈养期间，注意不定期喂碱盐，冬季适合干性碱盐，夏季则用湿性碱盐。冬季畜群饮水要观察天气，极寒时期，不宜过度饮用凉水。

在夏秋放牧期间，羊群需在天气热前赶到草场，到正午前赶到河边饮水，夜间在熟悉的草场过夜即可，有时还需要在迎风处放羊，让羊群出出汗，这种做法利于长膘。到秋季时尽量避免在山地高处放羊，上下坡频繁可能导致掉膘。牛群也是同样方式，初夏寻找新鲜草地放牛，夏季炎热，也要大清早挤奶后趁天气炎热之前赶到草场，日常选择软表草地，中午会集到河边凉快处饮水休息，牛群也会在草场过夜。以沙巴日台嘎查为例，牧户养马的数量不多，最多十几只或者只有骑行用的 3~4 只，因此在饲草安排上，与牛群大致相同，一日两次粗饲料和一次精饲料及每日饮水。

舍棚。牧区冬季开春气温较低，最低达到零下 27℃，完善的舍棚设施是家畜安然过冬必要条件。沙巴日台嘎查舍棚有两种，自建水泥砖舍和轻钢结构牛舍。自建舍棚一般有半开放式，轻钢结构则是封闭时带窗户舍棚。待产母畜与牛犊、羊羔等幼畜和瘦弱家畜需要封闭式的暖棚里过夜，其他成年家畜可在开放式牛舍过度。在圈养时期，舍棚需要每天早晚两次清理，尽量保持整洁干燥。过完冬后，气温回暖，堆积的牛羊粪散发热气，导致畜群会闷热，开春冻土化之后清理掉牛羊舍棚堆积的几层粪土，不仅能避免疫病细菌，也是为下一期舍饲打点做准备。

3. 改良品种

内蒙古自治区自 20 世纪 70 年代推广牛的冷配技术以来，牛的受配率、受胎率、产仔成活率逐年提高，但与发达省份相比还有很大差距（沙尔夫等，2003）。畜牧业家庭经济来源主要依靠养殖五畜，近年市场需求逐渐变化，面临本地肉牛经济效益越来越低，为提高养殖家畜收益为目的，牧区陆续实施了品种改良计划。西门塔尔牛原产于瑞士西部的阿尔卑斯山区，20 世纪 40～80 年代在瑞士、德国、法国、奥地利、塞尔维亚等国家得到广泛发展。我国于 20 世纪 50 年代末和 80 年代初集中从国外引进西门塔尔牛种牛，夏洛来、海福特、安格斯、利木赞、荷斯坦等品种公牛，西门塔尔牛种牛分为德系、澳系等不同系，通过选用优良的种公牛冻精与本地母牛进行杂交改良。与×牧户访谈中得知，沙巴日台嘎查牧户近 10 年改良牛群品种逐渐明显，以×牧户为例，2018 年开始使用冻精改良技术，引进西门塔尔牛，改良品种占牛群 90%，当然×牧户以外，也有坚持养殖蒙古牛或混养的，但占比较少（苏日古嘎，2023）。

关于本地牛与西门塔尔牛区别，×牧户 BH 认为：

"饲养方式方面蒙古本地牛较耐寒，西门塔尔牛耐寒性不强，冬季开春季保暖工作投入量比本地牛多，饲草方面，相对西门塔尔牛，蒙古牛不挑草场和草料，可放到山地草场食用粗糙草粮，西门塔尔牛需要精细饲草，饲草投入量也相对较多，在此情况下改良的最主要原因为西门塔尔牛对比蒙古牛，产肉量多，尤其瘦肉，市场需求量大，因此出售价格比蒙古本地牛高将近一倍，蒙古牛犊平均售卖价格为 10000 元一头，而西门塔尔品种能卖到 20000 元一头，养一头改良品种牛可抵两头蒙古牛，工作量也会减少。"[1]

研究显示，草原红牛具有抗逆性强、耐粗饲、抓膘快等优良特征，产奶量可达 2500～3000 斤，净肉率为 43%～45%。西门塔尔牛则四肢粗壮，肢蹄结合良好；消化、循环和呼吸系统发达；肌肉发达丰满，脂肪少，瘦肉多，脂肪分布均匀，肉质佳，个体平均产奶量 4400～4700 斤，产肉性能较好，生长速度快，体格都

---

① 受访人：BH，男，65 岁，沙巴日台嘎查×牧户牧民；访谈日期：2023 年 7 月 15 日。

比较大，瘦肉比例高，净肉率为45%～48%。访谈中谈到改良效益，BH明确指出，通过近几年品种改良，虽然投入比之前高，收入也比改良前增加了很多。

4. 疫病防治

关于畜群疫病防治工作，巴彦温都尔苏木有专门管理部门——巴彦温都尔兽医站和巴彦宝力高兽医站，在苏木政府常驻地巴彦温都尔苏木街道有将近6家兽药店，在巴彦宝力高有3家兽药店，还有最不可缺的兽医，嘎查有专业兽医工作人员，以沙巴日台嘎查为例，有3名嘎查兽医。

畜群一年当中最容易患病的季节是春季，苏木畜群疫病防治工作在春季3月中旬4月初清明节前后开展。每年由兽医站走访每户统一打牛群防疫针，主要预防牛病毒腹泻、牛传染性胸膜炎、羔羊肺炎球菌病等牧区常见疫病。羊群除了打针外，每年6月以全身冲药水的方式进行驱虫。除了兽医站统一打针预防工作，牧民对畜群疫病防治的本土知识是最不可或缺的。对于牛群，冬季和开春气温低，除了保暖措施到位之外还需要时刻注意牛群饲草和饮水搭配，冬季饮水为一日1～2次。待产和生产的母牛及牛犊需要暖棚，生产的母牛体弱需要保暖衣防止受凉得病，如果喂奶的母牛得病，必然影响牛奶成分导致牛犊也会生病，因此保暖工作极为重要。除了疫病防治，四季放牧当中需注意畜群误食塑料袋、铁等引发消化病，因此要及时清理棚圈，加强看护。

（三）畜产经营

畜牧业中牲畜交易、奶食品、畜肉及牲畜毛皮是最为常见的畜产。以沙巴日台嘎查为例，当地的牧民主要进行牲畜交易和奶食品，畜肉大多为自产自销，以×牧户为例，日常食用羊肉的较多，包括邻居近亲，都选择羊肉为主要肉食，牧民中也有选择猪肉和牛肉的，但占少数。大多数牧户自产自销之外，还会给苏木街道有两处肉店不定时供货。

1. 奶食品

笔者通过实地调研大概了解了沙巴日台嘎查牧户奶食品经营情况，有些牧户不再自己制作加工奶食品，而是从其他专门制作奶食品的牧户家买来食用，虽然市面上也有很多种奶食品，但是会与牧民自家做的有品质差别。自家制作售卖最常见的品类有奶豆腐、黄油、奶皮子和酸奶、酸奶疙瘩等，并且牧民纯手工制作奶食价格相对较高，但也因为更纯正、更健康味道更好。

2. 毛皮

关于牛羊皮毛利用，随着社会发展，生活条件不断提高，加上皮毛回收价格逐渐下降，原生态羊毛价值贬值，牧民依赖羊毛收入以抵家用的现象早已不在，由于羊毛手工制作品劳动成本高，牧户自家也很少制作日用品。但牧民为了羊群繁殖，每年剪 1~2 次羊毛，分别在夏季和秋季，×牧户每年剪羊毛时期为 6 月末 7 月初，看羊毛膨胀程度，据×牧户 EM 讲述，像他儿子（35 岁）技术成熟的成年男子一天最多可剪掉将近 20 头羊羔，现在都用电剪刀，不像以前手工剪刀，电剪刀效率高且轻松加上邻居合作帮忙 3~4 天可剪完他们家 200 多只羊毛，有时羊群上山吃草，羊毛则在树枝草丛上刷蹭掉一半，这更减轻了工作量。这次去调研笔者恰好遇到收羊毛的商贩，夏营地的牧民剪完羊毛之后会打电话叫他们过来收，于是商贩开着皮卡车在夏营地收羊毛，今年羊毛 2.8 元 / 斤，×牧户共卖了 298 元。

3. 牲畜交易

牧区畜产经营中最关键的是牲畜交易，放牧为生最关键是经过牲畜变卖才可维持生存。但由于近几年自然灾害严重，市场失衡，平均一头牛卖 7000 元，一只羊 500 元，以×牧户为例牲畜交易投入与收入同等，但这只是暂时的，也有价格好的时候，牲畜价格上涨，平均品质好的一头牛卖 17000 元，一只羊可达 1000 元。×牧户 BH 认为：

"相比 20 世纪的放牧方式，现在科技发达，生活水平提高，牲畜养殖条件充分，饲草不缺，有各种营养饲料，品种改良和疫病防治技术更高，加上与生态承载率对等的互利管理模式，现代化牧区已经走上了可持续发展道路。"[①]

牧民除了肉类、乳制品、毛制品，还可以从游牧体系中获得畜禽粪便作为燃料。一方面，畜禽废弃物能源对促进草原保护具有重要作用。牧民焚烧的牛粪一般是上一年遗留下来的，经过冲洗、风干等工序，有机养分已随雨水渗入土壤，不存在肥料流失。另一方面，由于牛粪燃料必须在前一年保留下来，因此燃料供应与周期性迁移相关，这促使牧民形成传统的、相对固定的游牧路线。一般来说，遗产地的牧民首先倾向于使用牛粪，其次是羊粪和马粪。

四、游牧系统实行管理保护现状

（一）返青休牧规定

近年来阿鲁科尔沁旗以习近平新时代中国特色社会主义思想为指导，认真践行习近平生态文明思想，牢固树立绿水青山就是金山银山理念，筑牢祖国北方生态屏障，把生态保护作为基本方略，根据《中华人民共和国草原法》《内蒙古自

---

① 受访人：BH，男，65 岁，沙巴日台嘎查×牧户；访谈日期：2023 年 7 月 15 日。

治区基本草原保护条例》《内蒙古自治区草畜平衡和禁牧休牧条例》《赤峰市禁牧休牧和草畜平衡条例》等相关法律法规以及依据全旗草地类型，降雨量和气温等生态特点制定了全旗禁牧休牧和草畜平衡工作实施方案。

根据《阿鲁科尔沁旗2022年禁牧休牧和草畜平衡工作实施方案》将全旗划定草畜平衡区和禁牧区两大区域，禁牧区实行全年禁牧，草畜平衡区实行季节性休牧。巴彦温都尔苏木为7个草畜平衡区之一。本区每年3月1日至6月15日实行季节性休牧，每年3月1日至6月15日以外的放牧期，天然草原牧草产量与放牧饲养牲畜数量保持动态平衡。山羊全年全境禁放。巴彦温都尔苏木作为游牧系统核心区，严格执行草畜平衡和禁牧休牧相关规定，按照政策指导进行返青休牧工作。2023年春季牧草返青休牧共107天，6月中旬，休牧期将至，牧民准备进行两季轮牧转场。6月15日迁移到夏营地之后，根据牧草长势和畜群换草场习惯大部分会在10月1日左右再转到私营地或定居点。

（二）载畜量计算

为贯彻落实《中共中央　国务院关于加快推进生态文明建设的意见》，认真执行《赤峰市禁牧休牧和草畜平衡条例》，持续推进全旗生态文明建设，进一步落实生态环境保护责任，保护林草植被，维护生态安全，2019年旗政府印发了阿鲁科尔沁旗落实赤峰市禁牧休牧和草畜平衡条例实施办法（试行）方案。第一章第九条规定，草原监测技术规程和草畜平衡计算方法根据天然草原合理载畜量计算标准制定。载畜量标准每三年核算1次，载畜量标准为5亩天然草地饲养1个羊单位。第六章附则第二十五条说明，本办法所称"羊单位"是指牲畜的计量单位。1只绵羊（山羊）等于1个羊单位，3只羔羊等于1个羊单位，1头牛等于5个羊单位，1匹马等于6个羊单位，1匹骆驼等于7个羊单位，当年仔畜按照3∶1折算成成年畜。[①]按照当年规定和草场分配，嘎查与牧民签订休牧责任书，督促牧户备足畜群舍饲饲草。苏木综合行政执法局要切实承担起春季返青期休牧工作的主体责任，加强监管和执法巡查力度。

相关部门根据生态承受能力和牧民畜量，每三年都会制定天然草场载畜量，核定全苏木草场载畜量后再按比例分配到嘎查，嘎查负责人再把嘎查总载畜量按比例分配到各牧户，其决定今年单个牧户允许迁移多少牲畜，一律按绵羊为单位计算。嘎查内调整多出与缺少载畜量，后续会进行载畜量交易并签订最终合同，

---

① 阿鲁科尔沁旗落实赤峰市禁牧休牧和草畜平衡条例实施办法（试行）[EB/OL].阿鲁科尔沁旗人民政府官网.http://www.alkeqq.gov.cn/xxgk_0/zfxxgk/jbxxgk/ggtz_6792/201905/t20190515_1691869.html.

发放游牧证，牧户按照分配到的载畜量进行转场放牧，牧民放牧数量可少可等于规定载畜量，不可超量。

在牧户分配到载畜量后，会进行载畜量交易，那么何谓载畜量交易？以沙巴日台嘎查牧户为例，A户和B户，2023年A户分配到40只绵羊的载畜量，但由于不在养畜或载畜量不满40只，决定将全部载畜量或剩余的载畜量出售给B户。B户买载畜量，则是今年分配到60只绵羊的载畜量，但实际上有100只绵羊单位转场到夏营地，载畜量不够，因此通过与其他牧户买卖补足。B户通过购买A户的40只绵羊的载畜量，不管从A户买到多少载畜量，B户转场畜头数量与载畜量只能相等或少，才可得到转场准许，顺利转场。调整草场承载力和牲畜数量以达到最佳状态是草畜平衡政策的关键任务，超载不仅严重威胁到草原草畜生态平衡，牧民还会受到相应处罚。因此，在嘎查中，多出现有畜头载畜量的牧户和缺少载畜量的牧户可以进行交易，尽量达到平衡。根据嘎查的规定，在内部进行总载畜量的调整并签订合同，尽量满足每个牧户的需求，同时平衡草场承载力和牲畜数量。此外，如果两个嘎查之间的牧户进行载畜量交易，需要经过审批并且要符合其他特殊情况和相关规定。

载畜量交易中单个载畜量的价格以每只绵羊为单位计算，每个嘎查的交易价格不同，由牧民和嘎查委员会商议确定。以沙巴日台嘎查为例，2023年的载畜量价格为150元一个单位，是苏木内23个嘎查中最高的价格，而其他嘎查中最低的价格约为70元一个单位。交易后草场使用日期由进行交易的两个牧户商谈决定，大多数情况下在6月15日至10月1日。对于载畜量价格的差异，笔者认为，可能是因为嘎查内牲畜数量大，草场也需求量多，并且不同牧户的牲畜数量分布不均，导致有些牧户载畜量需求量大，而有的牧户则牲畜少，载畜量剩余多。此外，沙巴日台嘎查的草场饲草储量较好，牧户都争取在本嘎查夏营地放牧，不愿与其他嘎查进行交易，因为每个嘎查草场范围不同，将自家畜群分开放牧不仅产生畜群对草场认生的情况，牧户也需要跑两处草场放牧，加重劳动负担，因此牧户尽量会在嘎查内进行交易，这些因素提高了沙巴日台载畜量交易竞争力，进而沙巴日台嘎查的载畜量交易价格较高。尽管其他嘎查的价格较低，但直接在嘎查内购买是最划算的选择。载畜量分配和交易工作大体完成，完成相关交易手续后，牧民准备转场。

（三）服务转场组织

阿鲁科尔沁旗2022年禁牧休牧和草畜平衡工作实施方案规定，旗六个区域为草畜平衡区（巴彦温都尔苏木在内），每年3月1日至6月15日为实行季节性休牧，其他时间为放牧期，天然草原牧草产量与放牧饲养牲畜数量保持动态平衡。山羊全年全境禁放。[①]

6月14日，巴彦温都尔苏木返青休牧，禁牧日期将至，牧民转场迁移的日子到来。为此，在旗政府指导下，以确保转场工作顺利进行，全力做好转场群众保障工作，为游牧转场群众提供便捷、高效、优质服务，提高阿鲁科尔沁草原游牧系统美誉度和影响力，进一步强化党员群众筑牢我国北方重要生态安全屏障和影响力，举行了巴彦温都尔苏木《草原儿女心向党 感恩奋进新时代》服务游牧转场仪式及主题党日活动。旗敖特尔党建联合体连续4年举办服务转场启动仪式，举办地点在苏木那达慕会场，由苏木党委副书记，苏木达主持，旗，苏木领导、干部、记者、各嘎查负责人以及相关部门工作人员参与，通过开幕式、领导致辞、捐赠仪式、宣读方案以及颁发证书等流程，启动仪式结束后将开始服务转场活动。

服务活动于6月14日开始连续进行4天，牧民这期间集中转场，到18日结束。为了贴近牧民需求，服务牧民群众，政府专门设立了游牧转场活动工作组，成员由旗、苏木政府各部门工作人员志愿者组成，分别有转场活动后勤组、宣传组、安保组、游牧转场管护站点执勤组、物资调配组等，还有两种志愿服务队，安排既详细又周到，可见政府对转场仪式的重视以及各部门对转场牧民群众转场的关心与爱护。

除了政府安排的志愿者，牧民也有自己的志愿服务队——新时代文明实践服务站，分布在管护站附近，有三个服务队，由嘎查书记党员群众等志愿人员组成，三条线上的嘎查按年轮流值勤，今年恰好是沙巴日台嘎查，他们共5人，主要工作是搭建临时蒙古包、烧水煮奶茶、准备方便食材、日常医用药品等，物资由苏木提供，他们全力服务路上的转场牧民群众。

五、结论

农业文化遗产阿鲁科尔沁草原游牧系统是中华民族农耕文化的重要组成部分，它所含的畜牧业经营方式、生活技能、文化景观、民俗遗产贯穿于当地牧民生活各个方面，是他们世世代代的生存方式，生活经验当中积累并传承下来的优秀游牧文化。

---

① 阿鲁科尔沁旗落实赤峰市禁牧休牧和草畜平衡条例实施办法（试行）［EB/OL］. 阿鲁科尔沁旗人民政府官网，http://www.alkeqq.gov.cn/xxgk_0/zfxxgk/jbxxgk/ggtz_6792/201905/t20190515_1691869.html .

生态人类学的研究指出，在人与自然环境之间的互动中，人口构成、社会结构、技术进步和环境因素都被视为关键的结构性要素。同时，获取食物和维护人口的活动是与人类生存息息相关的基础活动（任国英，2004）。阿鲁科尔沁草原游牧系统除了主要生产方式游牧业和草场之间的互相利用和制约之外，还有当地人口结构、社会发展、生产技术、思想文化都是游牧系统不可或缺的关键要素，游牧生活的每个部分都是游牧系统整体持续性发展的关键要素，由此我们必须整体性地看待游牧系统发展。生态人类学也认为人类生产技术和社会文化是人类对于所在环境的产物，是人类达到生存目的而适应环境打造的生产技能与生活文化，它通过研究得出人与环境互动关系特点，揭示人类生产生活系统的运行规律，同时在生态环境和社会的变化不断适应其大环境，寻求保护生态平衡，人类与生态环境和谐生存的正确方法。游牧系统内形成历史悠久，游牧业生产方式是该地区世代牧民不断适应当地环境，不断积累生存经验而总结出的生计技能。正如前言所言，当前游牧系统禁牧休牧、季节轮牧等系统运行规律是经过与生态环境和社会环境不断变化中适应的结果。例如，在生态资源利用上实行土地承包、草畜平衡等规定，养畜技术上使用种畜技术、改良品种、新型机械等不断提高养畜技术，与此同时，使用网络信息等都是通过生态和社会环境的跟进和适应，在这里政府的相关政策发挥着引导作用。通过以上方式，尤其是草畜平衡，返青休牧等条例以求达到利用与保护生态的平衡，达到与环境和谐共存的目的。从生态人类学的视角看，对于游牧系统持续发展及人类与生态和谐共存方式不是一成不变的，我们在生态与社会环境的变化中不断适应变化，不断寻找更恰当的生产生活方式，才能得以延续发展游牧系统的各方面。

在探讨人类可持续发展的议题时，我们应当特别重视人与环境之间的和谐共生关系（阿拉坦宝力格，2008）。笔者认为，当前游牧系统还需要加强保护和治理。要使游牧系统正常运转，稳定发展首先解决牧民与生态资源之间的问题，再通过生态资源的合理开发利用，解决遗产继承人缺少，让当地人自觉加强遗产保护意识。

在我国这样一个多民族、多种生态环境和多元文化的国家里，各民族在适应和改造他们所居住的地理生态环境过程中，创造了各具特色的传统文化（宋蜀华，1996）。笔者通过实地调研，以游牧系统核心区的沙巴日台嘎查为个案，深入探析了其牧户游牧业经营方式，以生态人类学视野探析游牧系统内生产方式和生活文化内容对其所在环境的不断适应状态，经过农业文化遗产目前的保护制度和管理的探究，突出了加强保护重视的重要性。

党的十八大提出，要"建设优秀传统文化传承体系，弘扬中华优秀传统文化"。习近平总书记也强调中华优秀传统文化是中华文明的智慧结晶和精华所在，是中华民族的根和魂，是我们在世界文化激荡中站稳脚跟的根基。阿鲁科尔沁草原游牧系统承载着优秀的游牧文化，是中华民族智慧的结晶，是我们应当珍视和发扬光大的文化瑰宝，因此通过政策指导和当地牧民的合力，不断适应其生态环境变化和社会发展，延续和平稳发展游牧系统，保护我国文化多样性，更加完善保护农业文化遗产方法的同时不断充实和丰富现代游牧文化知识系统，希望能以个人有限的农业文化遗产田野调查个案研究，尽微薄之力丰富农业文化遗产保护研究提供个案研究启示。

附　录

一、田野点简介

巴彦温都尔苏木是 2012 年 10 月从原罕苏木划分出的新建苏木，位于阿鲁科尔沁旗最北部，北与西乌珠穆沁旗交界，东与扎鲁特旗交界，西与巴林左旗为邻，南与罕苏木和赛罕塔拉苏木相邻，有大小河流 10 条。距旗政府所在地 130 千米，所辖 23 个嘎查，56 个独贵龙，4991 户，共 15103 人。苏木南北长 116.5 千米，东西宽 67.3 千米，总土地面积 500 万亩（含罕山自然保护区），其中可利用草场面积 356 万亩，现有大小牲畜存栏达 31 万头（只），其中肉牛 5.2 万头、肉羊 26 万只、马 3523 匹。是以畜牧业为主导产业的纯牧业地区，位居全旗榜首，是阿旗生态屏障、水源涵养区。

巴彦温都尔苏木是阿旗矿产资源富集地之一，境内已经探明的有铅锌、银锌、铜、铁、钼、镍、叶蜡石和煤炭等矿产资源。苏木自然环境优越，是阿旗生态屏障、水源涵养区，现有大小河流 10 条。

巴彦温都尔苏木是阿鲁科尔沁旗唯一保留原始游牧方式的地区。2014 年6 月 12 日，农业部正式将游牧系统核心区位于巴彦温都尔苏木的"内蒙古阿鲁科尔沁草原游牧系统"列入中国第二批农业文化重要遗产名录。

巴彦温都尔苏木是阿鲁科尔沁旗蒙古文化的摇篮，有着悠久历史和浓厚的蒙古族风情以及良好的草原生态风景，也是阿鲁科尔沁唯一的保留游牧方式的地区，为使巴彦温都尔草原游牧畜牧业这一古老的草原文明发扬光大，苏木积极申报全国农业文化遗产，建立了重点农业文化遗产保护区，制定保护规划。现已通过第二批中国内蒙古阿鲁科沁旗草原系统游牧文化遗产。境内有佛教圣地根丕庙，国家级文物保护单位宝日浩特古城等名胜古迹。这里有广阔无垠的草原，树林茂盛的沙漠景观，沙坝水库、雅图特湖、黑哈尔、达拉尔、苏吉河等湖泊，河流孕育着丰茂草原。这里有驰名的罕乌拉自然保护区，兴安岭南麓最高山峰高格斯台罕山屹立在保护区内。境内还有阿巴嘎罕山，呼和绍荣、宝格图绍荣、乌兰绍荣、呼勒斯台绍荣等山川，还有《阿日本苏木婚礼》《阿日盖那达慕》《阿木日白斯古楞那达慕》等国家级和自治区级非物质文化遗产。

在这片热土上曾涌现出无数优秀民族干部，为草原的解放甘洒热血的革命先烈，为社会主义建设作出突出贡献的各界劳动模范，以及敖特根巴特尔、额尔顿巴雅尔等为祖国的体育事业创造奇迹的体育健儿，明根朝格图等为人类科学发展有巨大贡献的青年科学家。

畜牧业是巴彦温都尔苏木发展区域经济，增加牧民收入的主导产业。巴彦温都尔苏木肉牛、肉羊产业发展均在全旗占领先地位。[①]

二、田野点照片

附图 1　阿鲁科尔沁草原游牧系统纪念石碑（2023 年 7 月 10 日笔者摄）

---

① 根据调研资料整理。数据由巴彦温都尔苏木政府土地所工作人员 SRG 提供，提供时间为2023年7月 14 日。

附图 2　草畜平衡政策宣传图（2023 年 8 月 1 日笔者摄）

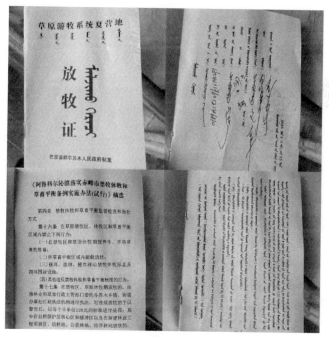

附图 3　放牧仪式（2023 年 6 月 14 日笔者摄）

附图 4　服务转场仪式（2023 年 6 月 14 日笔者摄）

附图 5　志愿服务站（2023 年 6 月 15 日笔者摄）

附图 6　驿站清点畜群（2023 年 6 月 14 日笔者摄）

附图 7　转场牛群（2023 年 6 月 15 日笔者摄）

附图 8　转场路线图（2023 年 6 月 15 日笔者摄）

参考文献

［1］Brook R K，McLachlan S M. Trends and Prospects for Local Knowledge in Ecological and Conservation Research and Monitoring［J］. Biodiversity and Conservation，2008（17）：3501-3512.

［2］Carolin Humphrey，David Sneath. The End of Nomadism? Society，State and the Environment in Inner Asia［M］. Durham：Duke University Press，1999.

［3］Chen C X，Han L. Public Participation in Water Environment Control：The Status and Experience of Shenzhen，Southern China［J］. Meteorological and Environmental Research，2018（4）：70-73.

［4］Nia Q，Caia Y，Xub T，et al. What if I Feel It Is Mine?，-The Impact of Psychological Ownership on Public Participation in China，Stransboundary Watershed Eco-compensation［J］. Water Policy，2021（23）：700-717.

［5］Ran Yang，Jun Ma. Research on the Mechanism of Cross Regional Grassland Ecological Compensation［J］. IOP Conference Series：Materials Science and Engineering，2018（301）：012158.

［6］Williams D M. Beyond Great Walls：Environment，Identity，and Development on the Chinese Grasslands of Inner Mongolia［M］. Palo Alto：Stanford University Press，2002.

［7］W J T.Mitchell.Landscape and Power，Chicago and London［M］. The University of Chicago Press，2002.

［8］阿拉坦宝力格. 论干旱戈壁地区游牧生活方式的历史文化定位［J］. 广西民族大学学报（哲学社会科学版），2008（3）：34-40.

［9］［俄］安东尼·奥利弗-斯密斯，彭文斌，黄春等. "何为灾难？"：人类学对一个持久问题的观点［J］. 西南民族大学学报（人文社会科学版），2013，34（12）：1-7.

［10］敖红艳，慕晓峰．提升内蒙古旅游业核心竞争力的对策研究［J］．内蒙古大学学报（哲学社会科学版），2010，42（2）：98-101.

［11］敖仁其，艾金吉雅．内蒙古牧区合作经济组织研究［M］．沈阳：辽宁民族出版社，2018.

［12］白美妃．超越自然与人文的一种努力——论英格尔德的"栖居视角"［J］．青海民族大学学报（社会科学版），2017，43（4）：54-59.

［13］［英］庇古．福利经济学［M］．金镝译．北京：华夏出版社，2007.

［14］布和朝鲁．格日僧苏木志［M］．香港：香港天马图书出版有限公司，2004.

［15］布仁吉日嘎拉，浩日娃，刘洋洋．新中国成立70年内蒙古自治区牧区经济政策演进及其发展效应［J］．中央民族大学学报（哲学社会科学版），2019，46（6）：26-35.

［16］曹荣湘．生态治理［M］．北京：中央编译局出版社，2015.

［17］曹叶军，李笑春，刘天明．草原生态补偿存在的问题及其原因分析——以锡林郭勒盟为例［J］．中国草地学报，2010，32（4）：10-16.

［18］陈阿江．水域污染的社会学解释——东村个案研究［J］．南京师范大学学报，2000（1）：62-69.

［19］陈烨．蒙古族文化的生态学思考［J］．内蒙古社会科学（汉文版），2001（5）：34-37.

［20］程远．我国北方边疆少数民族地区文化产业发展研究——基于内蒙古自治区的投入产出分析［J］．财经理论研究，2020（2）：24-33.

［21］东乌珠穆沁旗志编纂委员会．东乌珠穆沁旗志（2000~2010）［M］．北京：方志出版社，2020.

［22］段易含．普惠型政策执行中的部分目标群体规避行为研究［D］．吉林大学博士学位论文，2017.

［23］杜群．日本环境基本法的发展及我国对其的借鉴［J］．比较法研究，2002（4）：55-64.

［24］杜淑芳．国内外研学旅游发展对内蒙古的启示与思考［J］．内蒙古统计，2018（5）：20-22.

［25］杜阳．论生态补偿制度中的公众参与［D］．西南政法大学硕士学位论文，2020.

［26］［日］飯島伸子．地球環境問題時代における公害環境問題環境社会学［J］．環境社会学研究，2000（6）：14-25.

［27］范郁森．翁牛特旗志［M］．呼和浩特：内蒙古人民出版社，1993.

［28］费孝通．江村经济［M］．北京：商务印书馆，2001.

［29］费孝通．乡土中国　生育制度［M］．北京：北京大学出版社，1998.

［30］费孝通，张之毅．云南三寸［M］．北京：社会科学文献出版社，2006.

［31］冯桂林，罗洪斌，李金宝．东乌珠穆沁旗生态现状以及保护恢复措施［J］．内蒙古林业调查设计，2003（3）：24-25+36.

［32］高羽．红色历史背景下文化旅游名镇的规划设计研究——以照金为例［D］．西安建筑科技大学硕士学位论文，2015.

［33］葛荣玲．景观的生产——一个西南屯堡村落旅游开发的十年［M］．北京：北京大学出版社，2014.

［34］葛荣玲．景观人类学的概念、范畴与意义［J］．国外社会科学，2014（4）：108-117.

［35］荀丽丽，包智明．政府动员型环境政策及其地方实践——关于内蒙古S旗生态移民的社会学分析［J］．中国社会科学，2007，167（5）：114-128+207.

［36］荀丽丽．"失序"的自然——一个草原社区的生态、权利与道德［M］．北京：社会科学文献出版社，2012.

［37］荀丽丽．与"不确定性"共存：草原牧民的本土生态知识［J］．学海，2011（3）：18-29.

［38］郭珍德，姜晨冰．基于自然与社会因素的岱海流域生态系统变化驱动力分析［J］．水利规划与设计，2023（1）：8-13+46.

［39］海江，谭翔浔．对文化产业概念的辨析［J］．学术探索，2005（2）：18.

［40］韩念勇．草原的逻辑（共四辑）［M］．北京：北京科学技术出版社，2011.

［41］郝益东．草原天道——永恒与现代［M］．北京：中信出版社，2013.

［42］河合洋尚，边清音．人类学如何着眼景观？——景观人类学之新课题［J］．风景园林，2021，28（3）：16-20.

［43］［日］河合洋尚．景観人類学の課題［M］．東京：風響社，2013.

［44］［日］河合洋尚，周星．景观人类学的动向与视野［J］．广西民族大学学报（哲学社会科学版）2015，37（4）：44-59.

［45］洪尚群，马丕京，郭慧光．生态补偿制度的探索［J］．环境科学与技术，2001（5）：40-43.

［46］黄静波，李纯．湘粤赣边界区域红色旅游协同发展模式［J］．经济地理，2015，35（12）：203-208.

［47］黄三生，凡宇，熊火根.乡村振兴战略视域下红色文化资源开发路径探析［J］.价格月刊，2018（9）：90-94.

［48］黄郁成，郭安禧，顾筱和.论旅游商品开发对农村社区经济的影响——以井冈山为例［J］.江西社会科学，2005（9）：210-215.

［49］胡大君，王海龙.昭乌达肉羊繁殖规律的研究报告［J］.中国畜牧兽医文摘，2012，28（3）：52-53.

［50］［日］嘉田由纪子.身近な環境の自分化——科学知と生活知の対話をめざしたホタルダス［M］.水と文化研究会，2000.

［51］［美］拉铁摩尔.中国的亚洲内陆边疆［M］.唐晓峰译.南京：江苏人民出版社，2010.

［52］［美］雷切尔·卡逊.寂静的春天［M］.冯好雯译.北京：民主与建设出版社，2017.

［53］林莉，梅燕.革命老区旅游业引导的新型城镇化建设研究［J］.贵州社会科学，2014（3）：98-101.

［54］李赛男.内蒙古旅游产业创新发展研究［J］.北方经济，2023（8）：57-60.

［55］李文华.农业文化遗产的保护与发展［J］.农业环境科学学报，2015，34（1）：1-6.

［56］李文军，张倩.解读牧区困境——对于干旱半干旱草原利用和管理若干问题的认识［M］.北京：经济科学出版社，2009.

［57］梁学成.产城融合视域下文化产业园区与城市建设互动发展影响因素研究［J］.中国软科学，2017（1）：93-102.

［58］李艳梅.我国农村水污染治理的困境及对策［J］.资源节约与环保，2021（5）：146-148.

［59］林耀华.金翼［M］.庄孔韶，方静文译.北京：生活书店出版社，2015.

［60］刘建利.从草场承包到草场整合［J］.畜牧与饲料科学，2008，29（6）：90-92.

［61］刘书润.这里的草原静悄悄：刘书润解说草原生态和文化［M］.北京：知识产权出版社，2012.

［62］罗康隆.地方性生态知识对区域生态资源维护与利用的价值［J］.中南民族大学学报（人文社会科学版），2010，30（3）：43-48.

［63］罗意.反思、参与和对话：当代环境人类学的发展［J］.云南师范大学

学报（哲学社会科学版），2018，50（1）：149–156.

［64］马晓燕.基于实践体验的红色文化资源育人功能实践策略研究——以东北师范大学"红色体验"为例［J］.东北师范大学学报（哲学社会科学版），2018（3）：49–53.

［65］孟登迎."亚文化"概念形成史浅析［J］.外国文学，2008（6）：93–102+125.

［66］孟和乌力吉.沙地草场退化的社会根源及其本土对策——以科尔沁沙地边缘地带的两个蒙古族艾勒为例［J］.原生态民族文化学刊，2013（4）：139.

［67］闵庆文.全球重要农业文化遗产——一种新的世界遗产类型［J］.资源科学，2006（4）：206–208.

［68］闵庆文.农业文化遗产的动态保护途径［J］.中国乡镇企业，2013（10）：88.

［69］闵庆文，孙业红.农业文化遗产的概念、特点与保护要求［J］.资源科学，2009，31（6）：1.

［70］牟桃.环境人类学的由来、特征及中国经验［J］.民族论坛，2013（9）：24–27.

［71］［日］鸟越皓之.環境社会学の理論と実践——生活環境主義の立場から［M］.东京：有斐閣，1997.

［72］［日］鸟越皓之.環境社会学——生活者の立場から考える［M］.东京：东京大学出版会，2004.

［73］［日］鸟越皓之，闻美芳.日本的环境社会学与生活环境主义［J］.学海，2011（3）：42–54.

［74］［日］鸟越皓之.环境社会学［M］.宋金文译.北京：中国环境科学出版社，2009.

［75］潘锋.乡村水污染治理对策研究——以永嘉县岩坦镇为例［D］.西北农林科技大学硕士学位论文，2020.

［76］彭晓玲.湖南红三角旅游业可持续发展的思路与对策［J］.经济地理，2010，30（6）：1043–1046.

［77］彭兆荣，李春霞，葛荣玲.游牧文化的人类学研究述评［J］.民族学刊，2010（1）：45–54+163–164.

［78］乔世明，林森.论合法性视角下的政府环境公共权力［J］.内蒙古社会科学（汉文版），2013，34（4）：86–90.

［79］齐伯益.锡林郭勒盟畜牧志［M］.呼和浩特：内蒙古人民出版社，

2002.

　　［80］屈培青，闫飞，王琦，常小勇.陕西照金红色文化旅游小镇规划设计［J］.建筑学报，2015（9）：14–17.

　　［81］任国英.生态人类学的主要理论及其发展［J］.黑龙江民族丛刊，2004（5）：85–91.

　　［82］任军利，卢丽刚.论红色旅游在新农村建设中的作用［J］.企业经济，2009（1）：144–146.

　　［83］沙尔夫，赵剑平，辛辉.提高内蒙古母牛繁殖率的探讨［J］.内蒙古畜牧科学，2003（2）：34–35.

　　［84］森巴提·叶尔兰，朱增勇，杨春.中国牛肉价格波动特征及其影响因素分析［J］.农业展望，2023，19（5）：3–8.

　　［85］沈建国.内蒙古气象灾害大典：内蒙古卷［M］.北京：气象出版社，2008.

　　［86］史培军.五论灾害系统研究的理论与实践［J］.自然灾害学报，2009，18（5）：1–9.

　　［87］宋蜀华.人类学研究与中国民族生态环境和传统文化的关系［J］.中央民族大学学报，1996（4）：62–67.

　　［88］苏和巴特尔.景观人类学视角下的巴拉巴其矿泉研究［D］.内蒙古大学硕士学位论文，2020.

　　［89］苏杰，覃永晖，吴晓，李梦强.依托"红色"资源，发展桑植革命老区新农村建设［J］.广东农业科学，2010，37（5）：253–254.

　　［90］苏日古嘎.西门塔尔牛品种改良效果及影响因素研究［D］.内蒙古农业大学硕士学位论文，2023.

　　［91］孙哲.浅谈翁牛特旗草原退化的原因及其整治对策［J］.内蒙古草业，1988（1）：9–15.

　　［92］孙中伟.美国灾难社会学发展及其对中国的启示［J］.社会学研究，2014（2）：218–241.

　　［93］苏日娜，乌云花.内蒙古自治区肉牛生产中存在的问题及对策研究［J］.现代化农业，2022（6）：41–44.

　　［94］孙柳.内蒙古全年接待游客数旅游收入均创历史新高［N］.内蒙古日报（汉文版），2024–01–28.

　　［95］谭乔西."扎根理论"视角下的文化产业园游客感知评价研究——以北京798艺术区为例［J］.兰州大学学报（社会科学版），2018（3）：70–82.

［96］唐国建，王辰光．回归生活：农村环境整治中村民主体性参与的实现路径——以陕西2镇5个村庄为例［J］．南京工业大学学报（社会科学版），2019，18（2）：24-37+111.

［97］陶雷．小布头的情愫——久寿小学布贴画教学掠影［J］．成才之路，2012（18）：62.

［98］［美］Tim Oakes，吴晓萍．屯堡重塑——贵州省的文化旅游与社会变迁［M］．贵阳：贵州民族出版社，2007.

［99］王天雁，马晓青．生态保护与牧民生计：牧区草原生态保护补助奖励政策实施状况调查［J］．青海民族大学学报（社会科学版），2022，48（2）：57-69.

［100］王晓慧．草原生态文化的当代价值及其传承路径探析［J］．农村经济与科技，2022（6）：15-17.

［101］王晓毅．从承包到"再集中"——中国北方草原环境保护政策分析［J］．中国农村观察，2009（3）：36-46+95.

［102］王晓毅，渠敬东．斯科特与中国乡村：研究与对话［M］．北京：民族出版社，2009.

［103］王晓毅，张倩，荀丽丽．非平衡、共有和地方性——草原管理的新思考［M］．北京：中国社会科学出版社，2010.

［104］王希辉．中国环境人类学研究的华南实践——付广华新著《生态重建的文化逻辑》评介［J］．黑龙江民族丛刊，2015（1）：186-188.

［105］王书明，张曦兮，鸟越皓之．建构走向生活者的环境社会学——鸟越皓之教授访谈录［J］．中国地质大学学报（社会科学版），2014，14（6）：110-113.

［106］王思明．农业文化遗产概念的演变及其学科体系的构建［J］．中国农史，2019，38（6）：113-121.

［107］王子畅．特色文化产业发展的问题及对策——以内蒙古地区为例［J］．华章，2023（6）：78-80.

［108］［美］温迪·达比．风景与认同［M］．张箭飞，赵红英译．南京：译林出版社，2011.

［109］温铁军，张孝德．乡村振兴十人谈：乡村振兴战略深度解读［M］．南昌：江西教育出版社，2018.

［110］乌吉斯古楞．内蒙古山地草原游牧环境变迁研究［D］．内蒙古民族大学硕士学位论文，2022.

［111］习近平．决胜全面建成小康社会　夺取新时代中国特色社会主义伟大胜利——在中国共产党第十九次全国代表大会上的报告［M］．北京：人民出版

社，2017.

［112］习近平.高举中国特色社会主义伟大旗帜为全面建设社会主义现代化国家而团结奋斗［M］.北京：人民出版社，2022.

［113］解品磊，段海燕，王宪恩.博弈视角下我国生态保护红线制度的公众参与［J］.环境保护，2017，45（14）：59-61.

［114］新华社.习近平总书记考察西藏时关于民族团结进步重要讲话摘要［J］.中国民族，2021（8）：32-46.

［115］邢野.内蒙古自然灾害通志［M］.呼和浩特：内蒙古人民出版社，2021.

［116］熊杰，章锦河，周霄，朱顺顺，赵琳.中国红色旅游景点的时空分布特征［J］.地域研究与开发，2018，37（2）：83-88.

［117］徐桐.景观研究的文化转向与景观人类学［J］.风景园林，2021，28（3）：10-15.

［118］徐勇.乡村治理与中国政治［M］.北京：中国社会科学出版社，2003.

［119］杨洪，邹家红，朱湖英.湖南省红色旅游优化升级研究［J］.经济地理，2010，30（12）：2109-2115.

［120］杨莉，乔光华.基于牧民受偿意愿的生态保护红线区草原生态补偿标准研究［J］.干旱区资源与环境，2021，35（11）：55-60.

［121］杨继朝.我国农村水污染治理的困境及出路探讨［J］.资源节约与环保，2020（6）：77.

［122］杨旭东，杨春，孟志兴.我国草原生态保护现状、存在问题及建议［J］.草业科学，2016，33（9）：1901-1909.

［123］［日］岩佐茂，韩立新.环境的思想：环境保护与马克思主义的结合处［M］.北京：中央编译出版社，1997.

［124］叶晗，方静，朱立志，曲俊利，韩枫.我国牧区草原生态补偿机制构建研究［J］.中国农业资源与区划，2020，41（12）：202-209.

［125］［美］约翰·克莱顿·托马斯.公共决策中的公民参与公共管理者的新技能与新策略［M］.孙柏瑛译.北京：中国人民大学出版社，2005.

［126］俞可平.推进国家治理体系和治理能力现代化［J］.前线，2014（1）：5-8.

［127］翟淑平.景观与历史：民族地区旅游景观建构的人类学分析——基于四川松岗"天街"的田野调查［J］.广西民族大学学报（哲学社会科学版），2022，44（1）：51-57.

［128］［美］詹姆斯·C.斯科特.弱者的武器［M］.郑广怀等译.南京：译林出版社，2011.

［129］张斐男.日常生活视角下的农村环境治理——以农村人居环境改造为例［J］.江海学刊，2021（4）：125-131.

［130］张雯.自然的脱嵌：建国以来一个草原牧区的环境与社会变迁［M］.北京：知识产权出版社，2016.

［131］张倩.牧民应对气候变化的社会脆弱性——以内蒙古荒漠草原的一个嘎查为例［J］.社会学研究，2011，26（6）：171-195+245.

［132］赵素燕.环境社会学范式何以可能与何以可为——再温"生活环境主义"［J］.广西社会科学，2014（9）：143-146.

［133］朱燕.旅游型小城镇形象的规划设计研究——以重庆市域的旅游型小城镇为例［D］.重庆大学硕士学位论文，2003.

［134］［日］作田啓一.生成の社会学をめざして——価値観と性格［M］.東京：有斐閣，1993.